U0457095

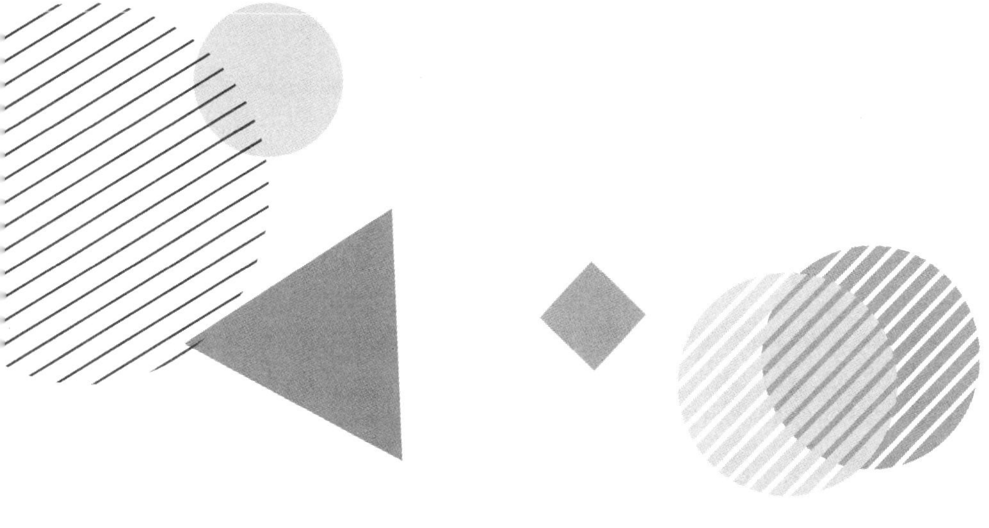

走向高品质小学语文课堂

卢晓荣 著

海峡出版发行集团 | 海峡文艺出版社

图书在版编目(CIP)数据

走向高品质小学语文课堂/卢晓荣著. —福州:海峡文艺出版社,2023.8
ISBN 978-7-5550-3402-5

Ⅰ.①走…　Ⅱ.①卢…　Ⅲ.①小学语文课—课堂教学—教学研究　Ⅳ.①G623.202

中国国家版本馆 CIP 数据核字(2023)第 155610 号

走向高品质小学语文课堂

卢晓荣　著
出 版 人　林　滨
责任编辑　林可莘
出版发行　海峡文艺出版社
经　　销　福建新华发行(集团)有限责任公司
社　　址　福州市东水路 76 号 14 层
发 行 部　0591—87536797
印　　刷　福州万达印刷有限公司
厂　　址　福州市闽侯县荆溪镇徐家村 166—1 号厂房第三层
开　　本　787 毫米×1092 毫米　1/16
字　　数　230 千字
印　　张　15.5
版　　次　2023 年 8 月第 1 版
印　　次　2023 年 8 月第 1 次印刷
书　　号　ISBN 978-7-5550-3402-5
定　　价　65.00 元

序一

鲍道宏

卢晓荣老师《走向高品质小学语文课堂》就要付梓，来信嘱我为书写个序。

我与晓荣认识十多年，对她的人品、学品与钻研精神印象很深。

2011 年，晓荣参加了福建省“十二五”小学语文学科教学带头人培训班，福建教育学院负责举办这个培训班，我恰任首席专家。从 2011 年初到 2013 年中，我和张静博士领着这个班学员研读教育名著，研讨刚刚颁布的新课标，又辗转全省、全国各地，深入名校、名师课堂，与学员一起探寻语文教育之秘，力争掌握语文教育之道。

三年学习完成，此后十年间，我们请晓荣来福州讲学，或是我去龙岩讲学调研，我们常有相聚、相谈的机会，彼此早已十分熟悉。

晓荣对语文课堂的关注与研究，既源自自己作为一位优秀教师品性使然，也源自她 2011 年转岗到龙岩市教育科学研究院（原龙岩市普教室）做小学语文教研员的经历。身为全市小学教学教研工作的指导者，晓荣深感责任重大，不但继续如以往一样研究课堂，而且深入研读教育理论，尤其是语文教育理论著作，提升自己理论素养，增强自身洞察小学语文课堂教学、指导全市小学语文教育实践的能力。

晓荣对小学语文教育的研究，从发现问题、探寻问题产生原因与摸索提炼问题解决路径、方法开始。在深入课堂的指导与研究过程中，她既有与“好课”相遇时的激动与开怀，也经历因“课堂”不尽如人意而揪心的心路历程。

在一些问题课堂中，她发现，有时候，40 分钟课堂被“满堂问”或“满堂灌”盘踞，却不知学生所学为何。课堂教学，或为问而问，或固守陈旧的灌输套路，每当见此，她心痛又焦虑，不断思考问题的症结与原因，不断思考如何追寻高品质的语文课堂。源于这种真实的教育教学问题解决需要，晓荣开始更加自觉地筹谋研究、改进与提升小学语文课堂教育的方法路径。

为了将研究工作做得更加有序、有效，晓荣在方法上以省市级小学语文教育教学探究课题研究为抓手，团结一批小学语文教学骨干，有计划、分步骤，探索构建高品质语文课堂的路径。

研究中，他们自觉开展理论学习。接触深度学习理论之后，深度学习理论提出的“核心问题教学”引起了晓荣的关注，通过核心问题的设计与使用，调整教与学关系，发展学生核心素养，成为晓荣与团队急迫努力争取达到的状态。这样，在现实问题与理论曙光的双重驱动下，晓荣引领团队开始思考，在以核心素养为培养目标的新的历史背景下，小学语文课堂教学究竟应该呈现怎样的新形态?

她的追问引领着她的探索。边学习、边尝试，晓荣与同伴们开始了自己漫漫探索路。

首先，深度学习理论提出，教学要始于优质的核心问题。但何谓优质核心问题，如何设计优质核心问题，有效使用核心问题，是绕不开的难题。于是，学习、实验、研讨，不断实践。经历长时间研究，她渐渐体悟到，核心问题教学是基于学生学习的本质，核心问题是促进学生深度学习的重要抓手，是课程改革中落实立德树人根本任务的重要突破口。

其次，抓住教学核心问题后，高品质小学语文课堂建构并不会自然形成，她与团队开始将研究重点聚焦在课堂过程“结构化”探索上，寻找语文核心素养在课堂教学落地，产生实效的路径。

高品质小学语文课堂的建构研究，是一条荆棘丛生的艰辛的路，充满着挑战与不可测的凶险。她就领着参与实验研究的全体人员，继续采取边研究、边实验、边解决问题的策略。实验过程中，他们坚持理论与实践相结合，既不盲目排斥理论，又不简单套用理论，而是采用研究先行策略，以理论引领防线，以研究带动教学。研究团队的成员，既有市区县各级教研员，也有学校校长和骨干教师。在这个复合型研究团队里，不同经历、不同角色、不同任务的研究者，围绕核心问题教学的基本理论和实践模型进行探索，逐渐形成核心问题教学的基本原则与实践框架，在此基础上，构建与细化课堂教学的实践模型，指导实验教师围绕教学设计和教学实践，并进一步开展应用型研究与实验。

经过几年的研究，现在，晓荣与她的团队已经提出了核心素养发展的小学语文课堂教学基本原则、方法与路径，实验成果开始在市内不同区域范围内推广。一些实验地区与学校的实践显示，基于核心问题的结构化教学，可明显提高小学语文教育成效。在此过程中，也明显提升了小学语文教师的教育教学水平。目前，研究与推广实验的初步成效，受到龙岩市区域、学校和教师的广泛好评。

现在，这一成果再次提炼，汇集成书，自然期望这一成果能在更广大的范围内，对教师在教学中培养学生核心素养，构建新形势下高品质小学语文课堂发挥积极作用。

作为身在小学语文教育教学一线的教研专家，晓荣的优势与长处是明显的。进课堂，接地气。读者翻开书，平易的表述与鲜活的案例如一阵阵清风扑面而来。另一方面，讲实效，重效果，我们读下来，认同与亲近感油然而生。这是一线专家踏实研究，给教科研带来的难得的成效。当然，作为百事缠身、千头万绪的实践工作者，他们的实践研究与理论表述，很难像理论工作者那样从容、严谨，书中表述行文存在这样那样的瑕疵在所难免。比如，“核心问题”内涵挖掘不够，全书体例有待更加精练、严整，甚至个别表述需进一步严谨等，但这都是白璧微瑕，总体而论，可说瑕不掩瑜，相信聪明的读者会在研读中与作者建立良好的对话关系，共同推进小学语文课堂教学向培养学生核心素养方向转型，为基础教育小学语文教学质量提升贡献智慧。

2023 年 7 月

（本文作者系教育学博士，福建教育学院语文研究部原主任、福建教育学院语文课程与教学研究所原所长、教授）

序二

陈宝铝

卢晓荣老师是福建省龙岩市教育科学研究院的小学语文教研员，多年来致力于小学语文教学研究，成果颇丰。我与卢老师相识于十年前的省小语学科带头人培训班，那时应省教育学院鲍道宏教授之约，我曾先后两次在那个班上授课。后来因工作关系，我曾多次约卢晓荣老师为《新教师》《海峡读写研究》《读写》等刊物写稿，卢老师每次都能紧扣所约的主题撰稿，按时交稿。她写的稿件语言简洁，富有逻辑性，所谈的观点、做法很切合教学实际，体现了一位深耕在基层教研土壤中的教研人员敏锐的目光、深厚的理论修养以及扎实的语言功底。今年暑假，卢老师寄来她的新作《走向高品质小学语文课堂》文稿，嘱我作序。一看书名，我就被深深地吸引住——“高品质小学语文课堂”，这正是多少教研人员、教师孜孜以求的目标！捧书细读，我更觉得这是一本好书。它一如卢老师的风格，朴实中不乏深邃，平白中蕴含着灼人的光芒，具有很强的实践性、深刻的理论性和突出的研究性，字里行间浸透着一个教研员殷殷的专业情怀与深深的责任担当！我为卢老师教研路上又结硕果而感到高兴 ，也为卢老师能把作序这个任务交给我而感到自豪！

通读全书后我的感受，就是此书的第一个特点是具有很强的实践性。首先，卢老师的研究是源于实践的困惑。可以这么说，从十年课改，到现在的为核心素养而教，小语界的变化集中体现在课堂，而存在的问题也多还在于课堂。卢老师在教研一线中，目睹种种的低效课堂，萌生出自己的研究方向——追寻高品质的语文课堂。这种基于实践需求的研究课题往往更具有生命力。它推动着卢老师不断探究，总结、再探究，再总结，直至《走向高品质小学语文课堂》得以面世。

其次，卢老师在实践中努力探寻问题的答案，其研究的成果有助于人们解决实践中的困惑，实现课堂样态的新转变。

如何走向高品质小学语文课堂？这是仁者见仁、智者见智的问题。但是，它的基础应是精准且具有一定深度的文本解读。文本解读不到位，怎么谈得上是高品质的课堂？关于文本解读，专家学者们多有涉及，卢老师的独特在于以一个教研员、一线教师的视角，结合案例，对文本解读的意义、定位、追求、思路做了详细而精彩的阐述。从定位来看，卢老师认为，教师应成为文本、编者、学生的“知音”；从追求来看，教师应该从文本中读懂“一座桥梁”“一个课程”，读活“一个自我”；从解读的基本思路来看，她提倡由表及里地解读、由上而下地解读、由内而外地解读。这些阐述富有新意且具有很强的操作性，对于广大小语工作者而言，无疑是很有启发，值得借鉴的。

要实现让语文课堂走向高品质，课堂结构变革问题不可回避。卢老师详尽介绍了有关结构化目标的设计、结构化教学内容的价值、结构化教学内容的基本特点，尤其强调了重构结构化学习过程的重要性与基本思路。她指出，重构结构化学习过程的前提，包括重构过程观、重构正确的认知观、重构融通的整体观。重构结构化过程的基本思路是：第一，寻找关联，追求知识的意义建构；第二，迁移，让学习深度发生。结构化理论的引入，让课堂教学结构的变革具备了强有力的支撑。这些阐述，对于引导广大教师进行课堂结构转变，具有具体的指导意义。

设计好优质核心问题，科学使用核心问题，这是建构高品质小学语文课堂的关键。卢老师认为，所谓的“核心问题教学”，指的是通过设计与运用核心问题，调整教与学的关系，落实核心素养，指向育人蓝图。核心问题教学是基于学生学习本质而实施的，是促进学生深度学习的重要抓手，是课堂建构良好素养运行机制的重要路径。

作者细致阐述了核心问题的内涵、功能，核心问题基本路径设计的基本追求。尤其具体阐述了核心问题设计的基本流程：确定“问题源”，找准“问题眼”，组合“问题链”。作者的这些观点都是经过实践的尝试与检验的，所提出的策略、方法都是很实在、很具体的。相信会给读者很好的启示与借鉴。

《走向高品质小学语文课堂》的第二个特点是具有深刻的理论性。此书立足于解决教学实践的问题，但没有囿于实践而谈，而是引入了大量的比较前沿的教学理论，深入浅出地分析教学现象、探析原因、阐析原理，有针对性地提出改进的对策。比如，引入“结构化课堂”“学习场”与核心素养的理论，论述了“重构学习场”走向“素养观”的具体做法，提出构建高阶性思维场域的种种举措，正是如此，才使得全书呈现出深厚的理论素养。而这种结合实践阐析的理论易于被广大一线教育工作者所认可、所接受。在本书的最后，作者还结合课例介绍了“逆向设计”与“大单元教学”的内涵、必要性以及具体的做法。这些与《义务教育语文课程标准（2022 年版）》的精神高度吻合，使得此书也具有了鲜明的时代感，有助于广大教师学习落实新课标。

这本书还有一个显著的特点——突出的研究性。卢老师以课题研究为依托，在实践探究的基础上，总结提升，转化为理论成果。卢老师不是单枪匹马地做课题研究，而是带领了一批一线教师组成了课题组，对核心问题教学的基本理论和实践模型展开研究，提出了基本理论框架，构建实践模型。在此基础上设立了实验校，深入开展教学实践研究。参与实验研究的全体人员既是研究者，又是实践者，他们边研究、边实验、边解决问题，创造和积累了许多教学实践案例。这些都为卢老师这本著作提供了具体与鲜活的材料。可以说，这本书既是卢老师的研究成果，也是团队合作的结晶。当然，在研究的过程中，成长的也绝不是卢老师一个人，而是一个团队、一批人！

本人与卢老师一样，都是小学语文教研员出身，因此对这个角色具有特殊的感情与认识。笔者始终认为，厚德载物、甘当人梯，应是教研员的立身之魂；学高为师、善于指导，则是教研员的立身之本。作为一个教研员在深入课堂，勤于钻研，勤于指导、服务的同时，必须善于总结提升，形成自己的观点、方法、策略。当然，作为一个教研员，最开心的事应该是自己的研究成果被大家认可，并能转化为广大教师的教学行为，推动教育教学质量得以提升。我衷心祝贺卢老师的大作问世，我期待着卢老师在今后的教研生涯中有更多的喜讯传来，可我最期待的是她能带动更多的教师，进一步潜心研究课堂教学，共同努力构筑高品质的课堂，造福于她所生活、工作的红土地！

是以为序。

2023年7月

于榕城嘉华新城

（陈宝铝，特级教师、高级教师；福建省语文学会副会长；福建省小学语文教学专业委员会、理事长；《海峡读写研究》《读写》杂志副主编。）

自序

1994年7月，我师范毕业，被分配到一所农村中心小学任教。怀揣着教育的梦想，我开始了属于自己的教育教学探索之路。刚踏上岗位的我，感觉浑身有使不完的劲。白天上课、批改作业，晚上挑灯备课。研读教材，参看教学用书，在课堂中进行教学实践成了我教学的常态。渐渐地，我开始不那么依赖教学用书，我尝试着独立解读教材，常常为自己的新发现、新思路感到激动。多年后，我逐渐形成了自己的教学风格。一次偶然的机遇，我被调到了县教师进修学校工作。在这里，我遇到了许多经验丰富的老师和前辈，和他们相遇，是我教研路上的一个新起点。在这个新起点上，我深深地感到自己教育教学理论的欠缺。于是，每次下校回来，写观课反思成了我的习惯，几年下来，厚厚的听课本上密密麻麻地记录着我的所思所想。2011年，我参加了为期三年的福建省第四批中小学学科带头人培训。培训期间，导师们渊博的学识打开了我的视野，让我深深地体会到“学，然后知不足”。2011年底，我有幸调到龙岩市教育科学研究院担任小学语文教研员工作，我感到肩上的担子更重了。入校听课、下校调研成为工作常态。在这常态中，我不会忘记与“好课”相遇时的激动与开怀，但同样也会因一些课堂的不尽如人意而揪心。当看到宝贵的40分钟被“满堂问”或者“满堂灌”所挤占时，总是特别的心痛。追寻高品质语文课堂，在我心中不断地发酵。多年来，我以省市级课题研究为抓手，探索构建高品质语文课堂的路径。一次偶然的机会，接触了深度学习，“核心问题教学”由此进入了我的视野。核心问题教学通过核心问题设计与使用，调整教学关系，落实核心素养，指向育人蓝图。我开始思考小学语文课堂教学形态的新尝试。设计优质核心问题，科学使用核心问题，成了我教育教研的新追求。在不断实践中，我发现，核心问题教学是基于学生学习本质，是促进学生深度学习的重要抓手，是课堂建构良好素养运行机制的重要路径，是课程改革中落实立德树人根本任务的重要突破口。于是，我立足高品质小学语文课堂建构，聚焦“结构化”理念，从核心问题教学的角度探索语文核心素养在课堂教学的落地，从核心问题教学背景，核心问题及其教学的丰富内涵，核心问题教学的实施路径等方面进行了深入思考和实践，力求改变以知识为本的教学模式，探索素养培育为本的课堂教学改进，让真实的学习迁移发生，以期实现学生学习方式和教师教学模式的同步改变，构建高品质的小学语文课堂，走向素养为本的课堂。

高品质小学语文课堂的建构研究，一路走来，课题实验研究相随，痛并快乐着。我们将实验研究定位为行动研究。参与实验研究的全体人员既是研究者，又是实践者。我们边研究、边实验、边解决问题。实验过程中，始终坚持理论与实践相结合。一是坚持研究先行，成立了由教研员、校长和骨干教师组成的课题研究小组，对核心问题教学的基本理论和实践模型进行研究，提出了基本理论框架；同时，依据基本理论框架，构建实践模型，指导实验教师围绕教学设计和教学实践开展研究与实验工作，鼓励实验教师整理积累教学设计案例，进一步验证和丰富核心问题教学的基本理论。二是坚持实验为重，设立了实验校，开展实验。实验校先行先试，为其他区域提供经验、案例，通过示范引领，有效推进。多年来，各实验校教师创造和积累了许多教学实践案例。三是坚持集中研修与个别指导相结合。定期召开研讨会、实施交流会，搭建网络交流平台和开展网络研修活动，推动研究与实验持续发展。一些专家参与集体研修和交流，开展网络在线研修，实地指导，大大提高了教师的教育教学能力和水平，受到了区域、学校和教师的广泛好评。期望这本书对教师在教学中如何落实学科核心素养，构建高品质的小学语文课堂起到借鉴和参考作用。

目　　录

第一章　寻找高品质课堂的本真

中国基础教育已迈入核心素养的新时代。2014 年，教育部强调把课程改革作为落实立德树人根本任务的重要突破口，把培育学生核心素养作为基础教育课程改革新的目标追求。通过核心素养的培育，促进学生在“人文底蕴、科学精神、学会学习、健康生活、责任担当、实践创新”等方面不断完善和发展，提升学生的素质，使学生成为“全面发展”的人。遗传、环境、教育和自我教育等要素共同作用于素养的培育，其中教育发挥着主导作用。正如卢梭指出：“植物的形成由于栽培，人的形成由于教育。”[①] 人的很多素养都是教育的产物，从课程实施的角度看，培育学生核心素养的主阵地在课堂。引导课堂向深度学习变革是新课改向纵深发展的必然要求，是促进学生核心素养的关键选择。

但时下不少语文课堂，被浅层学习充斥，忽视对知识的深层加工、深度理解，只是被动接受、简单重复和机械记忆，甚至用记忆替代思考，用背诵替代理解。浅层学习的“快餐化”不利于高素质人才培养。

① 张焕庭．西方资产阶级教育论著选［M］．北京：人民教育出版社，1979：95.

第一节　小学语文课堂教学的迷失

一、核心问题丢了

“深化课堂教学改革是十多年来新课改一直强调的，但现在改革进入全面深化阶段以后，课堂教学改革的重点和核心在哪里？答案是教与学关系的根本性调整。从总体上来说，目前课堂教学还没有普遍地实现根本性的转变，我们所期待的那种新型的课堂还没有普遍地建立起来，根本问题就在于——还没有有效地调整好教与学的关系，课堂还没有从根本上实现由以教为主向以学为主的转变。”① 教与学关系的根本性调整，落到具体的课堂教学层面，则需要从问题的精准设计入手，以“较少的问题”为学生腾出“更多的学习时空”。“较少的问题”指向核心问题。核心问题是基于核心素养，反映专家思维方式，打通学科与现实世界的开放性问题。这看上去只是小小的改变，却能发挥“高杠杆”的作用。

我们知道，每一堂课是有限的40分钟，在规定的时间内要完成一定的教学任务，达成一定的教学目标。一堂课，教师提的问题越多，并不意味着课堂教学越优质，相反地，容易产生肢解课堂教学的风险。伴随碎片化问题的课堂，学生疲于应对教师的“满堂问”，在各自为政的“问题场”中消解了自主思考的时间和空间。这样的现象，在小学阅读教学课堂里并不少见：碎片化问题多，问题主次不分，缺少核心问题，导致教学主线不明，课堂结构松散；核心问题内涵不高，缺少思维含量，导致学生思维品质不高，处于停滞或低阶的状态。而问题是核心素养形成的载体，处于统领地位的核心问题更是影响教与学关系的重要因素。

如统编小学语文教科书二年级下册《小马过河》一课，课后有三道习题：

---

① 田慧生．落实立德树人根本任务　全面深化课程教学改革［J］．课程．教材．教法，2015，35（01）：3—8. DOI：10.19877/j.cnki.kcjcjf.2015.01.002.

分角色朗读课文，注意读出恰当的语气；试着用上下面的词语，讲讲这个故事；你同意下面的说法吗？说说你的理由。以上三道题，共同指向语文学科基于理解的形象思维与逻辑思维的训练，其中“复述故事”为核心指向。第一道习题的训练，让小马过河的情景具象化，有助于降低复述故事的难度。第三道习题的思辨训练，让文章承载的哲学浮出水面，同时为复述这一经典的童话故事增添魅力。在此引导下，可设计核心问题：小马过河发生了哪些有趣的事？如何复述小马过河的故事才能引人入胜？由此，教师打破了按课文顺序教学的框架，聚焦复述故事的要素如“时间、地点、人物和情节”等展开教学，这样的课堂教学思路清晰，目标集中，体现了教学的层次性和文本内在的整体性，有利于教师腾出更多的时间让学生读书、交流、讨论，真正体现学生是学习的主人。从这一层面上看，核心问题的设计与使用，指向“学习中心课堂”的构建，是深化教学改革在课堂教学实践中的基本落点。

二、核心问题教学弱化

课堂教学应当为学习者提供一个有效的虚拟环境，使学习者在仿真活动中能够将个人生活经验与新知识和新情境联系起来，纳之于己，有机会利用所学知识解决复杂的现实问题，提高知识向真实情境迁移的水平。其间的“纳之于己”需要强化核心问题教学，让学生亲历真实的学习过程。

有的小学语文课堂，虽有核心问题引领，但使用简单。如文学阅读与创意表达，常常涉及“一个好的构思，最重要的是什么”这一核心问题，但在教学实施中出现了两种不同的教学方向：一种方向是让学生回答既有的“构思三要素”答案，不关注理解三要素的学习过程；另一种方向则通过不同的构思案例让学生理解“构思”的大概念，引导学生像专家一样思考。同样是问题解决，但前者教学目标指向的是知识，课堂教学缺乏深度互动，学习过程被压缩，充其量获得的只是被告诉的知识，带来的危机就是知识很难被激活，被调用，成为难以迁移的“惰性知识”；后者教学目标指向素养，课堂教学基于学科本质，以有意义的方式理解核心内容。

有意义的学习方式能够让学生的思想、意识、情感活跃起来了，拓展思维广度、延展思维长度、加深思维深度。如一教师执教统编教科书四年级下册《乡下人家》，以核心问题“乡下人家风景为什么独特迷人”为抓手，进入第一自然段“瓜藤攀架图”教学：

1. 装饰是什么意思？

2. 文中的“装饰”指什么？

3. 为什么说这是一道别有风趣的装饰？

4. 写别有风趣的装饰为什么要提到“石狮子”或“大旗杆”？

以上核心问题组成了有内在关联且进阶的问题链。问题链的进阶展开，以布卢姆教育目标分类学为基本的理念指导，凸显认知过程的进阶性，形成结构性问题系统，让问题模块化、结构化，在理解、运用、分析、评价、创造等不同层次展开，指向深层次的思维诱发，实现从低阶思维能力运用到高阶思维能力发展。在问题链的进阶展开中，随机进入以“活动和体验”为基本特征的学习活动中，体现“四导向”：目标设计突出关键能力导向，内容设计突出问题设计导向，过程设计突出主体实践导向，评价设计突出批判反思导向。由此指向层次丰富的学习活动，促进有意义的建构教学，积极培育学生思维品质。

三、教学评价与课堂实施“各自为政”

尽管对教育质量概念的解读趋向多元化，但是教育质量的内涵始终指向国家对教育公平的期待，以及对新时代人才培养的追求。语文学科的课程改革立足“立德树人”根本任务，以语文核心素养培育为导向，以语文课程标准为指导。“立德树人”“素养培育”“教学评价”在“目标”“实施”“评价”的不同层面实现了贯通，在“为谁培养人”的高位统领下，沿着“培养什么人、怎样培养人”的具体方向推进、分解、细化，形成了一个闭环的完整育人模式。教学评价始终站在国家的立场，为解决“为谁培养人、培养什么样的人、怎么培养人”等问题贡献力量。它是教育管理的有效手段，是学校教育教学活动的重要环节，是深化课程改革的有效支点。教学评价不是“另起炉灶”，而是架构起教学目标与教学过程之间的互动桥梁，在积极互动中，教、学、评三个环节得到贯通。学生的语文核心素养就是在这样一个又一个有机贯通的教、学、评情境中不断发展，课程教学改革也得到不断深化，为全面提高教育教学质量积蓄能量。

教学评价本应成为课堂教学的有效“调节器”，但一些学校缺乏相应的评价机制，管理实施环节缺乏目的性和计划性，教师缺乏相应的评价理念，教师不能随时有效调控课堂节奏，教学评价与课堂教学各自为政，在一定程度上削弱了教育的合力。

第二节　让高品质课堂教学找到回家的路

信息时代，对人的要求在不断提高。人工智能，不能到达的领域，不能具备的恰恰是以创新为特征的专家思维。而未来，不仅工作需要专家思维，生活也需要专家思维。加德纳认为，学生只有超越具体的事实和信息，理解学科思考世界的独特方式，未来他们才有可能像一个科学家、数学家、艺术家、历史学家一样去创造性地思维与行动。

一、炼制态知识观

在大脑与外在信息之间存在一个区间，“学习者在那里精心组织自己的观点，并在它感觉到自己的先有概念有局限或已失效时炼制一种新观点。”① 知识与学习的关系，不是“灌输”与“录入”，需要学习者独立的思考。大脑对信息的“接收”，受到学习者思维结构的影响。如果思维结构较单薄或存在错位，学习者只会接收孤立的信息。而丰富思维结构，可以规避学习者被信息淹没的风险，有助于整合信息，在编织中炼制知识，形成知识的网络。

如统编小学语文教科书四年级下册《短诗三首》，所在单元的语文要素为：初步了解现代诗的一些特点，体会诗歌表达的情感；根据需要收集资料，初步学习整理资料的方法；合作编小诗集，举办诗歌朗诵会。从整体上看，这三个语文要素并不是各自为政，而是充分地遵循学习的逻辑，体现了“强关联”，共同服务于理解“现代诗形式自由且意蕴丰富”的大概念。单元内的若干篇课文共同成为支撑现代诗特点的一个个具体的案例，学生在教师的引导下需要借助这些案例了解现代诗的特点；还由于现代诗语言凝练，蕴藏着

① (法) 焦尔当著，杭零译．学习的本质［M］．上海：华东师范大学出版社，2015：98.

丰富的意象，这些意象往往成为学生学习的障碍，需要一些支架化解学习的冲突，于是需要收集、整理资料，通过横向关联的方式给予学习的支持；当学生了解了现代诗的特点，如何让该知识走向“流转”，点亮学生未来的文化生活，让生活拥有“诗和远方”？合作编小诗集，举办诗歌朗诵会就是一条从“抽象→具体”的协同路径。其间的“编小诗集”，跃动着创新的因子；其间的“合作”，蕴含了学习共同体攻克难关的动人场景。而这些，都是知识炼制的要素。

具体到短诗三首《繁星（一五九 ）》教学，不妨探究知识炼制的学习历程。我们先来看一看这首诗的具体内容：

母亲啊！
天上的风雨来了，
鸟儿躲到她的巢里；
心中的风雨来了，
我只能躲到你的怀里。

诗中“心中的风雨”理解是教学的重点，指向现代诗的基本特点。对学生来说，是理解的难点，是不可轻易逾越的那一堵“墙”。分析发现，该诗中“天上的风雨”与“心中的风雨”形成了隐喻关系。而这种关系，如果采用平移的方式处理，让学生直接比较二者的不同，教学容易陷入冷遇。更重要的是，知识的炼制过程被简单的交流取代。如果，以“天上的风雨”为桥梁，反向设问“天上的风雨来了，鸟儿如果不躲到它母亲的巢里，可能会发生什么事?”让学生就此充分交流，为理解“天上的风雨”架起桥梁，可从直观形象走向符号形象，被抽象凝固成“困难、挫折”等等，从表面的解读延伸至另一个空间。在此基础上理解“心中的风雨”意象，就化难为易，水到渠成。

二、生本化学生观

享誉世界的教育著作《学会生存》一书中指出：教育必然是从学习者本人出发的。这个论断，强调了教育的基本出发点是学生，暗含了以人为本的教育价值观。只有从学生出发，真正把学生视为学习的主体，学生才可能建立“主动做”的心向并积极投入学习实践，把课堂中的有价值的信息整合到自己的心智与生活之中，以实现从“拥有知识”到“实践行动”的转化，与真实世界发生积极互动，在探索与实践中不断形成对世界的认识。

实际教学中，如果满足于“怎么教”的层面，常常带来教过却没有教会的风险。如统编小学语文教科书二年级上册《狐假虎威》一课，老虎为什么会同意狐狸走在前面？这一学习内容与学生已有的知识和经验没有联系，成了学生理解的卡点和思维的障碍。细读老虎与狐狸的对话，发现“老天爷”在这里起关键性作用。如果，不引导学生理解“老天爷”形象，对“狐假虎威”这一成语故事的理解就容易“消化不良”。理解文中“老天爷”这一形象，是打开这个故事的开关，是文章的重要按钮。因此，此处教学需要进行慢节奏地品读，理解老虎跟着狐狸“走一趟”的缘由。可推进三问：老天爷是谁？老天爷管谁？不听老天爷的话，会怎样？在一“带”一“跟”中，引导学生明白：大大小小的野兽逃跑，怕的不是狐狸，而是老虎。由此，文本的寓意浮出水面：生活中有些人借着别人的力量吓唬人，其实自己没有什么本领。课堂中教师抓住学习的关键点，将教学的着力点放在疏通课文人物关系上，指向研究学生怎么学习、思考，有效化解教学的难点。

因此，新时代的生本化学生观，指向学科育人，始于“学习为中心”的理念驱动，强调人才是教学的对象，用学科来教人，而不是教学科，这是培育学科核心素养的基本教学观。正如余文森教授指出：“语文教学不是教语文，而是用语文教人。”[①]

三、结构化教学观

脑科学的研究发现，结构化是一种理性的方式，通过把握事物的内部结构，清晰地掌握与描述这一事物。美国认知心理学家布鲁纳指出：“掌握事物的结构，就是允许以许多别的东西与它有意义地联系起来的方式去理解它。简单地说，学习结构就是学习事物是怎样相互关联的。”结构化教学是根据知识形成规律和学生认知发展规律，沟通各元素之间的相互联系，使之转变为学生认知结构的教学方法。

---

① 余文森．核心素养导向的课堂教学［M］．上海：上海教育出版社，2017：101.

小学阶段语文核心素养的培养，不是一朝一夕的事，是庞大、系统的工程。教师的职责不是教教材，而是用教材教学生。这里强调了使用教材的问题。语文教师不是用来照本宣科教教材，而是教学生。统编小学语文教科书最显著的一个特点是按人文主题和语文要素双线组织结构，呈现了这样的结构化编排样态：统筹规划语文要素，体现目标的系列化；语文要素螺旋上升，体现目标的层次性。这些语文要素构成了语文核心素养培育的基本元素，它们进阶式、系列化的梯度分布，建立一个个有内在联系的“小发展”，点点相连，点点之间形成“价值链”，结构化地形成一个发展的链条、能力的链条，最后实现量变到质变。因此，教材的结构化编排，实际上关注了学生的结构化发展，也揭示着结构化教学观不应忽视。钟启泉教授指出，核心素养的核心是真实性，即解决真实问题的能力。因此，教育的传递过程，更需要从当下“路线导向”的层级结构走向更多联结的网状结构，把学习引向“现实世界”，把学习实践负责任地定位于面向未来。

四、素养化课程观

毫无疑问，办学目的就是帮助学生更好地迎接生活。课程与教学需要反映社会和环境的变化。深度理解的教学构成了未来教育的重要方面。

学科核心素养不是通过日常生活自然形成的，而是通过学科教育获得的。学科教育的路径指向课程。有专家认为，未来学习需要顺利实现三重目的：其一，学习技能和有关特定的科目并学习如何做得更好更快和更轻松；其二，培养综合概念技能——学会如何将同一或类似概念应用到其他地方；其三，培养能适应于你所做的一切事情的个人技能和态度。① 因此，学习中有三点特别重要：一是怎样迅速、充分、有效地获取、选择和存储信息；二是怎样利用它来解决问题；三是怎样打破常规重新组合，利用它来创造新点子。②

课程引领教学，课程改革是核心。语文学科以双线组元结构单元的方式承接语文核心素养，着力语文核心素养的培育，旨在通过对语文知识本质的理解和对学习内容的批判性运用，追求有效的学习迁移和真实问题的解决。

---

① 钟志贤 . 21 世纪的学习理念［J］. 黑龙江教育，2001（12）：47.

② 钟志贤 . 21 世纪的学习理念［J］. 黑龙江教育，2001（12）：47.

不妨从该角度重新审视教材的价值，把其视为新情境下问题解决的原始起点，促进迁移发生，并能从“近迁移”走向“远迁移”，逐渐形成素养。在近迁移过程中，学生能够关注学科内部的知识迁移，重组积累的知识内容，整合已有的知识体系，解决与学科相关的实际问题。在远迁移过程中，学生能够运用学科内部和相关学科之间的知识内容，懂得“何时”“何事”“如何”“为何”运用这些知识，独立解决生活中遇到的实际问题。

第二章　走向高品质课堂

在这个充斥着信息和联系的世界中，学生需要发展那些深层次的、终身学习的习惯和品格，以适应未来的世界。学生的发展需要打造高品质课堂。高品质课堂是新课程改革的基本追求，是彰显育人价值、深掘课程文化、遵循教学规律、活化教学方式、注重生成创新的本真与灵动的课堂。其课堂追求是让学生过一种幸福完整的教育生活。创造高品质课堂是教师对学生最深切的关怀，是教师责任感的体现。

第一节　新教育图景带来的启示

当今世界科技进步日新月异，人才培养面临新挑战。随着义务教育全面普及，教育需求从“有学上”转向“上好学”，需要聚焦中国学生发展核心素养，优化学校育人蓝图，培养学生适应未来发展的正确价值观、必备品格和关键能力。具体落实到课程中，需要“以习近平新时代中国特色社会主义思想为指导，全面贯彻党的教育方针，遵循教育教学规律，落实立德树人根本任务，发展素质教育”。教育新图景对课堂教学带来哪些启示呢？

一、重构“学习场”

从学校角度看，无限的知识和有限的学习时间之间的矛盾是学校教育要解决的主要矛盾。但学校的教育是无法穷尽知识的，需要学校的教育更加专注于“培养关键能力和必备品格”，为学生的智力成长打好基础和根基，以不变应万变，从容应对未来发展的需要。霍姆林斯基认为："儿童智力劳动的性质是学习愿望的源泉之一。如果源泉枯竭了，任你用了什么办法也不可能让孩子坐下来读书。"当儿童智力劳动指向"进行超越事实并进行跨时间、跨文化、跨情境的迁移概念和理解"之时，其间发现的新旧知识之间的模式和联系，为他们的终身学习提供了大脑图式。① 因此，教师不妨站在学生发展的立场来思考课堂教学的"供给"，锁定核心教学内容，精心设计学习活动，让添加的每一个学习活动都能成为思维发展的"积木"，成为"分析、比较、概括、解释、建构模型"等高级思维过程的学习空间。让学生在这一空间反复穿梭于"具体"与"抽象"之间，在"具体"与"抽象"的不断互动中，经历发散、想象、创意、批判性思考等创新思维活动，增大思维容量，加强思维深度，培养高阶思维能力，为学生的未来提供解决问题的视角和方法。

二、走向"素养观"

一个人的人生高度和深度取决于素养；一个社会的文明，取决于这个社会所有成员的素养。个人素养，如学识、智慧、道德、态度、品格、思想等常常通过外在的言行举止表现出来。它作为一种人类的文明，以其独有的社会价值赋能社会的可持续发展。在人工智能时代的背景下，学习者不仅要能够从信息的海洋中获取到有用的信息，更要能够将信息转化为知识，并把新知识与已有知识经验联系起来，将知识转化为解决真实问题的能力。

课堂教学的重要目的是帮助学生建构关于学科的层次化知识结构以及高度概括化的学科问题图式；促进学生将所学知识与现实世界进行关联，把具体情境作为触发知识应用的条件并内化为一种自动化的心智技能，顺利提取知识去解决问题，逐渐形成学科素养，在各学科的素养互动中，最终形成人的整体生命气象。

---

①（美）林恩·埃里克森、[M]（美）洛伊斯·兰宁著，鲁效孔译．以概念为本的课程与教学：培养核心素养的绝佳实践．上海：华东师范大学出版社，2018：7.

第二节　创新小学语文教学的样态

新时代的教育应该准确把握语文教育的新内涵，要面向未来的育人需要，与时俱进地将语文教育实践引向未来。

核心问题教学面向新时代教育，挖掘育人内涵，通过核心问题设计与使用，改变传统的按部就班、照本宣科式的教学模式，而是牵动“核心问题”这条网，向多个方向思维发散，拉上“一条一条大鱼”，有效促进学生高阶思维能力的发展。

一、高姿态的文本解读

高姿态的思想起源于古代中国的儒家文化，强调优秀的品德和行为准则，其中“对己从严”就体现了其丰富的内涵。文本解读也需要“对己从严”，这是为什么呢？上海师范大学王荣生教授指出：“一节好的语文课堂最重要的标志，就是教学内容的正确开掘以及让学生有效获取经验的方法。”由此可见，教师对文本进行专业解读，已经成为铸造课堂是否具有高效性的重要标尺。文本解读能力的差异，不仅决定了教学内容重构的差异，更直接决定了语文课程本质属性走向的差异。因此，语文教师需要练就文本解读的基本功。

但文本解读存在以下问题。

（一）文本解读的三个问题

1. 浮光掠影

一些教师在文本解读上，不愿花时间花精力。要上课了，才粗略地读一读课文，了解文本的大概意思。有的在备课时，直接抄写他人的教案，甚至有一部分教师直接从网上下载他人教案。

2. 按图索骥

一些教师对文本的解读，没有自己的阅读体会，更没有自己独特的感受和见解，只是依赖于教学参考书在内的相关资料，把别人的认识作为自己最终的解读。这样的文本解读方式，使教师的角色异化为教参的“传声筒”

而已。

3. 舍本逐末

一些教师解读文本时，没有抓住重点，把大量的时间、精力花在资料搜集上，对文本进行无度的拓展与延伸。有的甚至弃文本于不顾，把备课时间花在构思教学花样上，丢了西瓜，捡了芝麻，得不偿失！

（二）文本解读的基本定位

1. 成为文本的“知音”

发展学生语文核心素养，可以从“供给端”发力。而对语文教学来说，最为有效的“供给端”就是文本解读。在教学中，师生应当成为文本的知音，以发展学生核心素养为向度，通过文本解读引导学生向文本更深处漫溯。

上海师范大学王荣生教授曾经举了这样一个例子，如《家乡的桥》一文，第一句为“我的故乡在江南”。按常理来讲，应该告诉读者具体的地点，比如我的故乡在绍兴，我的故乡在南京，我的故乡在杭州。但作者却说：我的故乡在江南。这样的表达和“我的故乡在绍兴”有什么区别呢？从文体上看，这是一篇散文，散文主要目的是抒情。散文第一句话，大多在抒情。在文本解读的时候，应该教会学生从情感角度去读，而不仅仅是从信息的角度去读。“我的故乡在江南”，这里面牵涉两个知识点，第一个是文化的背景，是一种文化意象。在看到“江南”这个词时，脑海中一定会出现很美的画面。第二个是散文的表达，作者不是想告诉读者他的故乡在哪个地方，而是在传递一种情感：我的家乡很美。

2. 成为编者的“知音”

深入的文本解读，还要揣摩编者意图：为什么把它放在这个学段，这个单元，它承担怎样的“语文任务”？当成为编者的“知音”，可以有效规避教学缺位或教学越位的问题。

比如关于识字写字，统编小学语文教科书采用“认写分开”的原则进行编排，立足培养独立识字的能力，呈现了小学“低、中、高”三个学段进阶的编排思路“学习独立识字——有初步的独立识字能力——有较强的独立识字能力”，目的是降低识字写字的难度。在此基础上，解读统编小学语文教科书一年级上册《小蜗牛》：编排在该册最后一课，全文不注音。为什么全文不注音，编者的意图是什么？是培养学生自主识字的能力。因此这一课的教学重点，是引导孩子猜学生字。当然这种猜学，是在已有基础上的猜学：借助课文图画，借助构字规律，联系上下文等。但如果在教学的过程中，只做简单处理，异化为“加一加”“减一减”“换一换”等常态识字方法的教学，就不能不说是对教材编排意图的一个误读。

3. 成为学生的“知音”

在未来，教师的专业竞争力不再仅仅是精湛的教学技艺，还包括学生认知规律、学习问题背后归因、个体差异识别等在内的“学生知识”。

如果把教学看作是在学生与教学内容之间搭造一座桥，那么教师就应时刻注视桥的两端，既要关注教什么，也要关注谁在学，试图了解学生知道什么、关心什么、能做什么、想要做什么，让这座桥顺利“通行”，而不是成为有缺口的“断桥”。

“知道”是认知领域的一个范畴，作为所有后续学习的起点，必须考虑：关于一个主题，学生需要了解的知识及学生已经具备的知识（包括相关的，关系不大的知识）。

以识字写字教学为例，不少学生在识字写字方面，出现了以下状况：一是错别字情况严重，在“写正确”的层面出现了问题；二是书写质量普遍偏低，在“规范、端正、整洁”层面上出了问题；三是不会使用学过的词语，在“理解义，会运用”的层面出现了问题。

究其原因，以上诸多的问题源于课堂教学问题。课堂上，一些老师重视字音和字形教学，不外乎机械记忆形、音，甚至把识字教学目标只定位于会读，会写，忽视了对字义的理解。比如：“津津有味”一词教学，老师只讲“吃得很有滋味”，“津津”是什么意思，则不了了之。如果长此以往，识字教学蜻蜓点水且囫囵吞枣，小学阶段的2500个汉字全部熟练地读写下来，不会理解与运用，又有什么意义呢？

如果沿着以上问题继续溯源，我们发现：根源在识字写字内容的解读上出现了问题，误把教材的内容全盘当作教学的内容，没有依据学情正确地选择该教的教学内容，使教材内容失去了二次开发的时空，而陷入耗时低效的境地。如统编小学语文教科书三年级下册第四单元略读课文《小虾》一课的生字教学内容为“缸、隙、掀、末、副、钳、搏、较、腹”等9个会认的字。这些字，目标指向“会认”：读准音，认清形，了解意。有的老师在文本解读时，理所当然地把它们都作为该教且必教的教学内容。因而，在“识字环节”的组块教学的时空里，只能选择脚步匆匆、蜻蜓点水。教过，但却没有教会。对学生而言，平均使用力气的学习，学过但没有学会。不加选择的教学内容，极大地影响了教学效果。而这，是“拿来主义”的文本解读态度带来的尴尬。

如果对接学情解读该课的识字教学内容，我们不妨思考这个问题：9个字，不能一个一个教，教师教得费劲，学生学得没劲。哪些字学生容易读错、写错、用错呢？学习这些生字，学生的“卡点”在哪呢？哪些字带有一定的规律，可以牵一发而动全身，提高识字教学的效率呢？

研究学生的“卡点”，必然关注学生的“前知识”“前经验”。我们发现，在此之前，学生学习了“未”和“副”。新的知识“末”和“幅”的学习，对学生而言，容易造成新的干扰。这里需要把“末”“副”浓墨重彩地作为教学内容予以强化，并找到其规律举一反三，拓展识字容量。其他的识字内容，可以发挥学生的自主识字能力，把它作为“预学单”的内容进行相机处理。

当然，选择了以上两个字作为教学的内容，还远远不够。需要进一步对这两个字进行解读。汉字自身有着独特的构字规律，蕴含着丰富的文化审美信息。一个汉字，往往是声音、图像、意义、符号四个“基因”的有机结合。我们发现，这两个生字带有汉字的“故事”。通过查阅资料，我们发现：“末”的金文字形“木”上加一点，表示树木末梢所在处，本意是指树梢，上面的长横表示树梢，由树梢的末端引申为物体的尖端。“副”是立刀旁，本义是指剖分成对称的两半，用作量词，是指成对成套的意思。

这样的解读，使识字教学有了一个基本的起点。但如果止步于此，忽视学生的认知特点，以告诉的方式简单处理，往往浪费了前期宝贵的解读资源。因此，从学生的思维特点出发，如何让这些知识从静态走向动态，鲜活地定格在学生的“知识库”里呢？真正走向文本的教学解读，不妨从学习环境的角度推进。可以充分发挥学生的形象思维，连接生活的图片、生活的经验等，古今相接，课内外相连。于是，在这样的教学解读中，课堂清晰地呈现了这两个生字“四两拨千斤”的教学情景：

【生字“末”的教学】

1. 今天学的这个“末”字和以前学过的哪个生字特别像?

2. 是的，和“未”字特别像。(出示“末”与“未”)怎样更好地辨别这两个字呢?你看，“末”的金文字形“木”上加一点，告诉我们树木末梢所在处(出示树的图片，箭头指出树梢处)。

3. 这个字，本意是指树梢，上面的长横表示树梢长，由树梢的末端引申为物体的尖端，比如，腿末端(图片指出小虾的腿末端);“末”还常常引申为最后的意思，如，一个星期的最后两天，我们称为周末;一年中最后的日子，就叫——年末。

4. 你瞧，这一组字都含有“末”字，“末”作为这些字的声旁，提示了它们的读音相近或相同，我们来读一读(随机出示一组字:“抹、沫、茉、秣、妹、昧”)。

【生字“副”的教学】

1. “副”和“幅”是一对形近字，它们有相同的部件“畐”，这个部件提示了它们的读音相近，一起读——“副”“幅”。

2. “幅”字，作为量词使用时特别容易把它们混淆。怎么区分呢?有个小窍门，可从形旁上区别它们。“副”字是立刀旁，本义是指剖分成对称的两半，用作量词，是指成对成套的意思，比如文中的“那副钳子”就是那一对钳子。

3. 我们还常说这是一副对联(出示图片)，一副手套(出示图片)，一副象棋(出示图片)。副也可用于形容面部表情，如一副笑脸(图片)。

4. “幅”是二年级我们就学过，它是巾字旁，本义是指布帛、呢绒等的宽度，作量词时，用于布帛、字画、景象等有一定宽度的东西。如“一幅画”(出示相应图片)，一幅美景(出示相应图片)。

由此可见，理解了“汉字故事”，识字教学的问题往往就容易“迎难而解”。

有时候，我们可以反其道而形之，从课堂的教学情景中思考他人对识字写字教学内容的解读。

如江苏省特级教师胡君老师就生字“蒙”的教学：

师：（板书：蒙）什么字？

师：与什么有关？

生：（卡壳无语）

师：其实老师查过辞典，蒙指的是材料依附在材料上面，蒙就是覆盖的意思。能从字里找到笔画，表示一层盖在一层上面吗？

生：秃宝盖。

师：再仔细观察。

生：秃宝盖下面的两横。

师：（在两横处用红笔勾勒）请大家在课题旁写一遍（生写“蒙”字）。

课堂上，胡老师一反其他教师的教学常态：“蒙”字的中间一横不要丢了。而是别具匠心，设置疑问：“蒙”与什么有关？引发学生思考。当学生沉默无语而愤悱之时，胡老师抛出一个脚手架：其实老师查过辞典，“蒙”指的是材料依附在材料上面，“蒙”就是覆盖的意思。能从字里找到笔画，表示一层盖在一层上面吗？此时，胡老师提供“字义”这一相关的信息，作为教学的支架。把自己的告诉变为学生的发现和探究活动，引导学生联系字义对字进行观察、分析、思考。这种客观的字义在学生主观地思考、分析、推断过程中内化为学生的认知。在这样的过程中，学生对“蒙”字无疑是进行了一次“解剖”。在“解剖”的过程中，他们建构起字形和字义之间的内在联系，获得了联系字义思考字形的方法。在这种高层次的思维中，学生发现的不仅是重要的“两横”，而且是藏在汉字里的文化。

以上教学情景中，我们依然可以清晰地还原教师的解读思路。教学内容的选择锁定“蒙”这一易错字的字形教学。从学生的“卡壳”处发现，文本的解读落在学生的困难处，凸显了文本解读的价值所在。对“蒙”一字的字源追溯，体现了教师对文本的深度挖掘。立足这样的文本解读，胡老师在教学“蒙”的环节，虽是三言两语，却是“四两拨千斤”，省时高效，准确找到一个有效的生字教学支点，让学生成为学习的思考者、发现者、探究者，在

“形象感知”和“意义识记”中获得学习汉字的认知规律。

当我们在课堂中遭遇：学生把“鸟栖虫居”的“栖”字右边写成“酉”，教师数次提醒注意的点，学生错误依旧……不妨，回到文本解读的原点。此时的解读，磨刀不误砍柴工。识字写字文本内容的解读，消灭的是高频错别字，带来的是一首优美的诗篇，一幅美丽的画卷，一个有趣的故事：

> “贼”：由“人、戈、贝”构成，表示人持戈抢劫他人财物，这人就是贼。引申以指一切坏人。由坏人而引申出伤害、毁坏之义。
>
> 配：其右是一个端坐的人，左边是一个大酒坛，所以配的本义是酿酒师傅在为酿酒配料。配料是否恰当，对酒的质量优劣关系密切，在殷商时代是高新技术。引申出配合、配给等义。
>
> 教：手拿鞭子教训子孙行孝，否则就要挨打。
>
> 祭：“月＋又＋示”，手拿肉供奉神灵。
>
> 侵：“彐＋冖”是帚的省形，表示手拿帚打人。这也是一种侵犯公民人身权利的行为，所以也有侵害、侵略之义。

正如著名教育家于漪所言：“如果打开用汉字写的一本书，那就好像进入了一个画廊，一幅幅画争先恐后地向你的感官申述它的喜怒哀乐。”在一个个汉字故事中，引导学生感受中华民族最伟大的创造，感受中华民族五千年的文明，体会中华民族和中华文化之根。

国家督学成尚荣说：“研读教材是语文教师的第一基本功。”孙双金老师曾指出：上好语文课，解读文本是第一步。语文学科核心素养的培养，需要通过文本解读来实现；语文教学内容的确定，也离不开科学的文本解读。

（三）文本解读的基本追求

1. 读懂“一座桥梁”

叶圣陶先生曾言：“文字是一座桥梁。这边的桥墩站着读者，那边的桥墩站着作者。通过了这一座桥梁，读者才和作者会面。不但会面，并且了解作者的心情，和作者的心情相契合。”借用桥梁的比喻，叶老道出文本、读者和作者三者之间的关系。从中可以看出文本是联系读者和作者的桥梁，具体到语文教学中，文本是作者、教师、学生及编者等的桥梁和纽带。课文作为承载教学功能的文本，最需要读懂的是潜藏作者情感的文本内容与形式，透过二者，读懂作者所表之情，所达之意。

2. 读出“一个课程”

“用教材教”实际上蕴含着课程的意义。课文作为教材的主体，承载着课程的基本价值。文本解读，不妨站在“素养立意”的层面俯瞰教材，将一个个有关联的教学目标由内容本位转向素养本位，确立核心素养在教学中的核心地位，使教学的一切要素、资源、流程、活动都围绕核心素养组织和展开，变“教课文”为“教课程”。

如统编小学语文教科书三年级下册第三单元阅读要素是“了解课文是怎样围绕一个意思把一段话写清楚的”，表达要素是“收集传统节日的资料，交流节日的风俗习惯，写一写过节的过程”。该单元围绕“中国传统文化”这一主题，编排了《古诗三首》《纸的发明》《赵州桥》三篇精读课文、一篇略读课文《一副名扬中外的画》、交流平台、综合性学习和语文园地。四篇课文选材不同，但内容都指向中国传统文化。阅读要素与第一学段语文要素“读懂每句话意思”，三年级上册第六单元语文要素“借助关键语句理解一段话的意思”一脉相承，走向新的发展点：围绕一个意思把一段话写清楚。该单元文本具有共通性：围绕一个意思列举多种同类事物（人物、现象）。《纸的发明》围绕“困难”列举了不同的书写工具；《赵州桥》围绕“美观”列举了不同特点的狮子；《一副名扬中外的画》围绕“热闹”列举了不同的人物。该单元的教学，依托前经验“借助关键语句理解一段话的意思”读懂相应自然段的意思，循着“聚焦表达之意——探寻表达之形——体会文化之美——生成中华之情”的路径，建构起语文核心素养导向下的语文课程意识。

文本解读，当从“教学思维”转变为“课程思维”，从“教”转变为“学”的思维。用课程的思维结构教学，以核心素养为导向，进行课程目标、内容、实施、评价的教学设计与教学实践。

3. 读活“一个自我”

从阅读教学的功能看，阅读教学常常肩负着这样的使命，构筑学生的“精神家园”，涤荡学生的“灵魂世界”。文本的解读，是与他人的对话，更是与当下自我的对话，强调在自我的参与中逐渐走向自律、尊重与责任，形成必备品格。在此过程中，常常需要介入阅读主体的经验投射、精神投射和心灵投射，需要唤醒知识本身的社会性和情境性，更要把握二者与学习者个人经验之间的联系，读出“我”的在场，彰显有生命力的阅读行为，开启指向育人价值的有意义的学习之旅。

（四）文本解读的基本思路

深入的文本解读，有助于找到真正有价值的“教学点”。语文学科的文本解读，有自己独特的打开方式。文本解读打开方式主要有以下三种思路。

1. 由表及里地解读

从文章学的角度看，每一个作者在用文字表达自己思想的时候，无不在思考语言的运作方式，即用怎样的语言形式来表达内容。如果把一篇文章看作一个团队，每一节就是团体中的每一个人，依着“文意”分担文字组织中的“起、承、铺、叙、过、结”的任务。

从语文课程的角度看，文本解读不应止步于“生活式的读懂状态”，而应关注课文中诸多的语言表达智慧，发现富有表现力的“表达元素”。如一教师教学统编教科书一年级下册《四个太阳》一课时，学生提出问题：明明是一个太阳，为什么课文却要说四个太阳？教师不知如何应对。究其原因，教师的解读，只看到文本内容的表面，看不到作者所要表达的意思：美好的愿望。究其原因，是文本解读没有循着由表及里的路径，止步于“写什么”，未能走向“怎么写，为什么这样写”的高度，未能读懂作者为什么用这样的语言形式来表达，未能读懂文字背后传递的情感。

即便落实到一个词，其解读也应由表及里，不可忽视。

语言中，词语是最基本、最活跃的语言元素，是语言存在的基础。词语之于语言，就如同砖石之于房屋一样重要。它直接影响着文本句段篇的架构，是语文学习的基础。如果词语解读异化为“只知其表而不知其里”，容易消解诸多词语的生命色彩。特别是文中的关键词语，作为承载文本意旨的生命音符，解读时不可“平淡如水”更不可“匆匆而过”。词语解读，有以下几个视角。

（1）解读“词形”，丰富积累

解读词形，指向词语的积极储备，指向语言的积累与梳理。旨在语境中引导“类聚”与“组块”，帮助学生不知不觉中建立和丰富头脑中的一个个

“词汇场”，为表达积蓄语言样式，不断重构、梳理学生的语言材料库，使庞大的词语空间站“化多为少，化繁为简”，发展学生的形象思维和抽象思维，提升他们的文化素养。

词语的储备，不应是简单“搬运”和随意“堆积”。尤其是对于结构化的词语，不妨打破传统词语孤立化的解读现状，建立起词语之间的联系，让碎片化的词语走向结构化的词群，拓展学生词语量，培养学生联系的、整体的思维，用发展的眼光学习词语、积累词语、理解词语。

如统编小学语文教科书四年级上册《火烧云》一课，我们发现：用了许多色彩词描写火烧云，是这篇课文的特质，更是词形构建的契机。观察下面的教学环节，教师在词形解读上做了怎样的努力和思考？

① 引读句子，依次呈现颜色词：作家笔下的霞光多像个调皮的孩子啊，它把手中的颜料大把大把地撒向天空，天空一会儿……一会儿……

② 引导发现“果蔬色”：“葡萄灰、梨黄、茄子紫”这三个词有什么共同特点吗？

③ 联系生活，拓展“果蔬色”：这个世界上有多少种水果、蔬菜，就有多少种颜色呢！你能试着说几个这样的颜色词吗？

④ 呈现多组果蔬色词语，学生读一读。

⑤ 探究：这短短的一段话用了 7 个颜色词，这样写有什么好处呢？

⑥ 小结：抓住景物颜色的特点，用上恰当的颜色词来写，就能把景物写得多姿多彩。

教师站在“语用”的制高点，揣摩“颜色词”与“美景”之间的关联，抓住“以色绘景”的独特语言现象，解读“词形”特点，既建立词与词之间形式上的联系，又将教学内容与学生的语言发展联系起来，助力学生形成可持续发展的“类化”思维。一系列的“动态解读”，由浅入深，词语解读富有画面感、情境感。通过学一个带一串，将“词群”置于一种网络之中，变“孤立”为“整体”。

（2）丰富“词像”，再现意蕴

词，是思维的产物。通过其意义，全面而概括地反映着自然现象和社会现象的万事万物，以及各种事物的性质特征和关系。词语不仅能表达某一客观的概念，而且还能在人们的头脑中引起各种联想。从本质上说，词语是高度浓缩的精华，含有集结共同属性的功能。解读时，遵循其概括的特点，不妨把它还原到“原始状态”，展开联想，唤起相似或相关的场景，还原词语“生发现场”，把浓缩的东西“泡”开，把抽象之词语化作形象之画面，在抽象与形象之间“走来回”，在分分合合中，找到“对应图景”，为词语注入鲜活的生活烙印。

如，解读统编小学语文教科书三年级下册《丑小鸭》一文中的“卧”，不妨立足词像，再现其意蕴之美：

① 解读汉字文化：这个字是会意字，左边是——一只竖着的眼睛，右边是一个人，合在一起，是人垂着头趴在几案上休息或睡觉。

② 观察画面赏卧姿：侧身躺着叫卧，看，多安详的卧佛呀！仰面朝天地躺叫仰卧，瞧，小朋友开心呀；鸭妈妈腹部朝下也叫卧，这是充满爱意的卧。

词像因着生活经验差异而呈现不同。这种差异，赋予了词像的无穷丰富性、延展性。词像的丰富性，使静态的词语得以灵动的“形象”存在。为了让富有新鲜感的词语“植入”学生的内心，教师从词像的角度给予充分关注。以上一个“卧”字的解读，在分解部件，因形索义中感受汉字的文化；在观察画面，欣赏“卧”的“千姿百态”中，丰富“卧”的内涵。由此，“卧”的词像鲜活起来，厚重起来，充满着生命的张力。正如苏霍姆林斯基认为，词只有在儿童的意识里活起来，活蹦乱跳，词才能成为儿童借助它去掌握知识的工具。

（3）深入“词境”，探寻内涵

词境，这里是指词所在的语境。语境包括大至社会环境，小至上下文的一系列因素。有时语境作为大的情境背景，潜藏在语句之外。词语一旦进入语境，词义就受到语境的规限，从静态性、多义性走向动态性、单义性，其内涵的唯一性由语境决定和产生。可以说，语境给词语内涵提供广阔的表现空间。从这一意义说，学生的“遣词”落点在语境，需要学生在语境中“众里寻他千百度”，方能与文本所要表达的意旨和谐相映。

语言理解的过程是一个互动的过程。一方面，语境限制词义内涵；另一方面，读者要依靠背景知识等为理解做出努力。有些关键词的内涵，只需要联系上下文的语境便可获得，有些则需要联系隐藏的背景。如统编小学语文教科书六年级上册《我的伯父鲁迅先生》一课中的句子：“爸爸跑到伯父家里，不一会儿，就跟伯父拿了药和纱布出来。”这一语句中的“跟”这一关键词的解读，如果忽视当时的社会背景，可能产生浅读问题。

解读时，不妨查找当时鲁迅工作繁重的背景资料：

> 1912 年，应教育总长蔡元培之邀，任教育部社会教育司第一科科长。八月任命为教育部佥事；
>
> 1920 年，在北京大学、北京高等师范学校讲授中国小说史；
>
> 1923 年，兼任女师大、世界语学校教师；
>
> 1926 年 8 月，赴厦门大学任国文系教授；
>
> 1927 年 1 月赴中山大学任教……

对接背景资料，发现：句中的“跟”一词前后人物不能置换。社会背景这一语境成为语言运用的潜在力量，为文本理解提供了积极的支持：把鲁迅“救治车夫”之事置于“忙碌的工作”背景之中，在“急与缓”中，诠释了其爱护劳苦大众，忧国忧民的形象。词语的解读，绝不是孤立地就词解词，陷入“一潭死水”之境地。需要引入“语境”这一“活水”，上下延展，左右逢源，内外对接，在推理和思辨活动中探寻其丰富内涵，建构以境定词的意识，使词语解读从“孤立”走向“整体”，从“失联”走向“关联”，进而通过教师的教学转化为学生的精神力量。这样的词境解读，实现了词典义到语境义的转化。久而久之，学生就能渐渐地抵达作品的核心处，能真正探究到作品深处的意义。

（4）感受“词温”，体会情感

准确的用词，能真实地传达文章所要表达的情感。对于文中带有明显情感倾向的词语，探究词的美和这个词所反映的那一部分世界的美，走进词的内核，体会其中的情感。

如《燕子》一课，文中语句“蓝蓝的天空中，电杆之间连着几痕细线，多么像五线谱啊”中的“几痕”一词藏着作者“呵护燕子，喜爱燕子”的情思，投射着作者独特的体验。解读中，我们有如下发现：

①“几痕”在文中具体指细细的电线看不清楚，淡淡的，隐隐约约的。

② 作者看不清楚电线是因为站得远。

③ 作者站得远，是不想惊动燕子。

④“几痕”不能换成“几根”，因为“几痕”传达了作者对燕子的喜爱和呵护。

美学教育家朱光潜认为：在文字上推敲，骨子里实际上是在思想感情上“推敲”。以上词语解读的过程，抓住“几痕”一词，沿着“内容的”“情感的”“表达的”三个角度循序渐进，“咀嚼”词语的传情功能，思维容量增加了，思维深度拓展了。对用词的推敲之行中，敬畏之心悄然产生，进而化作学生积极的言语力量。

重视词语解读，细细咀嚼那些牵动全文、折射主旨、反映情感的富有表现力的词语，品味其中的“趣、情、理、象”，让词语教学从平面走向立体，进而走进文本的内核，由此，当词语教学焕发生命色彩之时，沉睡的词语才能转化为表达的元素，庞大的词语库才能变为学生表达的资源库，真正实现“语言文字运用”这一核心目标。

2. 由上而下地解读

由上而下地解读，是指不能就文本解读文本，而应从课标的角度，从整体的视野，把文本当作一个局部，一个整体中的局部来解读。

具体到一篇课文，不妨站在语言的高处，处理好厚与薄的关系。我们知道，“文意”是作者用词、构段、谋篇的决定性因素。如果把关键词句比作“大树的枝叶”，那么“文意”就是“大树的主干”。所有的词句，必须在“文意”这样一个整体语境的观照下，才可能成为富有生命力的音符，否则，“词”“句”“段”“篇”极有可能成为“文字的排列”，而非表达作者思想或情感的工具。因此，只有了解全文的思想脉络，才能准确把握作者想要表达的意思或情感。

如统编教科书六年级上册《桥》一文，细读发现，“洪水之大”与“人们之举”并行推进，作者的思路体现在文章中，形成了一条“惊慌——镇定——悲痛”情感发展线，体现了情感变化的波折；落在文字上，形成了时间推移下以桥为主线的“逃生——指挥——遇难”的结构框架，其中以“老汉指挥过桥”为主体事件展开叙述。

对接第三学段的阅读“语用”目标：“在阅读中了解文章的表达顺序”；“阅读叙事性作品，了解事件梗概，能简单描述自己印象最深的场景、人物、细节，说出自己的喜爱、憎恶、崇敬、向往、同情等感受”。由此，对“文意”还需一个渐进把握的过程，可以进行分步骤地推进：①你觉得这是一位怎样的老汉？②课文写了老汉的一件什么事？这样，从文章的“意”出发，站在“篇章”的角度，梳理语言，把握文意：“面”上把握大意——老汉的舍己为人；“线”上把握事件的脉络：遇险——脱险——遇难；“点”上把握事件——老汉指挥人们过桥，撤离村子。三个层次的“整体感悟”，注重的是文意观照下的整体意义的建构，追求的是学生阅读的渐进，伴随的是学生不断进入语言文字，不断整合新的意义链，最终完成对文本的整体感悟和把握。

由此可见，文本解读，只有读厚，才能思接千载，视通万里。一个字、一个词、一句话读到万千图景；只有读薄，才能“会当凌绝顶，一览众山小”，从战略上去思考教学预案。读厚是为了深入，读薄是为了浅出。

3. 由内而外地解读

潘新和先生曾对王富仁先生的学术观点进行论述：“只有感受到他的人文性的内容，我们才能感受到作者的语言工具的作用，他的‘工具’才成为‘工具’。”而感受人文性的内容，有时需要打通课内外，在丰富的教学资源中，在诸多要素的碰撞中知人论世，推动深度解读。

具体到阅读教学，关键在于确立阅读思维，清晰地认识“内容、情感、表达”三要素之间的逻辑关系，即思考用怎样的语言形式服务内容表达情感。以上三要素，决定了文本的解读需要关注为达意而言说的独到的、典型的、适切的语言现象，让语言的学习从输入的信息中产生，让语言的学习从理解而来，让语言的学习在“言”与“意”的交织中走向阅读的高处。

如教学统编教科书六年级上册第六单元古诗《江南春》时，如果只是把其当作一首写景诗来处理，则大大削减了这首诗的艺术魅力。但如果由内而外的链接南朝历史，解读“南朝四百八十寺”；借助“酒旗”解读中国文化背景下的行为方式……这首古诗的教学在内外沟通中走向景与情、古与今、情与理的高效融合中。

（五）文本解读的案例分享

人教版小学二年级下册《三个儿子》备课谈

一、找寻文本生命“音符”，开掘表达元素

我们知道，“文意”是作者遣词、构段、谋篇的决定性因素。所有字词句的运用，须共同作用于“文意”，才可能成为富有生命力的音符。《三个儿子》一文巧借“三个儿子”对三个妈妈提水的不同态度，凸显了一个朴素而深刻的道理——“孝顺父母，就是在父母最需要帮助的时候给予帮助”，其“文意”主要隐身于老爷爷的一句话中：“不对吧，我可只看见一个儿子。”细读本文，我认为有三点值得关注：

1. 独特的人物，推动文本情节

故事中，老爷爷出现了三次。第一次在文章开头：“三个妈妈在井边打水，一位老爷爷坐在旁边的石头上休息。”第二次出现在文章中间：“三个妈妈打了水，拎着水桶回家去，老爷爷跟在她们后边慢慢地走着。”第三次出现在文章结尾一个妈妈和他的对话中。随着老爷爷的出现，依次展开三个可知可感、具体生动的故事情节：情节一，三个妈妈夸儿子；情节二，三个妈妈妈妈提水回家；情节三，看到妈妈提水，三个儿子行为各异。这三个情节，是相互推进、不可置换的。而“老爷爷听到了什么”“看到了什么”“想到了什么”正是文章暗含的叙事隐线，不仅使文章的三个情节真实可感，“三个儿子”的形象从“所闻”走向“所见”，也让文章内容从“先抑”走向“后扬”，文本的意义从“所见”走向“所思”。文末，老爷爷独特的自问自答式话语，意味深长，耐人寻味，其间不乏对那个没什么特别、直接提走妈妈水桶的儿子的赞赏，对“多才多艺”却似乎看不到妈妈辛苦的另外两个儿子的批评。文本的高明之处在于：在先抑后扬的情节推进中，没有直接评判什么对错，而是借老爷爷的含蓄之语，引发读者的思考。

2. 独特的表达，凸显文本个性

本文人物众多，有三个妈妈、三个儿子、一个老爷爷。他们之间发生的故事如何有序地表达出来？细读文本，不难发现，作者巧妙地用了句式“一个”“一个”“另一个”进行叙写，而且这一句式分别“复用”于第一个情节

和第三个情节。文章因其段式的“相似度”，变得“简约”而“有序”，且不失厚重与层次感。此外，第三个情节中三个儿子的表现本可集中表达，却被处理成三个单独的自然段。我以为如此表述的目的是强调“每一个”。正是这种有意而为之的强调，使文本的镜头聚焦于三种不同态度：聪明又有力气的只顾着翻跟头，嗓子好的只顾着唱歌，只有那个“没有什么特别的地方”的儿子跑到了妈妈跟前，接过了沉甸甸的水桶。这种“慢镜头”的推进方式，让三个儿子的不同态度如三场戏展现在我们眼前。作者在“每一个”上停留，并略微铺开笔墨：描写前两个儿子时，分别用上“像车轮在转，真好看”“歌声真好听”等词句进行了夸赞；写另一个儿子，只“白描”了三个动作：“跑”“接”“提”。一个看似不起眼的动作“跑”，准确传神，道出了儿子的急切和孝顺，文脉上形成了与“母亲”内心对话的关联，让人不禁开始延展想象故事发生的“前因后果”。如此独特的句式和段落架构，让“每一个”粉墨登场，情感的涨落集结于此，文本形成了强大的张力。

3. 独特的布局，彰显文本立场

一篇文章犹如一个团队，每一个段落就像团体中的每个人一样，应该承担相当的职务。文章的第 8 自然段写了三个妈妈提水的辛苦。以“一桶水可重啦”总领全段，由总到分，拉开特写镜头：从视觉的角度，由水及人，先写“水直晃荡”让读者直接感受凭妈妈的力气拎一桶水很辛苦，再从“三个妈妈走走停停”直接凸显累。有多累？课文直接写出了“胳膊都痛了，腰也酸了”等感受。此处如此极力渲染妈妈之累，精心布此一局，为了什么？文本此处并未再写三个妈妈的内心想法，巧妙的是，紧接着以“这时”衔接下一段内容，把“三个孩子迎面跑来”置于这样一个独特的事件背景下，增强了文本意指的力量。也因着三个妈妈和三个儿子的“相遇”，为文本价值观的凸显做好了铺垫。

二、聚焦特色的核心目标，指向表达元素

课文是教科书的主体，它们本是一篇篇文章，若不受语文学科的制约，可学内容包罗万象。但文章一旦成了“课文”，成了学生学习语文的材料，教师便要综合学情与其语文能力的发展需要，确定教学目标，取舍并安排教学内容。

对接课标，锁定该课所在的“第一学段”阅读教学目标：喜欢阅读，感受阅读的兴趣；结合上下文和生活实际了解课文中词句的意思，在阅读中积累词语，借助读物中的图画阅读；阅读浅近的故事，向往美好的情境，关心自然和生命，对感兴趣的人物和事件有自己的感受和想法，并乐于与人交流。扫描其所在的“单元导读”，指向于“向古今品质优秀的人学习，做品质优秀的好少年”这一美好情境。联系该课“课后思考练习”的两项“有趣又增值”的言语活动：“分角色朗读课文，再演一演”和“用句式‘一个（只）……一个（只）……另一个（只）’读读说说”，指向于“喜欢阅读，感受阅读的兴趣，在阅读中积累词语，从读学写，发展语言”。而单元的“语文园地六”的口语交际活动“大家都来帮帮他，他应该怎么做”，也为该课句式的拓展运用提供了表达的“素材”。如可以用“一个（说）……一个（说）……另一个（说）……”句式整合学生的交际资源；可以用“一种（办法）……一种（办法）……另一种（办法）……”整合学生的建议资源……因此，综合以上考虑，《三个儿子》这篇课文彰显语文教学价值的教学内容至少有如下四项：一是体会文中人物孝顺的优秀品质；二是结合上下文和生活实际，理解含义深刻的词句；三是品味三个儿子的不同表现，体会作者运用句式有序表达的方式。四是迁移运用作者有序表达的方法。而在这四项教学内容中，第三个教学内容是其余三个教学内容的“生长点”，即能统领其余三项教学内容，整体把握文本，建构阅读文本的话题，又能在迁移运用中理解带有这一“明显特征”的同一种语言现象。而处于“此时此地”的语言现象，位于该学段学生前认知里的“未知领域”，借助它，可打破学生原有的语言发展的平衡状态，而暂时的语言“失衡”状态可有效激活二年级学生的思维，在“为什么这样表达?”的层面驻足、思考，在揣摩品味中，这一语言现象又可成为学生跳一跳可摘到的“桃子”，有效促进学生的语言发展。因此，根据学段目标、单元组教材特点和学生的认知能力，课文框架以及它所呈现出来的具体样式，可以将第三项教学内容作为本课的核心价值。继而，在“工具性与人文性的统一”这一语文课程的基本特点的观照下，本课应该且必须教的核心目标为：学习课文是如何通过有序描写，表现其中一个儿子孝顺的优秀品质。

三、丰富文本教学情景，内化表达元素

教育家苏霍姆林斯基说过：教学中，不能无视学生的情感生活，因为那

是学生主动性和创造性的源泉。二年级学生，形象思维占主导，乐于想象，敢于表达。因此，本课的教学，除了考虑将阅读、理解与运用和具体的文章特质联系起来，更需要抓住它设置多角度的教学情境，使学生的理解、表达、运用等语言实践活动形成向心力。其“语用特征”就能在丰富多彩的教学情境中生根、发芽、开花、结果，形成牢固的语言图式，变为学生的语言营养。本课的教学情景可从如下几个方面考虑：

1. 入文情景

表现，通过视频、音频、图画分步有序呈现，图文对照，把抽象的语言文字变为一幅幅生动形象的画面。学生通过观察，朗读，想象等学习活动，既迅速进入课文情境，又初步感悟以“文”绘“图”的表达。

2. 品读情景

(1) 读三个妈妈的对话，想象她们夸儿子时的表情，读好对话。

(2) 通过删减课文句式“一个……，一个，……另一个……”，引导比较发现与原文的不同，把学生带入思考、探究的学习情境，并随机把这一学习情景转化为运用句式的语用情景。

(3) 抓住重点词语“跑”，追问：能不能换成“走”，为什么？

以上三个品读情景，对接的学习活动或是联系词句在理解的基础上展开想象，或是比较揣摩词句表达效果。

3. 表达情景

(1) 对三个妈妈提水回家的内容展开想象活动：妈妈走走停停，会停下来做些什么？

(2) 想象练笔：故事中的三个儿子我们都看到了，可老爷爷说：“不对吧，我可只看见一个儿子。”此时，另外两个妈妈听了老爷爷的话，会问些什么或说些什么呢？

一个妈妈问老爷爷：“看见了吗？这就是我们的三个儿子。怎么样啊？”

一个妈妈____

另一个妈妈______________________________________

以上表达情景，对接的学习活动是根据文本留白，想象补充画面，或是辅助深入理解课文，或是迁移运用表达方式。

4. 问题情景

是啊，老爷爷为什么说“只看见一个儿子”呢？这个儿子指的又是谁呢？你最想对这三个儿子当中的哪个儿子说一句话？通过设问，把学生置于“矛盾”处进而联系前文，展开思考，探寻文本的价值取向。

这些血肉丰满的教学情景从阅读触角直指“语用”，可铺开三个层次的教学：走近“有序”表达；揣摩“有序”表达；迁移“有序”表达。

这样，教师巧以课文为例，引导学生进入课文情景，读、思、议、写，在有层次的学习活动中习得表达规律，变“一例”为“一规律”，化“个性”为“共性”，使课文这一“例子”拥有了广度和深度。

附：《三个儿子》片段教学设计

一、教学目标

围绕重点语段，站在语用的角度，内容理解带动学习表达，通过品读、比较、迁移运用等，把握句式“一个（只），一个（只），另一个（只）”的表达样式和表达效果。

二、教学过程

（一）分步再现情境，走近“有序”表达

1. 引入：妈妈眼中的三个儿子来到我们的课堂上，请读课文 8—13 自然段，看看他们有什么才艺或表现？（板书）

2. 播放“翻跟头”视频及出示句子“一个孩子翻着跟头，像车轮在转，真好看”，引导读出“真好看”的画面。

3. 播放“唱歌”音频及出示句子“一个孩子唱着歌，歌声真好听”，引导读出“真好听”画面。

4. 出示“提水”图片及句子“另一个孩子跑到妈妈跟前，接过妈妈手里沉甸甸的水桶，提着走了”，引导读出“水真重”画面。

（设计意图：分步形象再现三个孩子的表现，引导学生读出文字里的画面。分步想象读中，让三个孩子的形象一个接一个清晰地走进学生的视野。这样的文本呈现，既关注学生的年龄特点，又关注课文的独特表达，感受文章遣词造句的“有序”。）

（二）发现语言现象，揣摩“有序”表达

1. 出示以上三句话，读一读，引导发现句式“一个……，一个……，另一个……”，再引读三个儿子的表现。

2. 以上三句话删去句式，引导学生读一读，说说与原文有什么不一样。师即时评价，整合“应答资源”，转化为用“一个……，一个……，另一个……”句式表达，引导学生再一次关注句式的积累和有意识地运用。

3. 提问：你最喜欢哪个孩子？追问为什么喜欢第三个孩子？

（设计意图：此环节教师引导学生探究文本的语言现象，引导发现、比较，体会句式“一个……，一个……，另一个……”表达的条理性。并及时利用课堂生成的“应答资源”转化为读写结合的素材，进而唤醒学生的言语生命意识。）

（三）设置语用环境，迁移“有序”表达

1. 提问：究竟第三个孩子看到什么，才会这样做呢？引导学生读课文8—13自然段，找到关键词句：一桶水可重啦！水直晃荡，三个妈妈走走停停，胳膊也痛了，腰也酸了。

2. 抓住重点词语“晃荡”和“走走停停”，体会妈妈的辛苦。

（1）播放视频，图文结合理解“晃荡”。追问：为什么水直晃荡？引导学生抓住“直”，感受水重。

（2）想象活动：妈妈走走停停，停下来做什么呢？体会妈妈的辛苦。

3. 抓住重点词语“迎面跑来”，体会三个儿子的“看得见”。回扣语句“一个孩子翻着跟头，像车轮在转，真好看”及“一个孩子唱着歌，歌声真好听”引导体会前两个孩子的视而不见。

4. 抓住重点词语“跑”，追问：能不能换成“走”，为什么？体会孩子的急切和孝顺。

5. 想象练笔：故事中的三个儿子我们都看到了，可老爷爷说：“不对吧，我可只看见一个儿子。”此时，另外两个妈妈听了老爷爷的话，会问些什么或说些什么呢？出示练笔内容：

一个妈妈问老爷爷：“看见了吗？这就是我们的三个儿子。怎么样啊？”

一个妈妈______________________________

另一个妈妈______________________________

6. 根据练笔内容，追问：是啊，老爷爷为什么说“只看见一个儿子”呢？这个儿子指的又是谁呢？你最想对这三个儿子当中的哪个儿子说一句话？

（设计意图：学习语文的最终目的是能够学以致用。本环节巧妙地引导学生深入课文词句，品读感悟，把课文的留白处，转化为读写结合的“打磨点”，既拓宽了文本的场，又绕着本课的“语用特征”这一“圆心”，形成一股合力，朝着语用的目标努力。）

二、高水平问题的建设

阿基米德曾经说过：“给我一个支点，我就可以撬动地球。”课程改革是落实立德树人根本任务的重要突破口，深度学习是课程改革的关键路径。而高水平的问题能够促进建构良好的素养运行机制。

学习是由情境中的问题驱动的。高水平问题的建设是教师需要提升的基本素养。何为高水平问题？是能够引发高阶思维的问题，促进教学目标、教学内容及教学过程的有机整合的问题。这些问题，引爆学生思维，激发学生自主探究的欲望，培养学生发现问题、提出问题和解决问题的能力，突出学生的主体地位，让学习真实地发生。核心问题是高水平问题，是整个思维活动的关键点，引领着学生在思维链条的推动下，走向深度学习。

（一）核心问题的内涵

从教育层面看，一个问题是否“核心”，主要是看其是否帮助学习者在处理新的问题时，更好地聚焦基本内容，获得有效理解。[①] 具体到教学中，核心问题既要兼顾到各层次学生的学习活动，又要调动学生各层次上的思维活动。从这一意义上看，核心问题有别于一般问题，承载教学目标、连接教学内容、牵引教学过程且处于中心地位，拉动着整体阅读进程，简约着教学结构。这里的“核心”，指的是“高位”或者是“上位”，具有很强的统领价值

① ［美］格兰特·威金斯，杰伊·麦克泰著，盛群力，沈祖芸，柳丰，吴新静，郑丹丹译．理解为先教育模式：单元教学设计指南（一）．福州：福建教育出版社，2018：25.

和迁移功能，不仅能打通环节与环节之间的学习，还能建立学校教育与现实世界的联结。正是核心问题整体架构与纲举目张的支架功能，使其鲜明地指向以学生学习为中心，追求与各种真实情境持续互动，培养学生灵活运用所知进行思考和解决问题的能力。在教学目标方面，核心问题重点指向学科核心能力和综合素养；在教学内容方面，核心问题能深入学科本质，具有统整功能；在教学过程方面，核心问题可以分解为子问题，引发丰富的、结构化的语文学习活动，破解语文课堂教学“在文本表面滑行”的困局。

（二）核心问题的功能

核心问题对教学内容的选择和教学过程的展开有着极强的内在牵引力，极大地影响着学生对知识的意义建构。

1. 调整教学关系

现在的教学关系的突出问题是“多教少学”，不利于促进学习和发展。核心问题设计，着眼于高水平问题建设，追求赋权于学生，赋能于学生，使其成为真正的学习者。在核心问题的引领下，推动教学朝结构简约、主次分明、重点突出的方向努力，根据教学目标的达成情况，适时调整教学节奏，保证学生经历一个完整的学习历程。

2. 构建深度学习的开关

“开关”在物理学上是指通过控制接点的闭合实现控制电路的电子元件。而核心问题，就如同这样一个电子元件，控制着课堂教学的方向、节奏，控制着教学内容的选择以及学习活动的展开。也就是说，核心问题呈现的鲜明的“统领性”预示着一系列阅读学习活动的发展方向。在统领性的价值引领下，核心问题成为“牵一发而动全身”中化繁为简，化多为少，不可替代的“一”。

发挥核心问题的统领性作用，需要教师研读文本，从学科素养目标出发，研制核心问题。如统编小学语文教科书三年级下册《赵州桥》一文，用准确地语言清楚地介绍了我国宝贵的历史文化遗产——河北省赵县洨河世界闻名的石拱桥，体现了古代劳动人民的智慧及才干。文末“赵州桥体现了劳动人民的智慧和才干，是我国宝贵的历史文化遗产”直接揭示了人文主题。一位教师独辟蹊径，从“什么是历史文化遗产”这一视角出发，站在“文化场域”提出核心问题：论美观论功能，赵州桥比不上现代桥梁，那么赵州桥还有存在的价值吗？指向“存在价值”的核心问题，着眼于历史情境，规避了知识的简单传递，引导学生对接古今中外桥梁主动思辨，课文成为思辨的理据，教学的“用件”。其间，与课文往复互动的过程就是丰盈学生精神世界的过程，就是学生语言拔节的过程，在“教书”与“育人”的统整中实现人类历史文化的“代际传承”，实现培养人，发展人的根本目的。

由此可见，教学目标统领下的核心问题设计，能够有效整合教学目标，教学内容与教学过程，融合学生学习及发展过程的各个要素，产生整体效应，让学生在“少教多学”中构建深度学习开关，进而走向深度学习。

3. 让真实学习发生

第斯多惠认为：“发展与培养不能给予人或传播给人。谁要享有发展和培养，必须用自己内部的活动和努力来获得。”① 强调了学习活动是“有我”的活动。而在学习与运用的关系上，现代教学强调以用为本，以用为先，把知识的学习过程融入知识的运用过程，以学促用，学以致用，体现“我用即我在”，让真实学习发生。

不妨以应用文写作教学为例。应用文写作教学核心问题指向“用”。应用文严谨规范、理性枯燥，语言平实，格式固定，是日常生活中最常用的文体，应用文写作是每个人应具备的基本能力。但应用文写作教学并不乐观，不少教师要么“蜻蜓点水”，脚步匆匆；要么“照本宣科”，枯燥乏味。其教学遭遇的种种“冷遇”导致学生在应用文写作中，“一看就会，一用就错，一放就忘”，极大地消解了应用文的实用功能。如何让真实的学习发生？

（1）研制“用”的元素

应用文写作着重以“用”为目的，是综合性、实践性很强的教学内容，具有实用性、真实性、针对性、时效性、工具性、规范性等特点。从这一意义上说，应用文写作教学应紧紧围绕其特点进行，在教学中引导学生掌握写作规律。

但应用文写作时常陷入“尴尬”境地。如不少学生把“寻物启事”写成了优美的记叙文，把“留言条”写成了往来的书信等。这些现象反映了学生

① 第斯多惠．德国教师培养指南［M］．北京：人民教育出版社，1990：78.

对应用文文体的形式、写作要求、语言表达、内容陈述等缺乏清晰的认识，折射了应用文写作教学忽视其核心“表达要素”，“文体思维”教学弱化。应用文种类多，在“内容”“表达”“情感”等三方面受到应用文特点的制约，尤其表现出鲜明的规范性、实用性、针对性特点。但其“用”的元素因着应用文文种不同而不相一致，需要在教学中加以研制，因“文”用“料”，在“用”的元素上对接其写作思维训练。如写“请假条”，内容上须强调请假对象、请假理由、请假时间、请假人等具有内在逻辑的必备元素；表达上须突出特定格式，表达清楚，语言平实。情感上，不需要过分渲染。写“建议书”，内容上强调问题的陈述和建议的内容；表达上须突有条理，言辞恳切；情感上须注意打动他人，有理有据等等。

研制应用文写作“用”的元素，实质上是把握写作与思维之间的关系，确定其基本的写作思维框架，加工语言背后的思维机制，观照构思与行文过程中思维的运用模式，在学生的思维机制处发力，站在写作的“至高点”盘活语言的表达。

(2) 创设“用”的情境

吕叔湘先生曾说：“语文教学一半是科学，一半是艺术。”但遗憾的是，应用文写作教学常常止步于象征性交代或是浅尝辄止的讲解，使应用文教学失去了“艺术”的滋养。正如同一种营养，被硬生生地做成了“药丸”，而非色香味俱全的菜肴，使人难以下咽。同样的道理，应用文写作本较为枯燥，更不能“去情境化”而追求“短平快”，应重视情境创设，搭建好情感支架。

不少老师也正朝着这一方向不懈努力，把新知识、新能力嵌入有趣的情境中，应情而导。如第三届全国小学青年教师语文教学观摩活动中，陈姬老师执教的《留言条》，其情境创设独具匠心：一用童话情境引导学生认识留言条，了解留言条是应需而用。二用生活情境，拓展留言条的使用路径。出示应生活之需的种种留言，如为主人留言，为安全留言，为找人留言，为感谢留言，为祝福留言，为病人留言，为自己留言，给未来留言……三用历史情境，引导学生明白世博会是世界给我们的留言条，兵马俑未解之谜也都是世界给我们的留言。

以上三个情境的套接，朝着广度和深度推进，一下子打开了学生的眼界和思维的场域，让学生的心灵受到强大的震撼。三类情境，在“留言条”的统领下从课内走向课外，从单一资源走向资源扩容和整合，进而从“小用”走向“大用”，走向洋溢着生命气息的社会“大情境”，极大地涵养了学生的精神世界。可见，应用文写作教学不但不能弃情境，还要巧妙地创设有趣的，整体的情境，构建学生倾听、思考、表达的“学习场”，提升应用文写作教学的有效性。

(3) 夯实“用”的过程

应用文写作教学需要“方法性知识”的渗透。但这种渗透，绝不是简单地“告诉”。华东师范大学吴刚平教授认为：“方法性知识”，如果不做或压缩做，做中学的知识就会转换成记中学，而记中学面对的最大困难就是遗忘。若学生不断和遗忘作斗争，学习负担就随之加重。因此，夯实“用”的过程，其实就是充分展开学生的学习活动，让“每一个人的学习”真正发生。教师如果还是一味地“一言堂”，意味着学生可能永远是学习的对象，而不是学习的主体!

还以陈姬老师执教的《留言条》为例，为了达成“写留言条”这一教学目标，教师并没有“三下五除二”直接告知方法，而是分“识留言条”“学留言条”和“写留言条”“用留言条”四个板块依次有序展开、分层推进，体现了由易到难、由浅入深的学习规律。在每一个板块，教师的教学处处体现了“夯实”之意。如“学留言条”这一板块，是后续的“写”和“用”的基础。因此，教师在“写清楚”上着力，把学习内容依次解构为“内容讲清楚”“格式讲清楚”“标点写清楚”三部分，引导学生亲历学习过程，充分让学生在课堂教学中学起来、写起来、用起来，进而获得该类应用文的写作“范式”：写留言条时，第一行的正中要写上“留言条”三个字；跟着另起一行空两格写正文，一定要写清楚留给谁，再写什么事，最后在正文的右下方写上自己的名字和留言日期。其间，既有留言条必备要素的适当点拨，也有留言条格式的刚性要求，还有该学段“标点符号”的使用观照。更为巧妙的是：“写留言条”教学板块，教师把教学目标逐一分栏分块，组织学生一一对照评议，在多元互动中使学生的思维可视化，进而巩固、转换、内化为能力，努力做到学习目标和结果相一致。

这样的学习过程，从“学”出发，以“学”为中心，让学生有主动学习的时间和空间，让应用文自带的范式化作学生的“心理图式”，发挥学生学习的积极性，挖掘学习的潜能，让他们有所发现，有所创造。

（4）体验“用”的价值

《义务教育语文课程标准（2022年版）》指出，增强在各种场合学语文，用语文的意识，建设开放的语文学习空间。应用文写作不应简单终止于某一节课，需要“应时应景”地走进生活。教师应善于捕捉生活的契机，让学生在实践中体验应用文的价值。

开学之初，不妨让学生拟定班级公约、班训、班规，制作班级事务分工统计图表；要开家长会了，教师不妨提供时间、地点等要素，让学生自己写一份通知给家长；教师节来了，不妨引导学生制作节日贺卡；班干部竞选活动，不妨引导学生自我介绍；准备开运动会了，不妨让学生制作海报；结合学校春游活动，不妨组织学生列购物清单；结合学校“大阅读”活动，不妨组织学生写书目推荐，制定图书借阅细则；结合研学活动，不妨组织学生完成活动策划书；结合学校宣传活动，不妨组织学生写讲解词；结合文明城市创建，不妨组织学生给当地环保局长写一份建议书，或者给当地市民写一份倡议书等。

丰富多彩的生活是应用文的写作源泉，可以用应用文写作来穿针引线，架构体验平台，“应时应景”地与生活互动，学以致用，促进应用文写作能力不断“拔节”，促进应用文写作成为学生的一种生活方式。

总之，应用文写作教学需用心研制“用”的元素，善于创设“用”的情境，努力夯实“用”的过程，充分发挥“用”的功能，学用结合，引导学生深刻感悟应用文的“用武之地”，逐渐达到“写作的三‘自’，在写作目的意图上达到自觉，在写作过程中达到自主，成文以后能达到自正”。

（三）核心问题设计的基本追求

1. 化解不同层面的认知差距

学生学习的主要对象是集结着人类历史认知成果的教材，但这一对象常常与学生的个体认知存在一定的差距。小学语文教材也不例外。深度学习理念重视认知差距，提出深度学习是建立在学生“前概念”基础上的观念转变。

倘若观念未发生转变，其中的关键原因可能是忽视了预期目标与真实学情之间的差距。如果预期目标强行落实，课堂教学样态就容易出现“灌输式”教学的风险。因此，核心问题设计，既要考虑目标与内容的关系，也要防止预期目标与真实学情的差距带来的重复性低水平的认知活动。比较妥当的做法是，研究学生的“前概念”，如已有的知识经验、认知特点和学习规律，更要研究学生可能遭遇的认知盲点、学习疑点，以此确定学生的学习需求。在此基础上，从“学习需求”的角度调整核心问题，让核心问题生长于“原有经验”，架构于“学习需求”，指向“学为中心”的语文课堂。

如新课标第三学段对默读的速度提出了具体的要求：默读一般读物每分钟不少于 300 字。统编教科书小学语文五年级上册第三单元安排了“提高阅读速度”的策略单元。对于学生而言，最大的困难不是阅读提速的知识，而是阅读提速的实战经验。因此，可提出核心问题：默读方法是怎样影响阅读速度的？把学生引导到该策略单元的学习。

再如统编小学语文教科书四年级下册《宇宙的另一边》承载的核心教学任务是：感受作者想象之神奇，在此基础上理解大概念“幻想是童话的基本特征”①。解读该文发现：课文第 3、4、5 自然段结构相同，将宇宙的这一边与宇宙的另一边进行鲜明的对比，想象之神奇一目了然。但课文的第 8 自然段一反常态，直入“宇宙的另一边，加法是这样的……”。其间，“这样”一词，巧妙提示了文章的行文思路，更暗含了作者“思接千里”的大胆想象。不妨细读“这样”一词：作者身在宇宙的这一边，宇宙的另一边明明离我很远。从作者的起始观察点来看位置关系，显然该句用“那样”一词更为妥帖，“这样”一词在遣词上似有不合情理之处。但下文中出现的句子“我的思绪在茫茫的宇宙中穿梭”，显然对“这样”一词的用意进行了诠释：作者身在“宇宙的这一边”，心却在“宇宙的另一边”。作者的思绪因着丰富的想象，驰骋停留在宇宙的另一边。由于学生整体把握文本的能力较弱，对“这样”一词的用词及其蕴含“大胆想象”的用意难以理解，但如果止步于提问：“这样”

---

① 于涌主编，唐玉芬副主编；吴永恩编写．儿童文学［M］．延吉：延边教育出版社．1998：98.

和“那样”这两个词有什么不一样？显然与作者精巧谋篇布局“失之交臂”，更不能洞悉作者的大胆想象，核心任务就此落空。基于此，教师不妨围绕本课核心问题——“文章中的‘我’明明是生活中的‘常人’，可是这篇文章为什么是童话？宇宙的另一边究竟有哪些秘密？”——巧妙处理核心任务与文本内容的内在联系，设计一组结构化的问题串，化解预期目标与真实学情之间的差距：

问题 1：谁来说说“这样”和“那样”这两个词有什么不一样？

问题 2：宇宙的另一边对于身在宇宙这一边的作者是那么遥远，有同学认为“这样”一词应改为“那样”，可以吗？

问题 3：“这样”一词有秘密，悄悄地告诉我们作者所在的位置，谁知道？

问题 4：瞧，看着、想着，想着、看着，作者就这样不经意间身处宇宙的另一边了。这是为什么？

问题 5：读着“我的思绪在茫茫的宇宙中穿梭”，你又有什么新的发现？

把握学情，从本质上说，是强调以学生学习为中心。以上指向核心问题的问题串，反映了逐级攀登的教学脉络以及学生认知层级的发展路径，有效化解了预期目标与真实学情之间的差距。教师巧妙引导学生比较发现“我”的位置变化，抓住隐藏于文本的离散信息“我的思绪在茫茫的宇宙中穿梭”前后延展，上下相接，引导学生发现大胆想象的奇妙，理解“常人体童话”常常以极度夸张的方式表现幻想，使生活中的“常人”变成了童话中的人物。

如果我们继续深究这些逻辑关联的问题串，我们不难发现：教师深度洞察学生的前概念，并巧妙地利用前概念支持教学，有效沟通教学目标、教学内容与真实学情，在前概念与新观念的相异间引发认知冲突，让学生产生强烈的学习心向而进行“有意义学习”，使“目标”“内容”“学情”同频共振，相互作用，让学生与正在学习的内容建立灵魂联系，切实化解认知差距，提高教学的实效性。

2. 指引层次丰富的学习活动

活动与体验是深度学习的核心特征，是深度学习的运行机制。因此，深度学习常常外在表现为一个个学习活动，且这些活动存在于有结构的教学系统中。而有结构的教学系统显然需要核心问题的支撑和架构。一个个有关联的学习活动的顺序展开，实质上是核心问题的运作方式，有效地规避了当前“一来一回”“一问一答”的简单式学习活动，积极调动学生思维，促进有意义的建构。

如统编小学语文教科书四年级上册《延安，我把你追寻》，因新体诗的文本特质，语言凝练，情感真挚。最为巧妙的是，一系列典型的延安事物构成了诗歌鲜明的意象，抒写着作者对延安精神的迫切追寻。但延安事物与延安精神的表里关系，却因着时空久远成为了学生理解上的一道鸿沟。逾越这道鸿沟，需要以核心问题“这篇文章和学过的古诗比较，有什么不一样？作者究竟在追寻什么？为什么反复提到延安事物”切入并展开教学，借助诗歌中的意象，以“延安事物”为支点，讲好与其相关的延安故事。不妨设计以下五个由浅入深的学习活动：

活动一，观看“难忘岁月”视频，说说延河边上发生的难忘故事；

活动二，收集与运用文字资料，说说枣园及杨家岭发生的难忘故事；

活动三，再现南泥湾开荒画面，说说南泥湾发生的难忘的故事；

活动四，对比诗中的今昔事物，说说现代化建设中的延安故事；

活动五，参与多样课余的活动，看一部电影《延河战火》，读一首诗歌《回延安》，唱一支歌曲《南泥湾》，不同角度同步感受延安故事。

以上教学，教师将目标与活动建立联系，引导学生沿着核心问题有针对性地依托延安事物运用不同的方式精心设计“讲延安故事”的学习活动，在此期间，学生的感知觉、思维、情感、价值观全面参与，全身心投入活动。学生获得的不仅是关于新体诗歌的知识，还有感人的延安岁月，更有催人奋进的延安精神以及由此赋予学生的成长力量。从更深层次来看，层次丰富的学习活动，实际上是赋予学生充分的学习时空，让学生与客观世界对话，与他人对话，与自我对话，进而平等地参与学习，完整地经历学习过程，在学习中获得成长。

3. 助推高阶思维的悄然发生

深度学习强调较高认知水平层次上的分析与评价能力，而发生在较高认知水平层次上的心智活动和认知能力则指向高阶思维。但高阶思维不会自然发生，它需要必要条件的支持。杜威认为，高阶思维是由“难题和疑问”或“一些困惑、混淆或怀疑”引发的。[①] 这为核心问题助推高阶思维发生提供了基本的理论依据。安德森等在布卢姆认知论的基础上对原有的认知层次做了修订，分为“记忆、理解、运用、分析、评价、创造”六个层次，实质上反映了思维的结构和本质。从这一意义上说，人类的知识和理解虽在深度和难度上不断扩张，但个人与这些内容的互动过程保持不变。这就为思维的发生机制指明了路径：以相应层级的问题为引领，助推高阶思维的发生。

如统编教材二年级上册古诗《夜宿山寺》，言简意赅，高度凝练。“高”是整首诗的“诗眼”，统摄全诗，盘活了全诗的经络。诗歌先后写了作者的所见及所想，展现了由实入虚的行文思路。特别是诗中夸大的数量词和丰富的情感体验，既描写了寺庙内楼宇高耸的样子，又尽显诗人李白独特的个性与气质。这首诗充分展现了形象思维是诗歌抒情达意的主要方式。教学中，不妨以此为大概念，以诗眼“高”为话题，设计核心问题“你从哪儿感受到寺庙之高”，由此构建阅读思维活动的核心教学内容：“寻找高”“品读高”“想象高”。这样的教学内容既尊重了学生基本学习规律，又暗示了阅读从低阶走向高阶的思维进阶，体现了高阶思维的发生机制。从思维进阶来看，“寻找高”类属信息提取的认知，是思维的起点；“品读高”类属理解、分析的认知，是思维的促进点；“想象高”类属运用、创造的认知，是思维的终点。无论是思维的促进点还是思维的终点，其主要指向高阶思维能力的培养。且看“想象高”这一教学环节，学生由此及彼展开了丰富的想象。“恐惊嫦娥舞”“恐惊玉兔眠”等诗句流淌课堂。学生恰到好处的迁移运用乃至创新思维的发生，得益于核心问题架构与助推，沿着认知过程，拾级而上，真正走进“学习场域”：读懂诗意，进入诗境，体会诗情。在入情入境的学习场域中，体会诗人眼中的山寺及诗人丰富的想象，进而进入自己的想象世界。

核心问题是整合教学目标、教学内容和学生学情的刚性支架，其统领下的课堂可以给学生更多自主学习、主动探究、独立思考与合作交流的时间和

① 贾志高．有关任务型教学法的几个核心问题的探讨［J］．课程．教材．教法，2005.01（5）：51—55.

空间。核心问题的价值追求，深度契合深度学习理念，立足于推动以学生学习为中心，以学生核心素养培育为目标的教学改革，着力解决当前课堂教学中存在的重点和难点问题。在这样的价值追求中，帮助学生能够主动、充分、灵活地运用知识去理解世界、学以致用、解决问题，并获得人格的健全和精神的成长。

（四）核心问题设计的基本路径

核心问题，关乎着深度学习的品质，是课堂教学中有效整合教学目标、教学内容和学生学情的刚性“支架”，使课堂从“教为中心”走向“学为中心”。主要有以下设计路径。

1. 着眼高处

这里的“高处”，指向核心问题的“统摄性”。其统摄的功能，旨在凸显与文本对话的主题，架起指向明确的“集成式”的对话桥梁，让学生在“少教多学”中走向深度阅读，深度学习。

如《大自然的声音》是统编小学语文教科书三年级上册第七单元的第一篇精读课文。本单元在课程内容上属于“文学阅读与创意表达”学习任务群，该任务群的关键词是“审美”，注重文学的审美体验、文学的审美品位与文学的审美创作，最终指向语文核心素养内涵中的“审美创造”。该任务群的价值定位为：旨在引导学生在语文实践活动中，通过整体感知、联想想象，感受文学语言和形象的独特魅力，获得个性化的审美体验；了解文学作品的基本特点，欣赏和评价语言文字作品，提高审美品位；观察、感受自然与社会，表达自己独特的体验与思考，尝试创作文学作品。这就意味着在本课的语文学习实践中，审美体验、审美品位是需要关注的重点。文本中“美妙”一词，指向作者独特的感受，可成为“审美”的教学线索，在这一线索的指引下，设计核心问题“关于大自然的声音，作者的独特感受是什么？作者如何表达这独特感受的”，引导学生浸润式感受：发现美妙画面——品读美妙画面——抒写美妙画面，从文内走向文外，用心体验大自然的妙趣，增强审美体验，提升生命品质，实现审美创造。

从某种意义上说，学习更本质的含义在于学会思考。核心问题设计应推动学生进行探索式发现、研究式阅读，将阅读思考与人文熏陶结合起来，促进学生更有效、更深入地学习和思考。

2. 观照目标

素养目标是教学的出发点和归宿。核心问题设计应鲜明地指向素养目标。这就决定了教师在深度解读文本的基础上，根据素养目标与教学核心内容进行提炼与整合，设计出具有鲜明统领性和指向性的核心问题。

如解读《只有一个地球》一课，通过课标与教材互动，目标与内容互动，在深度把握教材的基础上，基于大概念“说明文是一种客观说明事物、阐明事理的文章，阐明事理常常需要考虑说明对象进行合理选材和构思，传递实事求是、崇尚真知的科学态度”，制定以下核心问题：

问题1：《只有一个地球》是不是说明文？

问题2：这篇文章是写给谁看的？想让他们明白什么事理？

问题3：“我们要精心地保护地球，保护地球的生态环境”这一结论是怎样一步步得出的，课文讲了哪几个方面的内容？

围绕这些核心问题，让学生从文本中找出依据，明白这个结论是一步步怎样得出的。可见，教学目标统领下的核心问题设计，有利于围绕文本核心内容处理好目标与内容的关系，实现核心问题引领下的整体教学。

3. 抓住关键

我们常常说“用教材教”，这恰恰说明教材是最为重要的教学资源。教学中，不妨从教材中寻找线索，找到核心问题设计的关键。统编小学语文教科书单元篇章页中，以“语文要素”的方式给出了本单元的素养目标。不妨抓住这一关键，设计核心问题。

如统编小学语文教科书四年级下册第三单元其中一个语文要素是：了解现代诗的一些特点，体会诗歌表达的情感。单元内课文《短诗三首》呈现的三首现代诗，均选自冰心诗歌集《繁星》。学生初次接触现代诗，“探究现代诗的节奏秘密”自然成为该课的关键任务之一。可设计核心问题“短诗三首为什么读来朗朗上口？”让学生自主阅读、发现，小组合作讨论，教师随机引导，让学生领略现代诗的节奏之美藏在“同韵、同构、同字”等表达方式中，感受到现代诗表达上的有趣和奇妙。

核心问题是整合教学目标、教学内容和学生学情的刚性支架，其统领下的课堂可以给学生更多自主学习、主动探究、独立思考与合作交流的时间和空间，抓住关键设计核心问题，其功能在于整体串起教与学的活动板块，推动课堂节奏，简约课堂结构，让更多的学生有机会参与到学习活动中。

因此，教学中应着眼高处、观照目标、抓住关键，设计核心问题，让核心问题真正成为教学的一条“引线”，发挥“聚合功能”，让教学主线更加清晰，让学习活动更加聚焦，让思维过程更加深入，让学生的核心素养得到更好地提高。

（五）核心问题设计的基本流程

一个学科的重要价值在于它可以作为一种工具来理解和指导行动，教师在其中发挥着调节知识和学生间互动的作用。互动需要教师引导，处理好“问题源”“问题眼”及“问题链”三者之间的关系。如果说“问题源”是飞机的“导航系统”，而“问题眼”则是飞机的“机身”，问题链则是飞机的“两翼”，三者共同作用于飞机的“正常运行”。

1. 确定“问题源”

“源”，在《现代汉语词典》中解释为：水流起头的地方。而问题起头的地方，我们不妨把它叫作“问题源”。问题的源头在哪里？需要我们思考：我们为什么要提这些问题？提这些问题有什么价值？对学生的未来生活有什么积极影响？回答这些问题，需要我们思考：教育是为了什么而教。

我们的世界正在发生着变化。相应的，对人才的需求也发生了变化。未来的人才，需要具备更高水平的思考、问题解决和沟通能力。而现在的教育落后于时代的要求。未来的社会需要什么样的人？要培养一个怎样的人，挑战一个怎样的时代？这些命题是摆在教育工作者面前的命题。

我国基础教育正从“知识本位”时代走向“核心素养”时代。这是一个全球性教育趋势。早在 1996 年，联合国教科文组织即在《教育：财富蕴藏其中》的报告中，提出了 21 世纪公民必备的“基本素质”，即终身学习的四大支柱；欧盟 2005 年发表的《终身学习核心素养：欧洲参考架构》正式提出八大核心素养；经合组织（OECD）于新世纪之交开展了“素养的界定与遴选”项目研究，将核心素养体系概括为“人与工具”“人与自我”和“人与社会”三个方面。多数国家强调的核心素养涉及学会学习、自主发展、信息技术素养、团队合作等方面。[①]

我国学者结合我国国情和教育等的实际情况，对核心素养进行了这样的界定：核心素养是学生通过课程学习逐步形成的正确价值观、必备品格和关键能力，是课程育人价值的集中体现。义务教育语文课程培养的核心素养，是学生在积极的语文实践活动中积累、建构并在真实的语言运用情境中表现出来的，是文化自信和语言运用、思维能力、审美创造的综合体现。[②]

从 2001 年的课程改革开始，我国经历从教学纲要的“双基”、教学内容的“三维目标”，到如今走向关注学习能力的“核心素养”发展，体现了我国教育目标从“知识本位”走向“核心素养”的教学改革，更是彰显了我国新时代的人才观。我国的时代新人，担当着中华民族复兴的大任，是有理想、有本领、有担当的，德智体美劳全面发展的社会主义建设者和接班人。

核心素养是未来人才要求的倒逼。这也就意味着，知识不再是一种惰性知识，而是能力发展的基因，是素养培育的重要媒介。当知识已经不再作为主要教育问题的时候，需要教育做出及时的、应有的改变。教育要面向学生的未来，让学生的未来具有可持续发展的能量。而素养是打通学校教育和现实世界的桥梁，“为未来而教”的教育指向素养。

我们不妨比较以下两组问题：

第一组问题：这篇童话主要有谁呢？他们之间发生了什么事呢？

第二组问题：为什么要写这篇童话？怎么写成这篇童话的？你能试着编一个童话吗？

显而易见，第一组问题指向内容目标，没有“生长性”；而第二组问题鲜明地指向素养目标，具有迁移性和可生长性。因此，从这一意义上看，第二组问题具有“问题源”的特质，体现为未来而教，为素养而教的价值取向。

2. 找准“问题眼”

眼睛看到的东西，其实是大脑的反映。大脑是以概念的方式组块记忆和模块存储信息的。如果说“眼睛是心灵的窗户”，那么“问题眼”则是“实现

---

① 石鸥．洞见——核心素养的课程与教学价值 [J]. 师资建设，2016，29 (9)：12—15.

② 中华人民共和国教育部．义务教育语文课程标准（2022 年版）．北京：北京师范大学出版社．2022：4.

素养”的“窗户”。如果从细胞的结构看，“问题眼”就是“细胞核”。通过“问题眼”，集结起有关联的学习内容，并编织成地图结构，在新的情境下提取、调用知识解决真实问题，进而形成高通路的迁移。“问题眼”实质上暗含大概念，其指向“少而深”的学习，改变的是信息的组织水平。但学校过分执着于教知识，忽视了知识与现实世界的互动，知识没有被现实化，因而不能被提取和调用，成为“惰性知识”，并以碎片化的方式存在。而实践告诉我们：“思想是无法在一盘散沙上炼制的。”①

统编小学语文语文教科书的编排具有自身的独特性。人文主题与语文要素分学段、分单元承接了语文核心素养在课堂中的落地，是语文核心素养目标在语文课程中的具体化，是语文素养培育的基本抓手。课后问题作为助学系统，承载着单元语文要素的训练，则是单元语文要素的具体化，显性化。因此，教师教学时，应该有一个“从宏观到微观”的视角，以育人价值为核心取向，以语文课程标准为引导，用“望远镜”的方式对接课程标准，紧扣单元语文要素，研读课后练习系统，从整体性把握“问题眼”，规避学段无联系、单元无互动的问题，打通单元与单元、单元与学科、单元与跨学科、单元与现实世界的关联，始终知道自己要去哪里，在此引领下，选择、修改、细化、整合“问题眼”，进而打好“每一个桩”，铺实“每一块砖”。

如统编教科书六年级下册《为人民服务》一课属于“实用性阅读与交流”任务群教学内容，一教师在教学中提出以下“三问”，展开教学过程：

第一问：作者的观点是什么？

第二问：作者的语言风格是什么？

第三问：作者是如何使用例子来阐述观点的？

诸如该“三问”现象，在课堂教学中并不鲜见。如果我们剖析这“三问”现象，更多的是指向该课内容的理解。倘若置换同类文章让学生自主学习，学生并不能形成迁移能力，也就是说没有形成相应的素养目标。同样是发问，如果改为另外“三问”：

第一问：作者如何用论点反映自己的所思所想？

---

①（法）焦尔当著，杭零译．学习的本质［M］．上海：华东师范大学出版社，2015：98.

第二问：文中，令人信服的语言有什么特点？

第三问：作者如何运用举例、对比、引用说服读者？

学校本应是发生学习的场所。这样的三问，指向“问题眼”：论点是用来表达作者思想的，举例、引用、对比是让论点更容易被读者理解的手段。无论是现在，还是未来，“有理有据地表达自己的思想”总是被不断地运用，而每一次的具体运用，都在提升它的可迁移性和生命价值。而“为人民服务”的思想则作为一种隐性的、跨单元、跨学科的大概念，与其他内容及其他学科形成互动。

当然，教是为学服务的，学习难点也是探寻“问题眼”的重要依据。在难点处寻找问题眼，把教学落在学生的心坎上，可以助力形成简约高效的课堂。如统编小学语文教科书五年级下册《军神》一课，关于主人公刘伯承，文中出现了三次不同的称呼：病人—军人—军神。这三次不同的称呼，既鲜明地反映了医生沃克的情感变化，又体现了刘伯承这一人物形象的塑造过程。其中有一处语言“沃克医生，眼睛离脑子太近，我担心施行麻醉会影响脑神经。而我，今后需要保持一个非常清醒的大脑”。为什么刘伯承说要保持一个清醒的大脑，怎样保持一个清醒的大脑？这恰恰是学生所困惑的地方。因此，教学中，在语文学科大概念“文学是一种语言的艺术”引领下，朝“文学阅读往哪里看，可以看出什么来”，定位刘伯承的动作、语言、神态，拉动刘伯承背后的故事，品味人物描写体会人物内心，其伟大的家国情怀——脚下的土地，身后的祖国则为学生建构起强大的精神家园。

可见，“问题眼”应关照其上位目标，从课程的，学段的，单元的视角切入，始终思考语文学科本质，不断追问：“什么样的观念伴随学生的一生？”由此，构建“课程→单元→单课”的下沉通道，从而真正将素养目标落实到每一节课中。

3. 组合“问题链”

在教学中教师一方面要思考“学习什么知识最有价值”，另一方面，也要思考“怎样学习知识才有价值”。研究表明，当学习进入“具体→抽象→具体”的循环过程之时，知识将被持续地调用于解决真实问题。而这样的循环过程，指向核心问题的使用。核心问题常常是由一串有关联的问题组成。和一般的问题链不同的是，核心问题关注的是素养目标。核心问题是通往大概念的“过道”，一旦通过，学生将理解大概念，达成素养目标。

对语文学科而言，值得讨论的是：怎样学习语文知识才最有价值？在语文核心素养的指引下，以问题链的方式呈现核心问题，恰恰体现了学习的系统性和科学性。

比如，统编小学语文教科书五年级上册第五单元是习作单元。习作单元的精读课文、交流平台、初试身手、习作例文及习作等各版块的学习都指向表达：精读课文，让学生体会作者语言表达特点，在理解的基础上明确习作知识；交流平台，归纳、梳理、提炼精读课文中体现的习作知识；初试身手，是对精读课文感性认知和对“交流平台”理性提炼习作知识后的尝试实践；习作例文，是对单元写作要素和知识浅显的“演示”，便于学生模仿、借鉴与转换；习作，是习作单元教学效度的展示与习作的集中训练。本单元的课文主要是围绕“说明文以‘说明白了’为成功”为主题编排的，本单元的语文要素是“阅读简单的说明性文章，了解基本的说明方法”及“搜集资料，用恰当的说明方法，把一种事物介绍清楚”，沿着这样的线索，可以确定本单元的概念焦点是“根据阐释对象选择合适的说明方法进行说明”，依托具体案例即本单元课文《太阳》《松鼠》《鲸》《风向袋的制作》将单元本质问题分解为一系列具体的本质问题，构建学生学习的“思维导图”，不断拓展和深化学生的思维。

以该单元精读课文《太阳》第一自然段教学为例说明，如何让“这一段”包含“更丰富的信息”，走向“更大的单元”？

该文第一自然段的文本内容为：

> 有这么一个传说：古时候，天上有十个太阳，晒得地面寸草不生，人们热得受不了，就找一个箭法很好的人射掉九个，只留下一个，地面上才不那么热了。其实，太阳离我们有一亿五千万公里远。到太阳上去，如果步行，日夜不停，差不多要走三千五百年；就是坐飞机，也要飞二十几年。这么远，箭哪能射得到呢？
>
> ——摘自统编小学语文教科书五年级上册《太阳》一课

从说明性文章的概念焦点“根据阐释对象选择合适的说明方法进行说明”出发，问题链可以是：

问题1：哪些词最能说明太阳离我们很远？（1.5亿公里，3500年，二十几年）

问题2：仔细观察，读读这些词，你发现这些词有什么特点？（这些词都是数字）

问题3：用这些数字说明什么？

问题4：除了列数字，作者还举了哪些例子？

问题5：作者为什么只举步行和骑自行车的例子呢？

问题6：有人认为这里用三句话来写太阳的远，太啰唆。只用第一句话就足够说明了。其他两句话去掉，可以吗？

问题7：说明文以“说明白了”为成功。课文开头为什么要写传说呢？

以上一系列子问题，绑定在一个大概念中，从“知道”与“理解”开始，再沿分类层级向“运用、分析、评价、创造”延伸，激活“案例”的阐释功能，从而获得“认知地图”的细节。我们发现，问题链的有序推进，使课堂简约明了，层次清楚，呈现出最内在最核心的主线，围绕习作单元“从读向写”的特质，开掘能够走向习作教学的资源，触及“语言”和“形式”两个面，体现以习作资源为内容，以习作训练为过程、以习作成果为终点的课程系统。

三、高通路教学的架构

对于学生的未来而言，总要面对复杂的、不确定的现实生活情境，分析情境、提出问题、解决问题。学校的教育，指向学生未来能够综合运用特定学习方式所孕育出来的（跨）学科观念、思维模式、探究技能以及世界观、人生观和价值观在内的动力系统，进行新情境下的问题解决。统编小学语文教科书单元组织的逻辑反映了课程组织的逻辑，为高通路课堂提供了基本的思路。高通路教学的基本特征是“结构化”，指向结构化课堂。我们发现，结构化课堂有利于培养学生会思考、能反思、敢质疑等高阶思维能力，能够有效改善学生的思维品质，为课堂教学赋能增效。因此，具有“孕育”特质的学习方式，需要在结构化课堂中展开，以加强学习过程的凝聚，突出线条感、流畅感、节奏感、组织起有训练力度的课堂活动。

（一）结构化目标设计

中小学教育是按学科进行的，每个学科基于学生的发展提供了不同的路径和独特的视角，但都共同指向课程的育人价值。因此，鲜明的课程育人导向是新课标背景下结构化教学的首要遵循，是结构化目标设计的出发点。

能否形成高质量的学习，关键在于目标的定位，意味着教师在教学活动中必须从教学目标出发，统揽全局。对于语文教学而言，普遍达成的共识是以语文素养为目标，指向解决真实性问题。因此，语文教学的基本行动思路是：为目标而学，为目标而教。而单元目标是课程目标的具体化，是语文课堂教学的初始出发点、过程调节者和结果归宿处。精准的教学目标，既是某一阶段学习的终点，又是发展中的一个节点。每一个终点都可能成为新的学习起点。只有教学目标精准，才可能实现新的发展，实现真正意义上的一课一得。

下面，以一教师基于“文学阅读与创意表达”学习任务群设计的三年级课例《走进奇妙的童话世界 》进行说明。

教学目标：

1. 阅读童话，结合自己的阅读体验，梳理、总结童话的特点。

2. 感受童话故事中相似的情节变化，欣赏其中奇妙的想象。

3. 发挥想象，编写有趣的童话故事，通过开展示会、写推荐语、设计邀请函等不同形式，介绍这些童话故事。

以上教学目标，聚焦“奇妙的想象是童话的基本特点”这一核心问题，如“金字塔”层层分解目标，实现目标结构化。三个教学目标比较完整地兼顾了语文核心素养的语言、思维、审美二个方面，文化方面则自然渗透地在学习活动中。教学目标的结构化，打通了课时与课时之间的逻辑关联，从学科逻辑看，强调了关于“童话”这一知识的系统性；从心理逻辑看，关注“童话”认知结构的构建。二者从不同的向度，共同构建了语文学习的场域。

（二）结构化教学内容

虽然课程改革大大丰富了原有课程的含义，但课程的核心仍然是内容，关注的主要问题仍然是教育教学活动中的内容方面。在很大程度上，课程改革是以内容为中心，辐射至教学活动乃至学校改革的其他方面。

1. 结构化教学内容的价值

脑科学表明，大脑实现最佳学习，总是遵循两个主要的指令：一是寻求快乐，二是寻求模式。也就是说，大脑是以模式为单位来存储信息的，有利于更快地识别、调用信息。这里所谓的模式，是指“事物之间的关系和共性的分类与组织”。[①] 具体到语文教材处理中，应简化头绪，加强整合，优化教学内容，着力于在新旧知识之间、新知识各构成部分之间、新知识与学生生活世界之间等建立起结构性的联系，形成对知识的整体性认识，激发学生的兴趣，并且能促进学生持续地研究。

因此，教师在教学之前需要对即将教学的内容进行价值判断，看它能够在多大程度上引起学生的注意、刺激学生的前经验，对学生的后续思考和迁移运用能够发挥多大作用。如薛法根老师从任务群的角度对六年级上册第八单元的教学内容进行了结构化的处理：以“遇见鲁迅”为学习主题，构建三个相互关联的任务。第一个任务是“百度中的鲁迅”，通过搜集网络的各种信息对鲁迅形成一个基本的认识。第二个任务是“看鲁迅写自己”，把鲁迅笔下《少年闰土》《好的故事》集结在一起，引导学生认识少年时期和中年时期的鲁迅先生。第三个任务是“看他人写鲁迅”，通过学习《伯父鲁迅先生》《有的人》《纪念鲁迅有感》，认识别人眼中的鲁迅先生。

薛老师就教学内容的结构化，引导学生建构一个基本的立体化学习观念，并成为学生未来认识一个人的“生长点”：百度中的“他”，作品中的“他”，别人眼中的“他”。那么认识一位作家是这样，认识一个建筑学家也是这样，认识一个艺术家更加是这样……“什么知识最有价值?”“怎样学习知识才最有价值?”结构化教学内容满足学生素养发展的要求，在核心任务群的重构中孕育着未来相似的现实世界场景、解决问题的线索和方案。

2. 结构化教学内容的基本特点

关于教学内容的结构化，上海师范大学郑桂华教授认为要关注 3 个问题：一是阅读教学材料是不是典型，二是学习内容是不是精要，三是教学线索是

---

① 刘徽．大概念教学・素养导向的单元整体设计［M］．北京：教育科学出版社，2022：53.

不是合理。只有这三者在教学实施过程中有机协调，才能促进学生学习与运用。关注以上三个问题，本质上是把握结构化教学内容的基本特点。

（1）共通性

共通性即课堂中所提供的材料必须是对学习者进一步深入学习该领域的知识具有不可替代性，同时通过掌握这种知识能够促进学习者在其他领域的学习并且帮助其高效地运用和迁移，超越本身的信息习得环境。①

具体到一篇课文，可教的语用信息很多。但“可教”的却不一定是“该教”的。有效的、高效的课堂，不能就“内容”讲“内容”，还需要教师对教学内容进行一番聚焦、放大和凸显，生成、重构结构化的更丰富的教学内容。其中，最需要关注的是，挖掘典型的阅读材料，通过解剖一个，弄通一类，让该典型的阅读材料能作为某一类阅读材料的代表。

如统编小学语文教科书二年级上册《雾在哪里》一文，是一篇科普童话。作者运用拟人的手法，将“雾”这一人们熟悉的自然现象，描述成孩子和世界捉迷藏的故事。课文篇幅比较长，体会雾的顽皮和淘气是本节课的教学目标之一。一教师在处理时，让学生自由读课文，先找出字里行间带有“藏”字的句子，再聚焦“雾把______藏了起来”这一问题，品味文中“反复”结构的童话文体的言说方式。这种文本架构方式，体现了童话的基本特点，把它作为典型的童话故事来学习，使学生理解童话故事的基本特征，并引发学生对童话语言现象的关注，形成敏锐的语感。

如果具体到一个更微观的识字写字层面，同样需要结构化教学内容，提高教学效率。如统编教科书三年级上册《大自然的声音》一文，会认的生字教学内容为“妙、奏、呢、喃、伟、击、汇、喳”等8个；会写的生字教学内容为“妙、演、奏、琴、柔、感、受、激、击、器、滴、敲、鸣”等13个。如果不进行结构化处理，很容易出现教学的碎片化。不妨把本课中带有“手”部的三个字“奏、敲、受”作为一个结构化的教学内容来整体教学。在此基础上，把之前带有“手”部的字加以整合和呈现，教一个带一类，促进

---

① 李璇律，田莉．课堂深度学习：要素·过程·策略［J］．现代中小学教育，2019，35（06）：11－16. DOI：10.16165/j.cnki.22－1096/g4.2019.06.004.

学生的顺应和同化，在“手部”这个知识点上得以“系统化”。从共通性的特点出发，教学中不妨挖掘文本最基本的、共识性强的核心知识，以利于学生建立起文本与知识、与学习策略的联系，建构起认知图式。

（2）连续性

连续性强调旧知与新知之间的“基础”与“拓展”的关系，实际上指向知识内在的有关联的互动，促进知识的顺应和同构。

不妨思考下面的“默读”教学案例：

① 你们平时是怎样默读的？

② 默读的时候，我们还要注意不动唇，眼睛看。

③ 教师示范默读，让学生说发现。学生发现默读读得快，发现老师不出声，不动唇，还发现老师用手指滑读。

④ 学生尝试用以上方法默读第一自然段。

⑤ 教师再次提出要求，一边读，一边想。

“学习默读”，是二年级上册语文学习的新要求，也是训练重点。常态的做法，是告诉学生默读时不出声，眼睛看，忽视了学生默读实践过程，以至于默读能力没有得到有效训练。默读能力的弱化，影响了学生的阅读速度。一个小学毕业生，要求默读一般读物每分钟不少于300字。这个要求，有多少学生可以做到？为什么做不到？这值得我们思考和探索。该案例的呈现，无疑告诉我们一个事实：结构化的教学内容需要借助关联方式把相关内容集结并有层次地呈现。这些相关内容在事实、概念、原理或操作程序等方面保持连贯且持续的关系，有利于不断地丰富和完善学生的认知系统。

（3）适切性

克拉登尼乌斯认为：“在建构一种解释时，教师必须考虑学生的内在情况，根据学生知识缺乏的状况建构这种或那种解释。因为没有一种对于书本的解释可以适合所有的读者。所以根据知识和内在状况，读者可以分为多少组，解释就会有多少种。准确地说，几乎每一个人都需要一种特殊的解释。”①

我们知道，教材承载着课标的要求，是核心素养培育的基本抓手。而学生是使用教材的主要群体，受认识水平，思维特质等方面的影响，与教材之间的互动可能存在困难。而解决这些困难，需要教师从适切性的角度，把“教材”转化为“学材”，变“隐性结构”为“可视化结构”。

一位教师在教学统编小学语文教科书一年级上册《大还是小》一课时，从“适切性”出发，进行了这样的教学处理：

结构化的教学内容一

PPT 分类出示生字新词：

第一行：时候　觉得　穿衣服
第二行：自己　很大　很小
第三行：快点儿

以上结构化的教学内容，旨在引导学生分类学习，借助拼音，读准字音。基于以上结构化的教学内容，展开教学过程：

师：这些词，你能读好吗？（指名读，生读）

师：看拼音，你发现了什么？

随机指导 1：轻声的字要读得轻而短。（师范读，生跟读）

随机指导 2：读好儿化音，嘴巴要打开，卷舌要到位，生跟读。

结构化的教学内容二

PPT 依次出示带有竖心旁的字。

第一次：快
第二次：惊　快
第三次：快点儿开开　慢跑　悄悄

---

① 肖恩·加拉格尔著，张光陆译．解释学与教育［M］．上海：华东师范大学出版社，2009：30.

以上结构化的教学内容，旨在引导学生在同化与顺应中建构新知。基于以上结构化的教学内容，展开教学过程：

① 认识“竖心旁”

师：同学们表现这么好，张老师奖励大家看一个汉字小动画，想看吗？

（播放：竖心旁演变视频）

师：这个小动画，悄悄地告诉我们什么？

师：这个由心字演变来的偏旁叫——生答：竖心旁。

师：这个心会竖起来，它的名字叫——生答：竖心旁。

师：这个跟心情有关系的偏旁叫——生答：竖心旁。

② 联系旧知，归类识字

师：孩子们，竖心旁的字在我们书本前边的课文里早就出现过了！读一读。

随机指导 1：看！“人来鸟不惊”的“惊”，“快快乐乐过了桥”的“快”。嗯，竖心旁的字确实跟心情有关。

随机指导 2：“快点儿”的“快”，“慢慢跑”的“慢”，“静悄悄”的“悄”，看来，竖心旁的字还跟心里的感觉有关。

师：你们看，中国汉字就这么有意思，通过偏旁就能猜出它的意思，这样的字以后我们还会学到很多很多。

③ 联系生活，拓展扩词

师：你还在哪儿见过带有竖心旁的字呢？（生说师写，相机点评）

小结：你们真会学习！生活中处处都可以学习汉字，只要你多观察、多思考，一定会有所发现。

以上识字教学的环节，立足学生的学习特点，把“教材”巧妙地转化为学生的“学材”，鲜明地指向生字重组与整合。通过这样的重组，把零散的生字变为有规律的生字排列，变成词串。这样的处理，其实就是把教学内容结构化，变零星为整合，以相应的图式呈现结构化内容，有利于引导将知识分类存储，提高学生有效处理信息的能力。

（4）平衡性

学习内容、情境、方法和资源是课程教学的基本要素。核心素养的形成，需要整合学习内容，以此丰富教学情境、创新教学方法、优化教学资源。学习内容的整合，需要从平衡性的角度把握其广度和深度之间的协同和均衡，沿着知识点的线索追求知识点向知识面的拓展，实现深度学习。

如一教师在以“藏在文字中的色彩”为核心问题组织六年级学生群文阅读时，选取的文本材料凸显结构化特征。

材料一

可爱的草塘（节选）

初到北大荒，我感到一切都不习惯。带去的几本书看完了，时间一长，觉得没意思。小丽好像看出了我的心思，笑嘻嘻地问我：“姐夫，待腻了吧？我带你去散散心好吗？”

“上哪儿去？”

“到野地里去。不过你得紧跟着我走，俺这儿狼可多啦！”

我说：“去就去，你不怕，我还能怕？”

说走就走。小丽挎着个篮子蹦蹦跳跳地在前边引路，不多时就来到草塘边上。这么大这么美的草塘，我还是第一次看到，走了进去就像置身于大海中一样，浪花翠绿翠绿的，绿得发光，绿得鲜亮，欢笑着，翻滚着，一层赶着一层涌向远方。仔细瞧那浪花，近处的呈现鲜绿色，远一点儿的呈翠绿色，再远的呈墨绿色，一层又一层，最后连成一片，茫茫的跟蓝天相接。

我情不自禁地说：“这草塘真美啊！”

材料二

火烧云（节选）

萧　红

晚饭过后，火烧云上来了。霞光照得小孩子的脸红红的。大白狗变成红的了。红公鸡变成金的了。黑母鸡变成紫檀色的了。喂猪的老爷爷在墙根靠着，笑盈盈地看着他的两头小白猪变成小金猪了。他刚想说：“你们也变了”。旁边走来个乘凉的人对他说：“你老人家必要高寿，你老是金胡子了。”

天上的云从西边一直烧到东边，红彤彤的，好像是天空着了火。

这地方的火烧云变化极多，一会儿红彤彤的，一会儿金灿灿的，一会儿半紫半黄，一会儿半灰半百合色。葡萄灰，梨黄，茄子紫，这些颜色天空都有，还有些说也说不出来、见也没见过的颜色。

一会儿，天空出现一匹马，马头向南，马尾向西。马是跪着的，像等人骑上它的背，它才站起来似的。过了两三秒钟，那匹马大起来了，腿伸开了，脖子也长了，尾巴可不见了。看的人正在寻找马尾巴，那匹马变模糊了。

忽然又来了一条大狗。那条狗十分凶猛，在向前跑，后边似乎还跟着好几条小狗。跑着跑着，小狗不知跑到哪里去了，大狗也不见了。

接着又来了一头大狮子，跟庙门前的石头狮子一模一样，也那么大，也那样蹲着，很威武很镇静地蹲着。可是一转眼就变了。再也找不着了。

一时恍恍惚惚的，天空里又像这个又像那个，其实什么也不像，什么也看不清了，必须低下头，揉一揉眼睛，沉静一会儿再看。可是天空偏偏不等待那些爱好它的孩子。一会儿工夫，火烧云下去了。

材料三

瑞雪图

峻　青

11 月 17 日，气象台发布了强大的冷空气即将南下的消息，第二天下午，从辽远的西伯利亚地带袭来的寒流，就侵入了胶东半岛。

连日来，暖和得如同三月阳春的天气，骤然变得冷起来了。一清早，天空布满了铅色的阴云。中午，凛冽的寒风刮起来了。寒风呼呼地刮了整整一个下午。黄昏时分，风停了，那鹅毛般的大雪，纷纷扬扬地从半空中降落下来了。

这是入冬以来胶东半岛上的第一场雪。这雪下得很大，也很稳。开始的时候，还伴着一阵小雨。不久，雨住了，风停了，就只有那大片大片的雪花，从彤云密布的天空中，簌簌落落地飘将下来。一会儿，地面上就发白了。夜里，冬天的山村，到了夜里格外寂静，只听到那大雪不断降落的沙沙声和树木的枯枝被积雪压断了的咯吱声。

大雪整整下了一夜。第二天早晨，天放晴了，太阳出来了。推开门一看，嗬！好大的雪啊！那山川、河流、树木、房屋，都笼罩上一层白茫茫的厚雪。极目远眺，万里江山变成了一个粉妆玉砌的世界。看近处，那些落光了叶子的树木上，挂满了毛茸茸、亮晶晶的银条儿，那些冬夏常青的松树和柏树上，挂满了蓬松松、沉甸甸的雪球儿。一阵风吹来，树木轻轻地摇晃着，那美丽的银条儿和雪球儿簌簌落落地抖落下来。玉屑似的雪末儿随风飘扬，在清晨的阳光下，幻映出一道道五光十色的彩虹。

大街上，积雪足有一尺深。人在雪地上走着，脚下就发出咯吱咯吱的响声。一群群孩子，在雪地里堆雪人，掷雪球。那欢乐的叫喊声，把树枝上的雪都震落下来了。

啊！好一幅北国寒冬瑞雪丰年的图画！

以上文本材料，聚焦同一个核心问题，取舍有“度”，“弱水三千，只取一瓢”，基于联结进行了文本材料的重新组织，构建起精当、合适、呈现结构化的教学内容，孕育着核心问题教学的基本思路，呈现了一种新的环境，一种新的关系，推动另一种知识的探寻，促进真实学习的发生。

（三）结构化教学过程

结构化教学指向系统化，把教学空间、教学设备、时间安排、交往方式、教学手段等教学因素有机地形成一体，全方位地帮助学生学习。该理念指引着核心问题教学的展开。结构化教学目标的引领，遵循课堂教学结构逻辑，开展结构化教学活动，促进学生形成学科知识结构，发展核心素养。

1. 行动是支持认知学习的工具

“简单地说，素养指的是沉淀在人身上的对人的发展、生活、学习有价值、有意义的东西。”① “沉淀”的过程，需要调动知识、技能、思维、能力等要素进行架构。李艺等学者就素养培育提出了一个三层架构方案：第一层是“双基”，以基础知识和基本技能为核心；第二层是“问题解决”，以解决

① 余文森．核心素养导向的课堂教学［M］．上海：上海教育出版社，2017：3.

问题过程中所获得的基本方法为核心；第三层是学科思维，指在系统的学科学习中通过体验、认识及内化等过程逐步形成的相对稳定的思考问题，解决问题的思维方法和价值观，实质上是初步得到学科特定的认识世界和改造世界的世界观和方法论。[①] 其间，强调了三层架构之间的内在联系：双基层最为基础，学科思维层最为高级，而问题解决层发挥着承上启下的作用。该三层架构理论也指导着结构化教学的过程，化作有层次地行动路径，以培育学科思维为灵魂，夯实双基，在展开学习活动的问题解决过程中有层次地实现三级水平：知识理解水平、知识迁移水平和知识创新水平。这样的行动路径定位于对认知结构的组织或重新组织，指向对学科知识的加工、消化、吸收与转化，体现了知识本位向素养本位的转变。

2. 重构结构化学习过程的前提

从认知过程观察学生的学习，基本上需要经历这样一个过程：由感知觉引发注意，经过回忆、再认，与旧结构发生联系，在已有经验、经历、知识结构分析理解的过程中多元表征，经历概括、抽象、判断、推理，使顺应与同化达到动态平衡，形成新的认知结构，然后应用获得的新结构解决现实问题，使新旧结构融为一体。

（1）重构进阶的过程观

阅读能力、思考能力和表达能力是学生学习的基本能力、核心能力，分别指向输入、加工和输出的认知过程。重构过程观，需要重视学科活动。落实到语文课堂，需要展开听说读写活动，把认知过程展开，而不是压缩，需要搭建“小台阶”，增设“小步子”，重构学生的学习过程。

请看统编小学语文教科书《短诗三首》一课中，“繁星（七一）”教学的展开过程：

① 带着问题，进入诗意

师：诗里说“这些事——是永不漫灭的回忆”，哪些事是作者永不漫灭的回忆呢？请你再读一读诗，找找看。

---

① 李艺，钟柏昌．谈“核心素养”［J］．教育研究，2015，36（09）：17－23＋63.

②展开想象，再现诗境

师：读着找着，我们发现诗里后三行写的不是事情，而是三个场景。

师：读读这三处场景，好像就在我们身边，是那么普通，那么平常。可作者为什么却说：是永不漫灭的回忆？每一处的场景，究竟藏着什么回忆？

师：是的，每一处场景，都藏着一个个动人的故事：曾经一起赏月亮、数星星，一起听虫鸣、赏萤火虫飞舞，一起唱歌谣、讲故事……

师：这是多么温馨的画面啊！同学们，咱们走进诗里这三个场景，去读，去看，去听，就走进了作者的内心，感受到了作者想要表达的对母亲深深的依恋之情。

③比较探究，发现诗韵

师：看，老师忍不住把这些美好的画面都加进了诗歌中。读读现在的诗，比比，想想，冰心为什么不这样写？

师：童年里，所有动人的故事，说不尽，也道不清。但所有的故事，在那月明的园中，藤萝的叶下，母亲的膝上总是被轻轻唤醒，成为作者永不漫灭的记忆。

师：读到这，你知道“漫灭”的意思吗？现在，请你和着音乐，轻轻地读一读这首小诗吧，一边读一边想象。

④读写迁移，表达诗情

师：这是一首还没写完的短诗，现在就请你学着《繁星》（七一）留白的特点，当一回小诗人，发挥你的想象，接着往下写。

师：就让我们再次走进这三处场景，联系自己的生活，想一想，写一写。

月明的园中，我们______________________________。

藤萝的叶下，我们______________________________。

母亲的膝上，我们______________________________。

这样的展开过程，始终聚焦“读、思、达”认知过程，文本被处理为一个个具体的案例，支撑着学生走向“现代诗特点”这一抽象的大概念，进而以读写结合的方式把现代诗的特点化作笔下的文字。这样的学习过程体现了“具体与抽象”的协同思维，让学生充分地经历学习的轨迹，展开“隐藏的思维结构”，引导学生把阅读之得纳入已有的知识和经验中，重塑知识结构，促进有理解地阅读行为的发生。

（2）重构正确的认知观

布鲁纳认为，学习结构的目的在于当记忆部分丧失时，会有线索把遗忘的部分重新组织起来，因此学习结构不仅是为了今天，更为了明天。学习结构的过程，在皮亚杰看来，就是在同化与顺应之间不断平衡的动态过程。也就是，当知识学习与学生的经验融合在一起时，知识才能与个体发生意义关系，对个体生命的建构发挥作用。因此，需要正确处理好以下三种关系，通过知识的学习提升学生的素养。

一是知识与知识的关系。

我们都知道，整体大于局部之和。从知识与知识的关系看，知识只有在联系中才能生长，才会产生新的知识。山西大学刘庆昌教授认为："任何知识总处于联系之中，时间上处于历史的联系中，空间上处于结构的联系中。具体而言，所谓历史的联系，是指一种知识自身的发生、形成和发展的内在过程；所谓结构的联系，是指一种知识与它之外的其他知识的有机联系。如果教师把所传授的知识置入过程和联系之中，课堂里的知识空间就自然形成了……打个比方，每个知识都有自己的'近亲'和'远亲'，'近亲'是与它联系最紧密的，'远亲'与它的联系则依次渐远。教师在课堂中最好能够呈示一个知识的'亲缘'关系图。如此，知识在学生的头脑中就不再是孤立的，会立刻生动起来。过去的老师常讲，学知识要像串糖葫芦一样，不能像布袋装山药蛋，说的是要注意所学知识间的联系，我们所说的知识'亲缘'关系图，还要超越规定的教学内容，把学生带到更深远的知识海洋中去。"[①] 因此，教学中注重挖掘教材本质，灵活地对碎片化的知识进行整合，让学生比较、发现、学会思考，学会解决问题，为深度学习打下良好基础。

不妨来思考古诗《送元二使安西》教学案例：

活动1：根据之前的经验读诗，并画出停顿。

活动2：给加点字标注声调，并自己读一读，想一想这些加了着重号的

① 刘庆昌．课堂里的精神空间［J］．当代教育与文化，2011，3（06）：22－28．DOI：10．13749/j．cnki．cn62－1202/g4．2011．06．007．

字，自己刚才是怎么读的。

活动3：总结规律，这些加点字出现的位置在哪里？声调有什么特点？带圈的字有什么特点？

活动4：按照这个规律诵读《送元二使安西》。

活动5：根据上述规律，为下面这首诗句读，并说说这样做的理由。

活动6：提供文人字画识别，赏读。

心理学的研究表明，知识是能力的基础，能力是知识的表现形态，但并不是知识越丰富，能力就越强。而恰恰是结构化的知识才能促进能力的形成。该教学案例以其较强的粘合力、较严密的逻辑性、较丰富的关联度，为知识的灵活运用提供了条件。因此，课堂教学对学生来说，需要理解和掌握知识与知识之间的联系，重新组织认知结构，进而产生有意义的学习。

二是知识与学生的关系。

我们知道，知识是人类智慧的结晶，具有丰富的育人价值。积淀在知识中的智慧、才能和思维方式，常常伴随着学生的学习过程被吸纳，成为学生成长的“营养成分”。知识常常是以静态的方式存在的。但绝不意味着，知识以“告诉”的方式传递，因为学习的意义不仅是“知道”，更需要“理解”。而理解的过程，需要赋予知识以情和境，使知识和认知过程变得形象。

创设情境，就是要构建课程知识内容与学生的生活、经验、情感、生命相接的过程。以拼音教学为例，汉语拼音的编排中，设计了大量的表音表形图、情境图，为学生提供了观察和表达的载体。教学中，教师应根据低年级学生的特点，吃透教材，把握编写意图，化“编写意图”为学生的学习资源，发挥教材资源的最大价值，使汉语拼音的学习变得可知可感，具体形象。

如“ui”的情境图，老奶奶围着围巾，“围”提示了“ui”的音，大多数老师的做法是直接让学生观察画面中老奶奶的穿着，引出复韵母——“ui”。一切都是按部就班，有“图”无“境”，学生学得索然无味。一位教师另辟蹊径，“图”“境”相生：深秋的早晨，格外的寒冷。天气这样寒冷。瞧，（出示情境图）一位老奶奶坐在公园的大树下，可她一点也不冷。说说看，为什么？学生根据课文提供的情境图找原因，说穿着。教师在学生表达中及时捕捉、提取“围巾”的“围”，引出“ui”的发音。但教师并不满足于此，而是继续讲“公园里”的故事：老奶奶在做什么呢？一石激起千层浪，学生迫不及待地投入到观察中，发现围着围巾的老奶奶把书放在腿上，给六位小朋友讲故事；小朋友围坐在一起，听老奶奶讲故事；大树下的石桌子上放着一杯水，是小朋友为老奶奶准备的……此时，一个“冷与暖”的情境，衬托了一个爱的主题。它已不再是教学的附属品，而是化作“爱”的发现，化作“爱”的感言。在“爱”的发现和感言中，学生不知不觉地掌握了“ui”的发音要领，读准了它的四声。

德国哲学家、教育学家爱德华·斯普朗格指出：“与人的生活和个体精神没有关联的知识是无生命的知识，知识必须转向人的内在精神才有意义。”① 因此，教师需要关注知识对于学生的意义，让知识进入学生原有认知结构并与之融为一体。在这个教学过程中，知识成为学习活动得以展开的一个“阿基米德点”，蕴含知识的情境图不再是简单的“图引”，而是被教师巧妙地整合为一个主题鲜明，洋溢着“爱”的情境。在知识和情境的积极互动中，知识产生了教育性，融入学生的心灵，其育人价值和精神意义不断地化作学生成长的智力阶梯，促进学生的素养发展。

三是知识与迁移的关系。

深度学习强调知识在“现实世界”中“创造运用”，运用的过程就是创造的过程。运用的过程不是再现知识，而是根据具体的情境通过整合和重构来解决劣构问题。所谓的劣构问题是与良构问题相对应，是指向复杂且动态变化的问题。把握知识和迁移的关系，需要引导学生在主体性学习、对话性学习和协同性学习中构建更具弹性、灵活的认知结构。该认知结构从“路线式”走向“地图式”，暗示了从“浅层学习”走向“深度学习”。从知识走向迁移，大体有两种路径。一是通过大量的练习，建立新任务和原任务的相似性，达成相似的“具体与具体”之间的简单关联，指向的是低通路迁移。二是通过元认知学习，在“具体与抽象”之间积极互动，以“抽象”为中介，不断联结不相似的“具体与具体”，在“具体—抽象—具体”走来回，指向的是高通路迁移。具体到语文教学中，常常需要把握语言文字运用的三个层次：感悟

① 邹进．现代德国文化教育学［M］．太原：山西教育出版社，1992：70.

语言内容；学习语言范式；强化语言应用。在三层次的推进中，以“理解性的学习”为桥梁，让阅读、思考、表达三个环节架构起课堂的学习场域，追求在阅读中输入，在加工中思考，在输出中表达。

(3) 重构融通的整体观

结构化的学习过程是在核心问题的驱动下，在任务群的引领下以符合逻辑结构的方式一步一步推动学习。

具体到单元教学，则需要用整合的思维来把握语文要素，分解其中蕴含的听说读写的训练点、生长点。不是“这一要素”与“那一要素”的简单叠加，而是把存在关联的要素，整合在“合适位置”上，让其在结构中表现“部分与整体”或“整体中部分”的言语现象或规律，使最具核心价值的教学内容、学习方法浮出水面，在“要素有结构”中“结构化”地学。

具体到单元的“口语交际课”，也需要在“整体性”中营造“交际场”，提升“交际力”。口语交际的核心是“交际”，其核心教学指向听与说能力的发展。如一教师在执教一年级口语交际课《用多大的声音》时，大胆有创意地处理教材，教师较好地关注了教学的整体性。根据一年级学生特点，以故事“图书馆里的狮子”串起丰富多彩的教学情境，搭建起教学的支架。这个支架，如一个神奇的按钮，打开了孩子们交际的大门，将话题融入夸张有趣的故事中，话题落在交际的兴奋点上，很好地解决了“不敢说”的问题。教学中，教师有条不紊地展开“四部曲”：游戏导入，做一做；故事情境，议一议；生活情境，演一演；故事情境，议一议。四部曲中，首先是关注教材内部的整体性。教师设置游戏，巧妙嫁接前交际经验，让前一课为后一课服务，沟通了教材中口语交际之间“知识点”的联系，体现了关注前后联系，整体教学的思想。二是关注教学的整体性。“一故事，一生活”构成了教学的两大抓手。特别是同一故事的“多功能”使用，既有效创设了交际情境，又形成了鲜明的教学线条，使课堂张弛有度，生动活泼。三是关注了课堂内外的整体性。教学中，教师引导学生从故事走向生活，从课堂走向课外，体现了口语交际教学的“生活回归”，学以致用。当然，在这四部曲中，教学板块虽简约，但不忘共同服务于交际目标：学习根据场合与对象，用合适的声音说话。整堂课，看似“形散”，实则“神聚”，删繁就简，目标突出。在富有磁力的整体性的“交际场”中，学生的交际由单向的互动变为多向互动，课堂呈现“你听我说，我说你听”的积极的交际状态。

3. 重构结构化过程的基本思路

《教育研究》杂志主编袁振国深刻地指出：“知识的问题关键不是多少的问题，而是结构的问题，不是教多少的问题，而是怎么教的问题。”的确，在知识体系内部有着内在的结构性关联。通过知识体系内在的结构性关联，有层次、有深度地向学生呈现语文知识内部的联系，培养学生的结构化思维，优化认知结构，养成良好的思维品质。

（1）关联，追求知识的意义建构

我们知道，地图以网状的方式定位所有的信息，具有很大的灵活性。而深度学习，也需要创设认知“地图”，以便在新的问题情境中存储和提取信息。这样的“地图学习”需要发挥学生的学习主动性，寻找新信息与经验之间的关联，由内而外，由横向纵，由点到线、面、体，层层推进，不断深入。

① 把握横向关联

学习的资源无处不在。正是资源的丰富性，使横向关联教学成为可能。横向关联就是利用不同知识之间的内在联系，将新知置于更宽广的背景中，用联系的眼光多维度地审视、建构，从而形成网状的知识结构。教学中，可充分发掘知识之间的横向联系，使学生由此及彼、举一反三，拥有思维的主动权。

如学习古诗《芙蓉楼送辛渐》时，一教师先后出示以下相关的学习资源：

资源 1：《芙蓉楼送辛渐》一组诗中的另一首

丹阳城南秋海阴，丹阳城北楚云深。

高楼送客不能醉，寂寂寒江明月心。

——《芙蓉楼送辛渐（其二）》

资源 2：其他诗人融情于景的诗句

众鸟高飞尽，孤云独去闲。——（唐）李白

孤舟蓑笠翁，独钓寒江雪。——（唐）柳宗元。

资源 3：王昌龄被贬的史料

当时朝廷腐败、风气不正，王昌龄直言进谏，得罪了权贵，被贬谪至江宁，也就是现在的南京。

资源 4：使用“玉壶”意象的历代诗人

南朝诗人鲍照曾用“清如玉壶冰”来比喻高洁清白的品格。唐朝诗人李白、王维也曾以玉壶勉励自己，表达光明磊落、表里澄清的品格。

资源 5：王昌龄的人生历程

王昌龄 20 岁左右离开家乡，前往长安；后来，他投笔从戎，来到了边塞；之后，他精心研读，一举登第。不过，王昌龄冰心玉壶的品性与当时昏暗的官场格格不入，因此他遭受贬谪。

我们知道，文本的重要意义在于读者和文本之间的相互影响。本课教学中，教师从横向关联的角度精心选取了不同的学习资源。以《芙蓉楼送辛渐（其二）》补充了送别的场景，其间“不能醉”一词点明了叙别的时间并不是天亮之时，而是始于前一天晚上，诗人和朋友辛渐就已经在芙蓉楼喝酒叙别。这样的关联补充及时化解了《芙蓉楼送辛渐（其一）》可能造成的误读。两处以“组块”的方式分别呈现其他诗人融情于景的诗句及“玉壶”的意象运用，引导学生感受古代诗人独特的抒情方式。一处史料的介入，更是凸显诗人洁身自好的精神品格。可见，适切的横向关联并不是学习资源的堆砌，而是通过外在信息和思维结构间的联结架起了一座认知“桥”，丰富了文本的解读，为读者和文本的互动架构积极的阅读场域，在新的历史时期更是赋予了“减负增效”新的内涵。

② 把握纵向关联

纵向关联指向知识的前后联系，体现知识的“前世今生”，是知识内在发展的脉络。纵向关联有利于结构化思维的形成。语文教材呈螺旋式编排，即同一知识点的内容安排在不同的时段进行学习。这样的编排特点，有利于教师把握教材的整体脉络及内在逻辑，把握不同学段同一教学内容的具有内在关联的不同要求，建构知识的联系，形成结构化的知识网络，从而实现深度学习。

以拼音教学为例。汉语拼音教材的编排，由易到难，由浅入深。这种递进、渐进式的知识结构的安排，为学生在已有的知识基础上学习新知提供了一个逐步发展的空间。在教学中，需要教师善于把握教材的这种内在联系，扎扎实实地抓好每一个“基础点”，使这一“基础点”成为学生稳步走向另一个新知的起点，而不是学习的绊脚石。如“zh、ch、sh、zhi、chi、shi、r”这部分教学内容安排在“z、c、s、zi、ci、si”之后，既有联系，又有区别。教学时，不妨把握其内在的纵向联系：先呈现学生学过的“z、c、s”，之后出示新授内容“zh、ch、sh”，让学生观察、比较形的不同。进而发现：这三个“翘舌音”是在“平舌音”后加上一把小椅子“h”；接着，教师示范翘舌音的发音，让学生用心听，反复练，体会平、翘舌音发音上的不同；当学生读准翘舌音后，又引导学生在复习“zi、ci、si”的读音后，猜读“zhi、chi、shi”的读音……这个教学过程，教师根据教材特点，抓住知识的前后联系，多次设计“比较”，形成新知的“正向迁移”；设计“眼力”比较，区别字形之异；设计“耳力”比较，揣摩发音之别；设计“猜读”比较，体会异中之同。三设比较，“新旧”碰撞，搭建起知识的桥梁，巧妙地把新知纳入旧知中，对知识进行了“化整为零”的构建，把学生置于“探究”的活动中，让他们收获着思考的快乐和成功的喜悦。更重要的是，通过反复比较，“比较”的思维方法悄然植根学生的心中，让学生学会学习的方法。正如皮亚杰认为：教育的宗旨不在于把尽可能多的东西教给学生，要取得尽可能大的效果，首先在于教给学生怎样学习。

无论横向还是纵向关联，都基于核心问题指向“联系”和“探究”，追求教学有轴、实践有向，不断循环螺旋上升，培养学生核心素养。

(2）迁移，追求深度学习的发生

迁移现象在日常生活中普遍存在。比如，同样是学习打网球，会打羽毛球的人学起来就容易了；同样是学英语字母，学过汉语拼音的学生学习效果更差些。产生这种作用的原因源于这两种认知之间存在相似性和相同性，加速或减弱了学习者对另一种学习的认识。学习迁移现象之所以普遍存在，从客观世界来看，主要是因为客观事物之间是普遍联系和相互制约的，事物之间存在普遍联系，有时甚至存在相似性，同时，人的认知方式和情感养成方式也是相通的，这使得人们在认知世界时，存在相互借鉴。[1] 这种借鉴有时促进新事物的认知，有时则会产生干扰。从中可以看出，学习者需要的是前

① 余永聪．迁移理论在语文阅读教学中的应用研究［D］．重庆师范大学，2011.

者，即正向迁移。我们常说“举一反三”，“由此及彼”“触类旁通”，这些都是促进学习的正向迁移。当学生能把所学的知识正向迁移到新的情境或挑战性任务之时，意味着理解正在形成，深度学习正在发生。在“迁移”与“理解”的关系中，迁移是理解的外在表征，是基本证据。

① 精选迁移内容

对语文教学而言，核心任务是培养学生语言文字运用的能力，强调语言实践，语言经验的积累。积累怎样的语言经验，怎样进行语言实践是值得讨论的。语文教材中总是有很多离散的知识内容，某些知识内容存在着关联，或是内容相似，或是难度相似，这就为迁移的发生创造了有利的条件。因此，迁移教学内容的选择以及迁移教学方法的选择至关重要。研究迁移，无论在以前还是在当下，都有一定的意义。

以《为中华之崛起而读书》为例进行说明。

《为中华之崛起而读书》是四上第七单元的第一篇精读课文，语文要素是“抓住主要人物和事件把握文章的主要内容”。从文章内部看，讲了有关联的三件事：

周恩来初到沈阳，听闻伯父说“中华不振”；

周恩来租界亲睹妇女受欺负，理解了“中华不振”；

周恩来立下了为中华之崛起而读书的伟大志向。

每一件事，都需要学生自己概括。如果都是老师不遗余力地教，不利于学生的自主学习；如果只是直接让学生根据语文要素的提示来概括，很难顺利完成新知的同化与顺应。如何打破学生的“认知平衡”，激发学生的内驱力，不妨在“迁移”上做文章。

教师首先对统编小学语文教科书小学阶段“把握文章的主要内容”模块进行了相关要素梳理，如下表：

表1　“把握文章的主要内容”教学模块梳理表

年级	单元	语文要素
三上	第六单元：祖国山河	借助关键语句理解一段话的意思。习作的时候试着围绕一个意思写。
三下	第四单元：留心观察	借助关键语句概括一段话的大意。观察事物的变化，把实验过程写清楚。
三下	第七单元：奇妙的世界	了解课文是从哪几个方面把事物写清楚的。初步学习整合信息，介绍一种事物。
四上	第四单元：神话故事	了解故事的起因、经过、结果，学习把握文章的主要内容。感受神话中神奇的想象和鲜明的人物形象。展开想象写一个故事。
四上	第七单元：家国情怀	关注主要人物和事件，学习把握文章的主要内容。学习写书信。
四下	第六单元：儿童成长	学习把握长文章的主要内容。按一定顺序把事情的过程写清楚。
五上	第八单元：读书明智	阅读时注意根据要求梳理信息，把握内容要点。根据表达的需要，分段表述，突出重点。
六上	第六单元：保护环境	抓住关键句，把握文章的主要观点。学写倡议书。
六下	第二单元：名国名著	了解作品梗概，把握名著的主要内容，就印象深刻的人物和情节交流自己的感受。学习写作品梗概。

第一件事情的概括，可以迁移前经验“了解故事的起因、经过、结果，学习把握文章的主要内容”；随后引入“关注主要人物和事件，学习把握文章的主要内容”这一新方法引导学生概括；扶放结合，学着运用新的方法概括其他两件事情。这三件事的概括，教学上处理为“种子与生长”的关系。这里的“种子”，承前启后，既是衔接点，又是迁移点，以相似的任务展开，具有举一反三中“一”的无限力量，让迁移发生，让要素落地。

② 活用迁移方法

迁移能力是学生学习的基本能力，在整个学习领域中学生所学的毕竟是沧海一粟，更需要将内在的有限知识迁移到其他不同但相关的情境中。这样的迁移，让正在学习的知识成为更大的、更有意义的、功能更强的系统中的一部分。按照认知主义者的观点，学习的发生在于学习者对学习信息的选择，组织和整合。随着内部认知结构变化，思维得到转换，思维能力得以提升，真正实现了迁移。

如细读《为中华之崛起而读书》，发现在事件的“起因、经过、结果”三个节点上，皆以对话为构段之形，达“意”之策。起因处铺陈人物对话，表达周恩来的好奇；经过处以“一问”只概述人物对话，突出人物所见，表达周恩来的愤怒；结果处铺陈人物对话表现周恩来的志向。这样的并联状态，“一问二问三答”呈现了“所见——所看——所想”的成长轨迹，揭示了主人公的家国情怀的丰富内涵。对话样式以三种姿态存在于文本，因“为着说些什么”而或前或后，或详或略，或铺或收，实在是人物对话描写的典范，是学习语言的不可多得的“契机”。这三种姿态分别处于学生“未知、新知、已知”的认知状态。借助它可启动前认知，拉动新认知，拓展新认知，体现了同一语言现象在此处的深化和发展的可能性。因此，此课必学的表达元素可锁定“人物对话”，拾级而上，有序建构言语表达样式，整合设计如下三个板块，展开教学：

1. 读，读懂周恩来与伯父的对话之意，变换提示语位置，体会人物的好奇来自对话形式的特别。

2. 找，找隐藏在“租界”里的人物对话，再联系课文内容，想象补充“一问”的对话场景，进一步体会人物的好奇、急切。

追问并探究三个问题：

(1) 语言描写这么重要，此处为什么不对人物对话展开描写，只浓缩为“一问”?

(2) 周恩来究竟看到了什么？听到了什么？进而引导学生抓住“哭诉”一词拉动有关信息理解、感悟，水到渠成地理解租界里“灯红酒绿”和“中华不振”的深刻内涵。

3. 改写，读懂修身课上师生对话内容，运用“提示语在前”的表达形式改写“立志”内容，体会提示语在前表达效果。

教学中，教师三借“人物对话”，整合了课文的三个情境，聚焦人物对话的不同形式，比较揣摩特定语境下的言语形式，引导学生感悟语言形式的内在结构，领会其独特的表达功能。这样的教学，将教师提炼的“结论性知识”根据学习对象还原为“过程性知识”，让静态知识通过动态体验转化为学习者的新的认知结构，打破了原有的思维定式，推动思维品质往深处、高处发展。此时进入学生头脑的语言是可视可感，非“概念化”的空壳。唯其这样的语言才可以供学生自由地驱遣、运用，真正成为学生“思维和表达的工具”。

四、高品质学习活动的设计

科学认知论研究专家安德烈·焦尔当认为“学习具有四个维度：认知（对信息的处理）、情感（意图和个人卷入程度）、元认知和社会（人们学习的东西取决于其生活方式和当时的科技水平）”。丰富的学习维度暗示了高品质的学习活动不是孤立的，而是“有结构”的，其间的沉浸式活动、多环节活动、建构式活动，对应的是能动的、主动的、独立的活动，根据教学规律有节奏地展开，围绕“高水平的核心问题”，有节奏地推进教学步骤，展开教学环节，让思考、互动盘活起来，让理解、分析、综合能力运转起来，让学生在“学习场”真正学会学习，从简单的复制、机械的记忆、肤浅的理解走向将知识运用到新情境中解决问题。

（一）高品质学习活动的基本追求

高品质语文学习活动的价值归宿是学生的发展，即语文核心素养的形成。而核心素养是否形成，需要借助学生的表现性行为观察学生理解了什么，能够做什么。因此，教学可以被理解为“‘使’这些表现性行为得以发生的过程。”[①]

1. 指向：整体融通的“问题场域”

“整体即联系，整体即组织，整体即整合。”[②] 通过联系、组织和整合，有效规避问题的碎片化，助力学生发现问题、分析问题、解决问题，经历感

---

①（美）格兰特·威金斯（Grant Wiggins）、（美）杰伊·麦克泰格（Jay Mc Tighe）著，闫寒冰，宋雪莲，赖平译. 追求理解的教学设计. 上海：华东师范大学出版社，2016：33.

② 余文森 . 核心素养导向的课堂教学［M］. 上海：上海教育出版社，2017：184.

性到理性，片面到全面的学习过程。时下一些课堂，缺乏整体融通的“问题场域”，学生疲于应对教师的满堂问，在各自为政的问题场中消解了学生自主思考的时间和空间，学习的积极性受到了严重的制约。

实践证明，优质的核心问题，能够积极推动教学朝结构简约、主次分明、重点突出的方向努力，构建一个具有整体功能的“问题场域”。不妨思考以下两个案例。

案例 1

一教师在执教《纪昌学射》一课时，提出问题：科技迅速发展的今天，我们已经不需要学射箭了。今天我们要学的《纪昌学射》这个故事，你认为过时了吗？

诸如此类的问题，需要学生调用该文本的相关信息，关联当下问题支持该故事深层内涵的理解，推动学生深入文本，与文本对话，寻找其理据。在解构与建构的互动中高品质的学习活动孕育其中。

案例 2

一教师在教学二年级《开满鲜花的小路》一课时，循序渐进地设计了如下 5 个问题：

1. “这”指的是什么？
2. “美好”表现在哪里？
3. 为什么说这是美好的礼物？
4. 生活中，还有哪些是美好的礼物？
5. 如果袋子没有破，还是一份美好的礼物吗？

以上五个问题的有序“串联”和按序展开，绝不是简单问题的随意派生和无序展开，而是需要谨慎处理好核心问题与派生问题的“母子”关系，即核心问题的优化解构过程，从“关联性、进阶性、结构性”等三个视角对其派生问题进行有价值的筛选和整合，产生具有聚合功能的结构化问题链，构建起“检索、理解、运用、评鉴及质疑创新”的问题场域，促进学生思维拔节，阅读能力生长，价值判断形成。

2. 体现：螺旋发展的“迭代逻辑”

所谓的迭代逻辑是指不断重复、反馈和提升的过程，呈现螺旋上升的形态。①

我们不妨先观察“学习烘烤蛋糕”的场景：

> 教师首先和学生一起探讨“如何才能做出好吃的蛋糕”，明确“好吃的蛋糕”的具体指标，并教授一些基本的技能。然后，学生分组先尝试做个香草蛋糕，并按照之前的指标对蛋糕进行评估。接着开始做第二个香草蛋糕，根据上次出现的问题，这次他们加了黄油，并对蛋糕进行评估，不断调整后得到最佳的蛋糕口味。接下去，教师给学生的任务是为敬老院的老人定制一个低糖的健康蛋糕……②

观察该学习场景，我们可以洞见：教师并没有将技能进行分解，学习一个个技能，再将它们整合起来，而是先进行整体性的学习，帮助学生理解，然后再通过不同的情境帮助学生加深理解并且迁移运用。值得一提的是，并不是教学中不能对知识和技能进行分解学习，而只是强调变换情境，不断给学生提供统整知识和技能解决问题的机会，以此加深理解。

沿着这样的思考，如果把统编教科书四年级上册第八单元《西门豹治邺》课文改编成剧本，可以设计怎样的教学场景呢？整体性的学习，可以从探讨“如何成功地把课文改编成剧本”切入，明确剧本的具体指标，教师随机指导改编剧本的基本策略，然后学生尝试改编“惩治恶人，破除迷信”内容，对照指标对课本剧进行评估。接着分组改编“兴修水利”内容，根据前次出现的问题，这次他们加了“旁白”，并再次对照指标进行评估。接下去，教师给

---

① 刘徽．大概念教学·素养导向的单元整体设计［M］．北京：教育科学出版社，2022：86.

② 刘徽．大概念教学·素养导向的单元整体设计［M］．北京：教育科学出版社，2022：87.

学生的任务是为“六一”儿童节课本剧表演节目“王戎不取道旁李”，提供改编的剧本……

3. 构筑：深度理解的“认知场域”

布鲁纳认为：理解超越信息本身。[①] 理解不是信息的组合，而是指向一个新的认知场域，可能创造新的知识。在语文核心素养的指引下，学生的认知场域指向四个维度：语言、思维、文化、审美。而多维的认知场域，是以语言建构为中心，以思维为中介带动的多层面的认知活动集结与交织融通 。维果茨基的最近发展区理论认为，在儿童的现有水平与可能水平之间设计教学最容易使学生获得成功。教学中比较妥当的做法是，不妨利用学生已有的知识经验、学习经历、学习特点，构筑起生本深度互动的“认知场域”，促进学生深度阅读，深度理解。

如五年级上册第八单元《忆读书》一课教学，如果仅从整体融通的“问题场域”出发，可以设计以下三个不同角度的核心问题：

设计一：冰心回忆了自己读书的哪些经历？

设计二：冰心为什么说“读书好，多读书，读好书”？

设计三：冰心为什么说“我永远感到读书是我生命中最大的快乐”？

但分别以这三个核心问题为支架展开的学习过程，呈现的“认知场域”是大相径庭的。“问一”仅止于“文本内容”的认知场域，容易囿于“信息提取”的浅层教学，忽视语文学科的人文性，导致学生“披文”但不“入情”，在过分理性梳理中消解了作者丰富的内心情感以及语言文字表情达意的强大功能。“问二”容易受到“读书好”“多读书”“读好书”三层次递进关系的干扰，增加“溯因”的难度，不利于认知过程的有序展开。“问三”有利于清晰有序地架构起生本深度互动的“认知场域”：如（1）有序展开学习活动板块：“寻找读书快乐—品读读书快乐—体会读书快乐”，展现了由浅入深的认知场域；（2）重点探究学生的困惑点：作者一知半解地读，哭了一场又一场地读，作者明明读得那么痛苦，为什么还感到快乐？引导学生体会“独立思考”带

---

① （美）格兰特·威金斯（Grant Wiggins）、（美）杰伊·麦克泰格（Jay Mc Tighe）著，闫寒冰，宋雪莲，赖平译. 追求理解的教学设计. 上海：华东师范大学出版社，2016：33.

来的丰富读书体验，展现了从文本内容维度走向文本价值取向的高度；（3）联系学生生活：你是否有过这样的感受？说说看。在文本与生活的互动中，展现了文本意义的认知转化，让“独立思考”这一任何时代都不可或缺的学习方式获得了深度而又丰富的个人意义；（4）集结文本信息：作者的独立思考，究竟为她的人生带来了什么？在文本各部分信息的互动中，引导学生理解独立思考的品质成就了作者不一样的人生，同时再一次润泽了学生的精神世界，推动了学生认知能力的不断发展，进而建立起积极的灵魂联系。

在知识大爆炸时代，作为教师的我们，更应该关注学科和重大问题最为基本的理解。在课程标准的规限下，精准地确定学生走向新的“成长空间”的最佳学习路径，让“认知场域”由内容走向人文，由课内走向课外，由文本走向课程，走向“课堂是载体，学生是灵魂，教师是引线”的新课堂愿景。

（二）高品质学习活动的基本立场

1. 与教学目标高度匹配

高品质学习活动是为实现教学目标服务的，是核心问题教学的核心环节。高品质学习活动需要一个真实的语言运用情境，展开积极的语言实践活动，在积累和建构中达成教学目标。

如三年级《赵州桥》一课第二自然段的教学，常常是浅尝辄止。

> 赵州桥非常雄伟。桥长五十多米，有九米多宽，中间行车马，两旁走人。这么长的桥，全部用石头砌成，下面没有桥墩，只有一个拱形的大桥洞，横跨在三十七米多宽的河面上。大桥洞顶上的左右两边，还各有两个拱形的小桥洞。平时，河水从大桥洞流过，发大水的时候，河水还可以从四个小桥洞流过。这种设计，在建桥史上是一个创举，既减轻了流水对桥身的冲击力，使桥不容易被大水冲毁，又减轻了桥身的重量，节省了石料。
>
> ——摘自统编小学语文教科书三年级下册《赵州桥》

请看一教师设计的课堂学习活动：

1. 根据思维导图填写赵州桥与众不同的设计。

2. 理解课文用了什么方法说明桥的“雄伟”。

3. 体会用词准确。

(1)“既……又”这一对并列关系的关联词，说明了什么?

(2)“九米多”具体是多长?

(3) 说明赵州桥雄伟，哪个词最具代表性?

4. 理解赵州桥其他的独特设计。

解读以上学习活动，不妨对接本单元的核心教学目标：了解怎么围绕一个意思把一段话写清楚的。对于这一自然段的教学而言，需要“了解怎么围绕‘雄伟’，把雄伟写清楚”。显然，以上学习活动并不能有效帮助达成教学目标。也就是说，这样的学习活动与教学目标是游离的，是低效的。

如果进行这样的教学处理：

师：正是这种创举，为赵州桥迎来了不朽的生命力，至今让人感叹赵州桥的雄伟。让我们来到赵州桥，一起去看看吧。

随机出示课文句子：

> 桥长五十多米，有九米多宽，中间行车马，两旁走人。这么长的桥，全部用石头砌成，下面没有桥墩，只有一个拱形的大桥洞，横跨在三十七米多宽的河面上。

师：这两句话，你发现了几处雄伟?

师：是的，我们从这三处数字“五十多米”“九米多宽”“三十七米多宽”发现了它的雄伟。看，三十七米宽的洨河上，五十多米长，九米多宽的赵州桥，全部用石头砌成，没有桥墩，只有一个拱形的大桥洞。你最担心什么?

师：读一读这些数字，每一处数字，都让我们的心在跳动。请看一段史料——

随机出示相关史料：

> 赵州桥距今1400多年，历经8次大地震而不倒，经受54次大洪水而不垮，见证无数次战乱而不毁。尤其是1966年邢台的7.6级地震，离赵县只有40公里，但是赵州桥没有被破坏，赵州桥这样古老的石拱桥，

在世界上相当长的时间里是独一无二的。在欧洲，法国的塞雷桥，比赵州桥晚了 700 年，早在 1809 年这座桥就毁坏了。

师：可是，历经一千四百多年，这种担心并没有发生。至今，它还像一个巨人一样，稳稳地横跨在洨河。

随机出示：赵州桥横跨河面的图和其他石拱桥图。

师：赵州桥就只有一个拱形的大桥洞，从河的这边飞到河的那边。不可思议，堪称奇迹。

师：我们从三处数字读出了雄伟。谁还有新的发现？

师：是的，你还发现了这一处。

随机出示课文句子：中间行车马，两边走人。

师：读一读，这里是要悄悄地告诉我们什么？

师：是的，九米多宽，到底是多宽呢！细心的作者担心别人不明白，就举了一个例子。我们再来读读这句话。

师：我们发现，第二自然段围绕着“雄伟”一词，先写了雄伟的样子，再写了独特的设计，告诉我们赵州桥雄伟的原因。这样就把“雄伟”写清楚了。

这样的学习活动从“创举”一词切入“语言之魂”，巧借三处数字及段落结构感悟“语言之形”，在品读数字、述说担心、对比体会中走向“语言之情”。这一课的核心教学目标“了解怎么围绕‘雄伟’，把雄伟写清楚”不是冰冷地实现，而是集结了语言、思维、审美及文化的力量，打通了语言文字运用之血脉，充满了生命的张力。

2. 与真实学情高度契合

语文核心素养是语文学科知识与语文学科活动相互作用，产生“化学反应”的结果。余文森教授指出：学科知识彰显的是教学的深度，学科活动彰显的是教学的温度。[①] 教学的温度，指向与真实学情高度契合，需要重点关注以下问题：

第一，学生为什么学？

如何让学生感受到学习的意义，从而更主动地投入学习？当今世界都在强调为素养而教，促进学生在真实世界里能灵活调用所学知识解决真实问题，能在未来得心应手地生活。语文课堂教学，应致力于面对现实世界的复杂情境，培养学生通过整合与重构知识进而用语文视野形成问题解决方案的能力。

第二，学生应该怎么学？

在学习进程中，学生可能会遭遇哪些困难？教师能够提供哪些学习支持？怎么设计学习过程、学习策略、学习方法，才符合学习机制和学习原理，提升学生分析问题、解决问题的能力？这些都是教师面临和需要解决的问题。

如一教师在教学统编语文教科书三年级上册《那一定会很好》，以“从一粒种子到阳台上的木地板，它经过了一段怎样的历程？”为核心问题，设计了4个学习活动，展开了基于核心问题的教学：

活动1：读：默读课文，画出关键词。

活动2：选：任选一张学习卡片。

活动3：填：提炼关键词填写卡片。

活动4：讲：看着卡片讲讲“这段历程”。

在第三个活动中，则设计了几张不同的卡片：

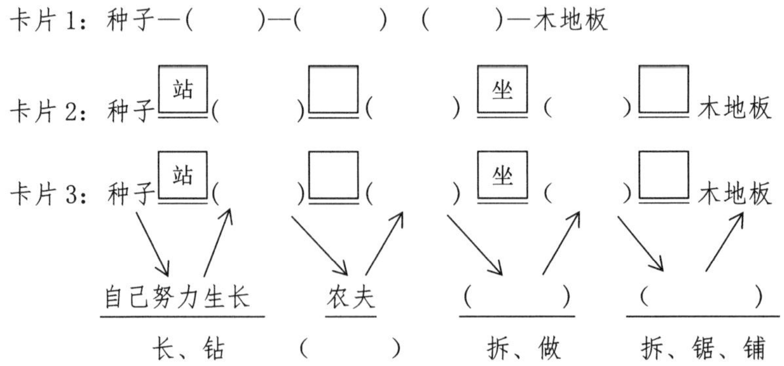

① 余文森．核心素养导向的课堂教学［M］．上海：上海教育出版社，2017：81.

同样是到达学习彼案，有的学生选择“用助跑”，有的学生选择“借助撑杆”，还有的学生选择“用长梯”。教师从核心问题出发，关注不同学生的差异，展开核心问题运用的认知路径，将童话的文体样式这一知识以“自选菜单”方式还原到具体的阅读情境，引导学生发现知识、理解知识乃至创造知识。

3. 与教学评价高度互动

“学习问题”“教学问题”“评估问题”与“一致性问题”是教育领域的四个主要问题。可见，评价是教学过程中不可或缺的一个部分。如果评价缺位，教师将缺失对教学的自我反思与学生学习的有序监控，教学的有效性就值得怀疑。从内涵上看，评价是指师生运用评价工具收集、分析和解释学生学习信息，进而对学习状况作出判断并提供建议以改善学习的活动过程。从功能上看，课堂评价具有促进教学的增值功能。时下对“教－学－评”一致性的关注，反映了课程视域下对课堂教学质量的专业化诉求。而“教－学－评”一致性的实现，则需要评价领域的范式转型。而这种转型首先表现为评价理念的转变，需要积极树立评价即学习、评价即教学的评价理念。评价不仅仅是教学之后的一个考试环节，更是需要整合在教学过程之中。教学目标、学习活动与教学评价具有一致性，才能构成一个良性互动、相互促进的有机整体。

统编小学语文教科书三年级下册第八单元习作《这样想象真有趣》，教师根据单元特点、学生实际，将教学目标转化为以下两个核心学习元素：（1）反着想象写出故事主角的生活变化。（2）把经历中的想法、动作、声音写得有趣。并以该学习元素为核心统领，设计学习活动：反着想象，变特征；例文引路，识有趣；小试牛刀，编故事；依据量表，评故事。相应地，运用以下三个学习单（见学习单）为支架推动教学，其中评价量表与教学目标高度匹配。

主人公	特征变化	
______	我选择的是______ 变化，变得______	会飞的母鸡　极速蜗牛　短鼻子大象　胆小的老鹰　变大的蚂蚁　特征变　没有黑眼圈的熊猫　吃素的老虎　诚实的狐狸　……

（学习单一）

主人公	特征变化	生活变化
______	我选择的是______ 变得______	第一件事情：______ 第二件事情：______ 第三件事情：______
我选择第______件事情		

（ 学习单二）

《这样想象真有趣》习作评价量表

评价内容	确定主角	反着想象	动作有趣	声音有趣	想法有趣
	☆	☆	☆	☆	☆
自评星级					
他评星级					

（学习单三）

“教、学、评一致性”是课程与教学的基本逻辑，其基本要素是：目标、评价与教学。学习目标是课程与教学的核心，教、学、评共享学习目标，才能达成“一致性”。“当评价能够提供丰富的信息时，学生将理解并建立个人的优势，改善弱点，制定目标，并成为自己学习的主人。”[①] 因此，高品质课堂建设，需要改进和重构教学评价，以终为始、评价先行，教学活动应嵌入评价任务，让评价成为教学的手段，成为教学的工具，成为课堂的理性导航，促进目标、教学、评价三位一体，相互交融，真正解放课堂，共同作用于有效教学，优化教学过程，提升课堂质量，发展学科素养。

（三）高品质学习活动的基本路径

学习活动应让学生获得智力上的成长。而这需要一个工具和支架，指引方向、评估教学、调整教学，实现高效教学。高效教学最佳路径是什么？认知过程进阶化，思维活动深度化，目标结果一致化。以上“三化”，构成了高品质学习活动的基本定位。高品质的学习活动，善于延展知识形成的过程，体现了逐步深入、螺旋上升的学习过程，让学生在认知冲突中激发学习兴趣，在一个个充满挑战、环环相扣的学习活动中将学习引向深入，顺着知识发展顺序展开学习，自主建构知识体系。

如果把学习活动看作容器，那么学习内容则被放在对应的容器中。高品质学习活动要求学生使用不同的认知策略来参与课程内容的互动。正如陶行知先生所言：教师的责任不在于老师的教，而在于教学生怎么学。高品质学习活动的开展需要思考以下三个问题。

1. 每个学生如何拥有学习知识的方法

课堂教学总是有一种倾向，把重点放在“教”上面，学习被放在一边。而“学习是由学习开始的”[②] “只有学习者才能炼制出与自身相容的特有意义。”[③] 只有教，没有学，意味着学习没有发生变化。新课标提倡自主、合作、探究的学习方式，分别指向自主学习，合作学习、发现学习。在三者关系中，“自主”是根本，“合作”是桥梁，“探究”是核心。三种学习方式互为支持，互为补充，把学生引入有利于学习的“对质状态”。

自主学习，源于先前概念与新知识的对立冲突。当“冲突以一种动态的

---

① （美）林恩·埃里克森，（美）洛伊斯·兰宁著；鲁效孔译．以概念为本的课程与教学：培养核心素养的绝佳实践［M］. 上海：华东师范大学出版社，2018：120.

② （法）焦尔当著；杭零译. 学习的本质［M］. 上海：华东师范大学出版社，2015：7.

③ （法）焦尔当著；杭零译. 学习的本质［M］. 上海：华东师范大学出版社，2015：8.

方式对认知结构发起进攻”[①] 之时，其就成为自主学习的启动装置。同样地，自我教育在自主学习中也起了关键的作用。反思，则是自我教育的基本路径。通过反思，找到妨碍或促进认识的思维模式或行为方式，促进元认知的发展。元认知是指向如何思考及为什么思考的问题，涉及学习方式与理解之间的关联，是“个体对当前认知活动的认知调节”。[②]

合作学习，指向与他人的对质。合作，不是合着坐在一块儿，而是聚在一起交流、倾听，互动，甚至是批判地吸纳别人的观点。“从根本上讲，人是环境的产物。环境中每个成员的言行，都是融入一个人成长过程的‘建材’，感染着这个人的思想感情与行为，左右着这个人的生活态度。”[③] 可见，合作的价值来自“三个臭皮匠”的出谋献策，来自对交流信息的倾听、接纳、修正、补充、完善，以“仁者见仁，智者见智”的信息碰撞出思维的火花。因此，合作学习的过程，形成了资源共享，优势互补的学习环境。在这样的学习环境下，促进学生修正个人的先前经验，得以让新知识有机会稳定下来，并以联结的姿态改变信息水平，重组知识的网络，继而被运用于新的领域，焕发出“石本无光，相击而生灵光”的理想境界。

探究学习，指向和现实的对质。探究学习，让学生知道知识是怎么来的，用知识可以做些什么。学习，不是“复制”信息！有意义的学习，来自知识不断被现实化。也就是说，在新的情境下能不断地调用知识以解决真实的问题。探究学习，从“真的会吗”，走向“真的会”。其间，经历的是知识的炼制过程，而绝非是知识的告诉。其改变的是课堂的地位，从传递知识的场所走向制造知识的场所。

总之，自主、合作、探究的学习方式让学生在对质状态中，不断地“构筑自我、构筑伙伴、构筑世界”，不断地经历完整的学习。在此过程中，课堂中的自控、自律；交流中的秩序、包容；合作中的团结、责任等跨学科素养可以统整所有的学科，与学科素养协同，共同促成学生核心素养的形成。

---

① (法) 焦尔当著；杭零译. 学习的本质［M］. 上海：华东师范大学出版社，2015：94.

② 汪玲，郭德俊. 元认知的本质与要素［J］. 心理学报，2000 (04)：458－463.

③ 余文森. 核心素养导向的课堂教学［M］. 上海：上海教育出版社，2017：6.

2. 通过什么途径支持学生建构起个人知识

研究表明，当学生的思维结构较为单薄时，不能自如地整合新的信息时，极容易被淹没在信息之中。因此，探讨通过什么途径支持学生建构起个人知识显得尤其必要。

不妨先来看一则案例：

距离下课还有十分钟，进入写字教学环节。“同学们，这节课我们来学写‘上’字。”老师在黑板上的田字格一笔一画地范写。教师范写生字“上”后，学生练习写两遍。简单的一个“上”字，在学生的练习本上竟然出现多种写法：有先写短横再写竖的；有先写长横再写竖的；还有把横从右往左写的……老师从学生练写开始，始终没有离开过讲台，没有到学生中去巡视。这些错误老师当然不可能发现。当然，学生更加不知自己错了，带着错误走出课堂。

“上”字是一年级上册识字（一）的第二课的教学内容，也是本册安排的第四个要求会写的字。学生前面已经学写了“一、二、三”等三个生字。应该说，基本笔画“横”在学写“上”时，前面已经出现了多次，应该是轻车熟路了，可是却出现“从右往左写”的错误，不禁让人质疑前三次是怎么学的。换言之，教师并没有支持学生建构起个人知识。

该案例反映了写字能力培养的缺失。从该案例出发，更值得我们思考的是：以怎样的路径支持学生建构起个人知识。基于该案例，笔者就培养学生的写字能力上做了如下的探索和思考。

（1）“相同处”磨，以不变应万变

汉字是方块字，它的形体虽然复杂多样，但每个汉字都由基本笔画组成，每个汉字都有一定的间架结构。这些“基本笔画”“间架结构”就成了千千万万个汉字的“相同之处”。因此说 ，写好字是有规律可循的。特别是学生刚接触的新笔画、新偏旁、新结构，教师不妨下功夫，花力气做好示范。因为教师的示范是最形象、最生动、最切实的指导，通过观察教师的形象动作，学生能亲眼看到起笔、运笔和收笔的全过程，领略到运笔的轻重缓急和间架结构的均匀、协调，领略到书写汉字的韵律美和汉字的结构美。即便是看起来最简单的“一”，教师也切不可忽视。“横”这一笔画，是汉字中使用频率最高的，写好一个“横”，也就写好了千千万万个字的“横”，可以起到“以一当十”的作用。上述案例中，如果教师能在一开始学写第一个横时，就下功夫磨好“横”的书写要领，并借用学生熟悉的“小扁担”比喻“横”的样子，那么，“横”这一笔画就鲜活地定格在学生的脑海里抹之不去了。学生在书写“上”字时，就不会出现“横”从右往左写的错误了。此外，在磨好基本笔画的同时，还要磨好字的偏旁和结构。因为大部分的汉字都有自己的偏旁和结构特点，而这些偏旁的书写和结构的安排都有其自身的特点和规律。掌握了这些“不变因素”，就能触类旁通，举一反三，以不变应万变。

当然，教师的书写示范不应局限在课堂范写生字的环节，还应贯穿在“批改”和“板书”环节，使教师的字在经常与学生见面中成为“活标本”，成为无声的引导，使学生潜移默化地受到教育。

（2）“方法处”磨，以一当十

汉字的构造有一定的规律。每个汉字各部分之间都有一定的搭配关系，如左右结构的字有的是左窄又宽，有的是左右相等，有的是左宽右窄；上下结构的字有的是上窄下宽，有的是上下相等，有的是上宽下窄；独体字要抓好主笔位置……各种结构形态的汉字都有规律可循，各有自己的特点。而这些特点的发现，需要观察为基础，需要观察作支撑。只有融入学生的观察，引领学生获得观察方法，才能起到“以一当十”的作用。因此，在写字教学的起始阶段，最关键的就是要培养学生的观察能力。如一位教师在指导写“禾”字的教学中发现：“禾”字同前面学习的几个字有所不同。相同的笔画“撇”在这个字中出现了两次，笔画出现了变化，有了“横撇”和“竖撇”之分。而具有这种特点的字在汉字里相当多。扎实地指导学生写好这个字，对于以后的写字教学能起到“以少胜多”的示范作用，而且更是培养学生进行细致观察不可多得的机会。于是，教师抓住“禾”字中笔画“撇”出现变化的特点，进行这样的教学处理：

◎ 找撇：你们知道“禾”什么笔画最多？

◎ 说撇：这些撇写在田字格的什么地方？请大家仔细观察。

◎ 看撇：老师范写这个字，特别强调“撇”的位置。

◎ 写字：学生在习字卡上写字，写完后与田字格里的字对照。

◎ 评撇：老师有意识地引导学生观察学生作品“撇”的写法、位置。采用先夸夸他，再向他提小小的建议的评价的方法。

在这一个教学片段中，教师抓住“禾”字的新特征，扣“撇”导写，由浅入深渗透方法的指导。教师以学生的观察活动引领整个写字教学的过程。如观察中找撇，引领学生抓住不同之处，凸现重点展开教学；观察中说撇，引领学生由浅入深，着眼细处，聚焦“撇”的布局，化解教学的难点；观察中补撇，引领学生亲自实践，感悟“撇”的同中之异，感悟“撇”的变化之妙，体会汉字的形体美；看撇中观察，借“补撇”的疏漏趁热打铁，激发学生的观察兴趣，有效提高观察的效率；观察中写字、比较、评价，引领学生对不足之处作出调整和改正，促进写字能力的提高、学生的“观察”活动贯穿写字教学的始终。5 次由浅入深的有目的，有层次地观察，使“观察”这一方法不知不觉地植根于学生的心中，使学生学会观察，学会有重点地观察，学会观察细微之处，学会在比较、对照中观察。而且在观察中，懂得把田字格里“端坐”的例字当作良师益友，养成自主观察的方法。一旦养成自主观察的方法，“星星之火”就可以形成“燎原”之势，2500 个左右的汉字书写就化难为易。

(3)“练习处”磨，应需而教

当学生经历了探究发现的“读字”阶段，内心涌动着发现的惊喜、探究的快乐，急切地想把自己的观察发现化作“笔下之字”时，就是练字的最好时机。此时，教师要趁热打铁，依需而练。特别是在练习的起步阶段，教师要奏好“三步曲”。一是练习前默想。首先，让学生熟记田字格，使之浮于眼前、映于纸上，达到“无格胜有格”的境界。为今后脱离田字格做准备。其次，要熟记字的结构特点、笔画分布情况。只有做到烂熟于胸，才能“下笔有神”。二是练习时“静心”。古人云：“心燥则笔燥，心静则笔安。”借助“默想”创设的安静时段，教师可适时播放轻音乐，安定学生情绪，帮助学生更快地进入“提笔即练字”的良好状态。在学生用心写字时，教师不宜频繁走动，而应该“眼观八方”，必要时才走到学生中间去，扶正学生的坐姿，纠正学生的握笔姿势。对于个别写得特别慢的学生，教师应“停”下来观察，发现问题，进行有针对性的指导。三是练写后对照。学生练写完后，要提醒他们把写完的字与范字进行反复比较，反复推敲，观察自己写的字的优劣，对不足之处作出调整和改正。总之，走好“想、练、比”三部曲，使学生养成想中写、写中练、写后比的良好习惯，在有层次地练习中，提高学生的写字能力。

(4)“情感处”磨，以情化人

书法是中华文明的精粹，是我国灿烂文化的结晶与瑰宝。仅是字形之美就令人叹服：曲直适宜，纵横有度，间架结构淋漓尽致。它不是诗而有诗的韵味，不是画而有画的灵动，不是舞而有舞的健美，不是歌而有歌的悠扬。它是图解的诗、抽象的画、纸上的舞、眼中的歌，还是“世界公认的最高艺术”。在写字教学中，要不失时机地把国际友人对中国书法的赞美讲给学生听，把优秀的中国书法作品展现给学生看，把神奇的汉字演绎成一个个动人的故事，一幅幅美丽的画卷，使学生在了解中华民族的历史及灿烂的民族文化中，对祖国的汉字产生浓浓的赞叹之情、探究之心。让学生带着这份“爱”去学习写字，让原本枯燥无味的写字活动变得有情有趣。如一教师在指导学生写“旅”时，出示一幅画面，让学生展开想象：“你好像看到了什么?”此时的“旅”，已不是一个没有生机的汉字，在学生想象里已经化作一幅有动有静、有情有景的画卷，是一幅充满生命活力的、承载着祖国繁荣昌盛图景的“汉字”。当学生再提笔写“旅”时，体会到了“小小汉字奥妙无穷”，浓浓的情感已倾注笔端。当学生带着对汉字的浓浓的喜爱之情走进课堂时，写字教学就如虎添翼，旗开得胜了。此外，教师要善于评价学生哪怕是点点滴滴的进步，热情肯定哪怕是学生微不足道的成功之处，及时张贴“小小书法家”们的认真之作，成功之作，使学生在教师的评价和肯定中，获得愉悦的体验，不知不觉地爱上写字活动。

通过什么样的途径支持学生的学习，为学生提供一种新的“定制性学习经验”，那就是在“具体”与“抽象”之间积极互动，引导学生经历“具体→抽象→具体”的循环过程，其间协同展开归纳或演绎的思维活动，帮助学生将知识转化为个人思想，进而实现知识“滚雪球”般的高通路迁移。

3. 知识传递过程中的创造性

知识传递过程中的创造性强调了教师的教学魅力。但如果教学被当作一种简单的知识传递时，学习可能不会发生。约翰·杜威认为，理解是学习者探求事实意义的结果，提出，掌握一个事物、事件或场景的意义，就是要观察它与其他事物的联系。观察它的运作方式和功能、产生的结果和原因以及如何应用。而那些我们称作无意义的事情，是因为我们没有领悟到它们之间的联系……方法一结果的关系是所有理解的核心。[①] 其间，建立方法与结果的关系，指向的是知识的建构，体现了知识传递中的创造性。

如在统编小学语文教科书三年级下册《纸的发明》一课教学聚焦关键内容：

> 他把树皮、麻头、稻草、破布等原料剪碎或切断，浸在水里捣烂成浆，再把浆捞出来晒干，就成了一种既轻便又好用的纸。

“纸的发明”这一知识的传递过程如下：

1. 紧扣动词，感受造纸技术。

师：再次读读这五个动作，看似简单，却成为一项不朽的造纸技术，一千九百多年来影响至今，已经成为世界上千千万万个造纸厂的制作工艺。

2. 联系地图，引读句子，感受造纸技术的世界影响。

（随机出示世界地图，随机引读句子）

3. 由词入画，分解画面，体会造纸的艰难历程。

（1）巧抓变化，初识纸的“前世今生”。

师：（出示句子）再次读读这项造纸技术，读着读着，我们发现了纸的制作“原料”发生了这样的变化。（随机出示原料图—纸浆图—晒干的纸）

（2）聚焦“纸浆”，又识造纸的“艰难历程”。

师：哪一幅画面最能打动你，为什么？

师：“纸浆”是一种比较浓的液体。看，这是豆浆，煮熟的“豆浆”经过

---

① （美）格兰特·威金斯（Grant Wiggins）、（美）杰伊·麦克泰格（Jay Mc Tighe）著，闫寒冰，宋雪莲，赖平译. 追求理解的教学设计. 上海：华东师范大学出版社，2016：39.

“点石膏”就可以制作出豆腐花或者豆腐；这是“石浆”，可以制成石灰、水泥等；这是“米浆”，可以制作成簸箕粄、肠粉等美食。现代的这些浆都离不开机器的帮忙，“浆”是中国人民劳动的智慧结晶。

（3）古今对比，再识造纸的“人生智慧”。

师：你看，这是文中的“纸浆”，当时可没有先进的机器，原料变成纸浆，需要“剪断”，需要“切碎”，需要“浸”，还需要“捣烂”。

师：从原料变成纸浆，纸浆脱水晒成纸，从中，你发现了蔡伦是一个怎样的人？

知识传递中的创造性，需要教师展开丰富的教学层次，引导学生领会、理解、评判、体验，让学生充分“动”起来，“活”起来和“做”起来，理解文字符号背后的含义，发现字里行间的思维过程和方法，进而活化为学习者的精神动力和认识世界的科学方法，促进学习者成长。

（四）高品质学习活动设计课例

课例 1

统编小学语文教科书二年级上册《朱德的扁担》第二课时教学实录

【设计思路】

本课选自统编小学语文教科书二年级上册《朱德的扁担》，课时安排为两课时。本设计立足于学生的学习起点，借助课外资料，课文形象的插图以及学生的生活体验，唤起学生对革命先辈的深深敬意，培养学生正确的世界观、人生观和价值观，让学生在学习课文的过程中接受革命岁月的洗礼，致敬革命英雄，陶冶学生的道德情操，充分发挥革命题材课文“育人、育德、育智”的作用，提高语文教学内涵，努力把好传统带进新征程，把好作风弘扬在新时代。

革命题材承载着红色记忆，是开展爱国主义教育的好素材。而爱国主义教育是落实“为谁培养人”“培养什么人”“怎样培养人”的重要路径。对于二年级学生来说，重温“朱德的故事”，体会朱德同志以身作则，与战士同甘共苦精神品质，就是汲取一代代共产党人不断奋进、甘于牺牲、奉献与付出的精神力量，是爱国主义教育的重要契机，是语文教学中“立德树人”的重要载体。用好革命题材，讲好革命故事，走进革命伟人，是对革命精神的一种无声的传承。

教学中，通过多种途径引导学生读文、思考，走进革命伟人。设计核心问题“朱德做了哪些事让人越发敬爱他?”贯穿全文教学，根据该核心问题设计子问题，形成问题链，对学生进行了思维训练和爱国主义教育。借助图片，时代背景资料，微视频等，引导学生感受红军战士生活条件的艰苦，战争环境的恶劣，激发学生对革命先烈的尊敬和爱戴之情。

【教学准备】

1. 课件。

2. 一段与文章相关的时代背景的视频。

【教学目标】

1. 了解时代背景，感受战争环境的恶劣，体会红军战士不怕困难、不怕吃苦的精神。

2. 体会朱德以身作则、同甘共苦的人物形象。

3. 了解中国军事博物馆珍藏着的革命物品，感受革命先烈的无私无畏的革命精神。

4. 拓展阅读老一辈革命家的故事，丰富革命伟人群像，对革命先烈产生深深的敬意。

【教学过程】

一、时代背景导入，初识朱德同志

1. 复习导入

师：上节课我们学习了《朱德的扁担》，这节课我们继续学习 16 课，齐读课题。

2. 识革命圣地“井冈山”

师：通过昨天的学习，我们知道《朱德的扁担》这个故事发生在——井冈山。

师：看，这就是红色圣地井冈山。（随机出示中国地图，“井冈山”红色字体标注）

师：1927 年毛泽东带领一支队伍上了井冈山，建立了井冈山根据地。

1928年，朱德也带领一支队伍上了井冈山，和毛泽东同志带领的队伍会师了。“会”是“会合”的意思，“师”是“队伍”，“会师”就是两支队伍会合在一起。

3. 识朱德同志的身份

师：毛泽东同志把两支军队命名为——

生：红军。

师：当时朱德就是红军的——军长，后来，朱德还当过中国人民解放军的总司令，中华人民共和国成立后担任人大常委会委员长，深受人民的爱戴。

二、紧扣“扁担”，整体感知课文

1. 发现扁担特别之处

师：虽然，朱德同志已经永远地离开了我们，但井冈山上永远不会忘记这样一根小小的扁担。(随机出示“朱德的扁担”图片)

师：这样普通的扁担家家户户都有，可是却被珍藏在中国军事博物馆里，你发现了这根扁担的特别之处吗?

生：扁担上刻着字。

师：大家都发现了，一起说上面写着——朱德的扁担。

2. 抓住文眼，感受情感变化

师：就是这样一根小小的扁担，让大家越发敬爱朱德同志。

出示句子：

> 大家见了，越发敬爱朱德同志，不好意思再藏他的扁担了。

师：“越发”是什么意思?

生：越来越。

师：把“越来越”放进句子中，读一读。(生读)

生：更加，加倍。

师：把“更加、加倍”带进句子中读。(生读)

师：大家以前就非常敬爱朱德同志。现在又更加——敬爱朱德同志。大家一起读。

3. 梳理课文主要事件

师：朱德同志究竟做了什么事让大家越发敬爱他呢？请大家自由读课文，一边读一画出有关句子。

生：朱德同志也跟战士们一块去挑粮。

师：你很了不起，找到了这句话，这句话就是说朱德同志跟战士们去挑粮爬山。（随机板书：挑）

生：不料，朱德同志又找来一根扁担，写上“朱德的扁担”五个字。

师：你很会阅读，找到了这句话。（随机板书：找、写）

生：白天挑粮爬山，晚上常常整夜整夜地研究怎样跟敌人打仗。

师：这句话告诉我们，朱德同志在研究如何打仗。

三、品读“挑粮”，体会革命精神

过渡：朱德同志做的这些事怎么就让大家越发敬爱他呢？我们一起去细细品读。

1. 观察画面，初识挑粮情景

师：孩子们，快看，这就是当时红军挑粮的情景，哪个是朱德同志？对，走在最前面的就是朱德同志。仔细观察，朱德同志和战士们有什么一样的地方？

生：戴着斗笠。

生：挑着粮食。

师：脚上穿着草鞋。

2. 聚焦词句，深入挑粮画面

师：课文也是这么写的。

随机出示：

他
穿着草鞋，
戴着斗笠，
挑起粮食，
跟大家一块儿爬山。

师：我们再读读这些一样的地方。（男生读，女生读，全班读）

师：读着读着，我们的眼前仿佛出现了这样的画面，谁来说一说。

随机出示句子：

> 他________
> 穿着________，
> 带着________，
> 挑起________，
> 跟大家一块儿爬山。
> （指名说）

师：画面中的主人公就是——（生接：朱德同志）

3. 沟通内外，说担心

（1）对比发现，说担心

师：当老师读到“穿着草鞋”的时候特别担心。瞧，我们现在穿的是“布鞋”“运动鞋”“皮鞋”（随机出示图片），而当时战士们穿的却是——（草鞋）。这就是草鞋，说说你担心什么？

生：草鞋不好爬山，容易坏。

生：草鞋很粗糙，容易磨脚。

生：到了冬天，脚会冻坏。

师：同学们，带着你们的担心读一读吧。

（2）联系生活，说担心

师：请同学们再读读课文，哪些地方也让你特别担心？找一找，画一画。

师：快和同桌说说你们的担心吧。

> 句子一：从井冈山到茅坪，来回五六十里，山高路陡，非常难走。

师：你担心什么？哪个词语让你如此担心？

生：山高路陡。

师：（随机出示井冈山图片）井冈山 1300 多米高，相当于 400 多层楼那么高，直上直下，特别陡，非常难走。

师：你还担心什么？

生：路途远。

师：五六十里有多远呢？约 30000 米，如果绕着我们学校的操场走，要走 100 圈。

师：这么远，这么陡的挑粮之路，朱德从不叫苦，不叫累，他跟战士们一起——

生：穿着草鞋，戴着斗笠，挑着粮食，跟大家一块儿爬山。

（3）联系环境，说担心

句子二：红军在山上，山下不远处就是敌人。

师：此刻你担心什么？哪个词让你体会到敌人随时都会围攻红军？

生：不远处。

师：敌人离红军很近，在挑粮路上朱德同志走在最前面随时可能遭到敌人的围攻，朱德同志可能会遇到哪些危险？

生：受伤。

生：也可能会牺牲。

师：但是他还是——

生：穿着草鞋，戴着斗笠，挑着粮食，跟大家一块儿爬山。

句子三：白天挑粮爬山，晚上还常常整夜整夜地研究怎样跟敌人打仗。

师：说说你的担心吧。

师：谁知道“整夜”是多长时间？

生：天黑到第二天天亮，就是一整个晚上。

师：从整夜整夜，你体会到了什么？带着你的体会读一读。

师：朱德同志为什么要“整夜整夜地研究如何打仗”？我们来看看一段视

频。(播放当时情况紧急的视频)

师：看了视频后，你有什么感受?

生：太危险了。

生：太不安全了。

师：是啊，山下不远处就是敌人，朱德同志必须要研究如何打仗，才能粉碎敌人的围攻，所以朱德同志实在是太辛苦了——

引读：

白天——(生接读：挑粮爬山)

晚上——(生接读：还常常整夜整夜地研究怎样跟敌人打仗)

(4) 联系举动，说担心

师：战士们也和你们一样担心，他们看在眼里疼在心里。于是就把——扁担藏了起来。(随机板书“藏”)

师：那根扁担被大家藏起来了，朱德同志就不能去——

生：挑粮了。

师：就可以——

生：好好休息。

师：就可以——

生：少一些危险。

师：一个“藏”字你体会到什么?

生：担心。

生：心疼。

生：关心。

生：敬爱。

师：这“藏”的背后啊，是战士们对朱德同志的关心、心疼、敬爱，希望他能好好休息，大家一起读。

师：可是，后来大家又为什么不好意思藏了呢?读一读句子。

出示句子：

不料，朱德同志又找来一根扁担，写上“朱德的扁担”五个字。

师：如果你是朱德同志，你心里是怎么想的呢？

师：你们真是他的知音。朱德这么想，也是这么做的。一起读。

生：朱德同志又找来一根扁担，写上“朱德的扁担”五个字。

师：扁担写上名字后，朱德同志又继续和大家一起——

生：穿着草鞋，戴着斗笠，挑着粮食，跟大家一块儿爬山。

3. 情理交融，感悟形象

师：是啊，哪怕挑粮之路那么远、那么陡、那么险、那么累，可是朱德同志作为军长却还依然跟大家一块儿——

生：挑粮爬山。

师：一块儿面对所有——

生：困难。

师：还一块儿吃苦——

生：受累。

师：这就是——以身作则、同甘共苦。（板书：以身作则、同甘共苦）

师：所以战士们——

生：越发敬爱朱德同志，不好意思再藏他的扁担了。

师：在朱德同志的影响下，井冈山上的战士们，这支红军队伍备受鼓舞，哪怕敌人就在山下，哪怕敌人围攻，哪怕山高路陡，所有困难在他们面前，那就是一只纸老虎。

引读句子：所以——每次挑粮，大家都争着去。

生 1：读。

生 2：读。

生 3：读。

全班齐读。

师：最后，朱德同志带领战士们打破了江西国民党对井冈山革命根据地的三次“围剿”，红军取得了巨大的胜利。

师：如今，90 多年过去了，朱德与战士们以身作则，同甘共苦的画面依然清晰地出现在我们眼前。

引读：他——

生：穿着草鞋，戴着斗笠，挑着粮食，跟大家一块儿爬山。白天挑粮爬山，晚上还常常整夜整夜地研究怎样跟敌人打仗。

引读：博物馆里珍藏的这根扁担（PPT 出示图片），仿佛在诉说着这样的故事——

生：他__________，__________，__________，跟大家一块儿爬山。白天__________，晚上____________。

四、情境识字，识革命群像

1. 情境中学习生字

师：这根扁担被珍藏在中国军事博物馆，也珍藏在我们的心里。

师："扁担"是我们这节课要写的生字，请你按照"一看结构，二看占格，三看关键笔"的要求，仔细观察，看看你有什么发现？

（生说。）

师：（随机边范写边指导）"扁"半包围结构，"户"写得略小，长撇向左下伸展，给下边部件让出足够空间。"担"字，左右结构，左窄右宽，右边上面的"日"要写得宽扁。

（生描一个写一个）

师：来看看这两位同学的书写，他们都写对了，得到一颗正确星，结构准确，得到一颗规范星。仔细观察，哪位同学的书写更漂亮呢？

（生评价）

师：让我们把美观星送给第一位同学，也请你们对照范字再写一个，要比刚才写得更工整更美观，相信你们的字一定会越写越好。

2. 深化认识，升华情感

师：此刻，这根扁担在静静地诉说着朱德的故事，红军的故事，中国人民的故事。中国军事博物馆还珍藏着许许多多物品，看着这些物品，你有什么想说的？

生：特别感动。

生：革命岁月很艰苦。

生：我们今天的幸福生活来之不易。

师：每一件物品的背后，都藏着一个不平凡的伟人。他们为了中国革命的事业奉献了毕生的精力。这样的革命先烈还有很多，我们一起深情地缅怀，请喊出他们的名字。

生：毛泽东、周恩来、董存瑞、刘胡兰……

五、布置作业

师：把《朱德的扁担》这个故事讲给家人听。

师：找老一辈无产阶级革命家的故事来读一读。

【课后思考】

百年党史，是一部百年来无数共产党人不断奋进，甘于牺牲、付出与奉献的历史。《朱德的扁担》是一篇革命题材文章。革命题材的文章往往与学生生活的经历相差甚远，学生的背景知识比较欠缺，增加了理解课文的难度。因此，本课的教学要适当添加背景知识。如抓住“井冈山、会师、军长”等三个关键词入手，让学生认识时代背景及朱德的特殊身份；添加井冈山会师图片、红军挑粮路线图及国民党围攻红军的微视频，缩短学生与文本的距离，化解理解革命题材的难度，让学生把“挑粮”这一主要事件放在一个历史的情境去认识、去感受。

二年级学生对革命精神的感悟常常是停留于表面，未能真正触及心灵，唤起学生的共鸣。但二年级的学生形象思维占主导地位，因此教学中要注意开发课文的“插图”资源，用好“挑粮”插图，引导学生由表及里细致观察画面，让画面鲜活地定格在学生的眼中、心中。

二年级学生对革命伟人形象的定格需要通过语言文字触摸，但问题的设计和切入如果过难，学生可能游离于语言文字，课堂可能面临冷场的尴尬境地。因此，教学中紧扣“敬爱”这一文眼设计核心问题，并从“你最担心什么”这一视点切近文本，唤起学生的生活体验，打通课堂与生活的联系，消解革命题材教学的难度系数。

革命题材牵动的是红色记忆，是不朽精神财富。教材不应仅仅是一个点，而应成为一条线、一个面，发挥综合效应、整体效应。《朱德的扁担》以物品为线索讲述了一个感人的革命故事，而流传下来的那一件件革命物品就如同打开革命岁月的开关，点亮了学生的精神家园。因此，由“此物”到“彼物”，由“一件”到“许多”的叠加，由“一个伟人”到“一群伟人”的呈现，看似不经意，其实追求的是精神家园的方向。

课例 2

统编教科书四年级上册《延安，我把你追寻》教学实录

【教材分析】

《延安，我把你追寻》是一篇略读课文，课时安排是 1 课时。本课是统编小学语文教科书四年级上册第七单元的第四课。本单元的人文主题是“天下兴亡，匹夫有责”，语文要素是“关注主要人物和事件，学习把握文章的主要内容。学习写书信”。整个单元致力于“唤起追寻精神的力量”，让人获得生机、活力和精神力量的坚守。《延安，我把你追寻》是祁念曾创作的一首新体诗，抒发了追寻延安精神的迫切心情。诗的一、二两节写对于延安精神的追寻，三、四两节写实现现代化需要延安精神，五、六两节写追寻延安精神的重要意义。全诗语言精炼，节奏鲜明。全诗押的是 ang 韵，听起来声韵铿锵。用形象说话，用一系列事物构成鲜明的意境，是本课主要表达特点。

【教学目标】

1. 认识“延、茅”等 7 个生字。

2. 能借助查找的历史资料，理解难懂的诗句，体会延安精神。

3. 从典型事物中关注隐藏的主要人物和事件，把握诗歌的主要内容。

4. 有感情地朗读诗歌，体会诗人的情感。

【教学重点】

从典型事物中关注隐藏的主要人物和事件，把握诗歌的主要内容。

【教学难点】

能借助查找的历史资料，理解难懂的诗句，体会延安精神。

【教学准备】

学生：预习课文，查找了解延安相关信息。

教师：制作课件。

【教学课时】

一课时

【教学过程】

一、单元互动，引入课题

师：同学们，第七单元里有为中华之崛起而读书的周恩来，有拒绝为日本人演戏的京剧艺术家梅兰芳，不同的人，不同的故事都在告诉我们——

生：天下兴亡，匹夫有责。

师：孩子们，你知道“匹夫”指的是什么人吗？

生：普通人。

师：这是梁启超先生说的，意思是说：国家的兴亡，即使是普通人，也有责任。你、我、我们大家都是普通人，该怎么做呢？咱们跟着诗人祁念曾一起到诗中寻找答案吧！读——

生：延安，我把你追寻。

二、学习生字，整体感知

1. 抓住重点，学习生字

师：“延”是个生字，古代的“延”长这样，左边表示街道、道路，后来拉长就变成了建字底；右边的“止”是脚趾。所以“延”表示行走在路上的样子，有延展加长的意思。

师：看，持续不断地做下去叫——

生：延续。

师：有事耽误了叫——

生：延误。

师：时间拉长了是——

生：延时。

师：速度放慢了叫——

生：延缓。

师：猜猜“延安”这个地名藏着什么愿望呢？你说。

生：“延安”这个地名藏着的愿望是希望延安这个地方平安、安全。

师：请坐，掌声送给她。

师：为了实现这个美好的愿望，革命圣地延安留下了许许多多让人感动的故事。再读课题——

生：延安，我把你追寻。

3. 紧扣文眼，整体感知

师：课题中有个词在诗中反复出现，是哪一个？请你说。

生：“追寻”。

师：是的，诗中前后出现了13次，你有什么疑问呢？请你说。

生：追寻为什么出现了那么多次？它代表了什么意思呢？

师：请坐，请你说。

生：作者用了这么多追寻，他到底是要追寻什么呢？

师：谢谢你，请坐。

师：是啊，诗人追寻的“你”到底是什么呢？阅读提示中也提到了这个问题。请同学们翻开书本第104页，认真读“阅读提示”，想想，它告诉我们用什么方法去解决呢？拿起笔，圈出来。

师：好，请你说。

生：和同学交流。

师：是呀，人多智慧广。

生：查找相关的资料帮助理解。

师，嗯，请你——

生：有感情地朗读这首诗。

三、朗读诗句，感受诗韵

师：同学们，学习这首诗，一要读，二要查。这节课，我们就用这两种方法学习这首诗歌，请大家自由读诗，注意读准字音，读好举手。

（生自由朗读诗歌）

师：好，同学们，我们一起来看看这一组词语，读——昔日的春光。

生：昔日的春光、丁冬的流水、梨花的清香、破旧的茅屋、开荒的镢头、讲话的会场、温热的土炕、美妙的交响、顶天立地的脊梁……

师：停，稍微读得轻巧些，顶天立地的脊梁，起——

生：顶天立地的脊梁、金色的理想、明媚的春光、火红的太阳。

师：读着读着，你发现什么？请你说。

生：末尾的字都有带ang。

师：是吧，所以这首诗押的是——

生：ang 韵。

师：是啊，同学们，像这样句末押韵的字，咱们称为韵脚。押了韵，诗歌读起来就像音乐一样美。不信，咱们读读看。谁来？

师：好，男生，请你。

生：像翩翩归来的燕子，在追寻昔日的春光，像茁壮成长的小树，在追寻不同的太阳。

师：押了韵，听起来感觉怎么样？请你说。

生：挺轻巧的。

师：是呀。还有吗，你说？

生：有节奏感。

师：好，咱们大家一起来读。

生齐读：像翩翩飞来的燕子，在追寻昔日的春光，像茁壮成长的小树在追寻雨露和太阳。

师：你看，押了韵就像大珠小珠落玉盘的感觉，像音乐一样动听。这几组词，都和一个地方有关，那就是——

生：延安。

四、走进难忘岁月，感悟延安精神

1. 观看视频，初识“延安精神”

师：是呀，多少年过去了，延安依然让诗人魂牵梦萦，延安自然灾害频频发生，国民党军队重重封锁，层层包围，而日本鬼子经常来扫荡，延安陷入了前所未有的困难，咱们一起走进那段难忘的岁月。

> 视频内容：毛泽东在看到当时的困难说，我们贫困到几乎没有衣穿，没有油吃，没有纸，没有菜，战士没有鞋袜，工作人员在冬天没有被盖。我们的困难真是大极了。指挥千军万马的八路军总司令朱德同志，竟然要向好友借钱来奉养艰难度日的母亲。一向待人宽厚的周恩来，为了战士扔掉一根铅笔头儿发脾气，因为这时候的根据地一分一毫可用之物，都是极其宝贵的……

师：同学们，看完视频资料，你印象最深的是——

生：老爷爷说的话，再苦再难都不怕。

生：毛主席说的话：是饿死？是解散？还是自己动手？

师：对，自己动手，丰衣足食。好，请你说。

生：战士穿着破旧的草鞋和衣服。

师：可是却开辟出了一个新的天地，请坐。

2. 品读诗句，体会延安精神

（1）自由读，圈画四个特别的地方

师：同学们，诗人把这段难忘的岁月化成了 4 句诗，留在 4 个特别的地方，是哪呢？拿起笔，圈出来。

师：好，一起来说，分别是——

生：延河、枣园、南泥湾、杨家岭。

（2）想象延河难忘的岁月

师：咱们顺着延河去寻找那个年代，延河边上发生了什么事儿，延安的百姓用盐和水做过什么？想好举手。请你说。

生：洗过衣服。

师：谁？

生：战士们。

师：好的，请你说。

生：在延河岸边喝水。

师：饮用延河水。好，请你再来说。

生：战士们在延河里洗刺刀，洗掉身上的血迹。

师：嗯，那是和敌人作战留下的痕迹。好，你说。

生：百姓淘过米，洗过菜。

师：所以这叮咚的延河水，流淌的就是延安人民战斗生活的点点滴滴，所以人们亲切的称延河为——

生：中国革命的母亲河。

师：怀着对母亲的深情读——

生：追寻你延河叮咚的流水。

（3）再现南泥湾奋斗的场景

师：南泥湾变化前是什么样子呢？能结合你课前搜集的资料和图片说一说吗？

生：变化前那里是一片荆棘，一片荒地。

师：用一个字来形容，那就是——

生：荒凉。

师：那变化后的南泥湾呢？

生：处处都是灿烂春光。

师：用一个字形容，那就是——

生：美。

师：好，谢谢你。

师：同学们，咱们看。3 年的时间，1000 多天，359 旅的 5000 多名战士把荒山、荒地、荒野变成了两亿三千三百万平方米的良田，他们究竟是怎么做到的？谁来说说图片背后的故事。

师：好，请你说。

生：没有房子住，战士们就搭房子，开窑洞，解决了住的问题。

师：没有就自己干，没有都是自己动手，这就叫——

生：自力更生。

师：自力更生的故事。好，谁来继续说？你说。

生：当时天还没亮，战士们就早早地起床，一到南泥湾，大家就抓紧时间赶到地里，抓紧播种。很多战士的手都长满了血泡，但锄头还像雨点一样落下，谁也不叫苦不叫累，谁也不肯落后。

师：好，你的故事太感动人了，掌声送给她。谁也不叫苦，谁也不叫累，只要能够把荒地变成良田。这样的斗志昂扬，怎么不感染我们呢？

师：继续，好，请你说。

生：在大生产运动中，朱德和身边的几位警卫员在王家坪开了三亩地，种上了白菜、韭菜、胡萝卜等十几种蔬菜。

师：你虽然说的不是南泥湾，而是王家坪的故事，但是也告诉我们这国家领导人和我们战士一样——

生：同甘共苦。

师：和战士一起——

生：团结一心。

师：好，继续说。好，请你。

生：到吃饭和收工的时候，同志们总要再忙一会儿，再翻一个菜地，再开一个山梁。

师：战士们如何把荒地变成良田，一幕一幕就好像展现在了我们的眼前。就因为有了这样的艰苦奋斗，南泥湾才从昔日的烂泥湾变成现在的“好江南”。所以诗人追寻南泥湾，其实追寻的就是一个个——

生：奋斗的场景。

师：追寻的就是南泥湾的——

（生接读）

生：追寻你，南泥湾开荒的镢头。

师：这是艰苦奋斗的镢头。

生：追寻你，南泥湾开荒的镢头。

师：这是自力更生的镢头。

生：追寻你，南泥湾开荒的镢头。

师：这是斗志昂扬的镢头。

生：追寻你，南泥湾开荒的镢头。

（4）追寻枣园忙碌的身影

师：同学们，你们知道吗？枣园，毛主席窑洞前种着几棵梨树，每到春天，梨花的清香四处弥漫。你想说说毛主席的什么故事呢？

生：毛主席在枣园里写下了很多指导中国革命的文章。

师：（随机出示学生查找的相应资料）这么一大段文字，你是怎样把它提炼成这样一句话的？

生：先找出重点的词语，第一个是人物——毛主席，然后是地方——枣园，最后是事件——写文章。

师：你很了不起，抓住了主要人物毛泽东和写文章这件事，提炼这一大段话的主要内容。明白了诗人在枣园里面追寻的其实是毛主席的身影。毛主席还在枣园里做过什么事？好，请你。

生：毛主席在枣园后沟的西山脚下出席了张思德同志的追悼大会。

师：张思德同志的追悼大会。这一篇演讲非常有名，叫《为人民服务》，将来读六年级的时候会学到。还有吗？

生：毛主席在这里和美国总统罗斯福的私人代表赫尔利会谈多日。

师：为了国家大事不眠不休。好，请你说。

生：1943 年元宵节，毛泽东等领导人为 24 位 60 岁以上的老人祝寿，主席亲自为老人敬酒。

师：尊老、爱老是我们中华民族的优秀传统。除了追寻毛主席的身影，诗人还在枣园里追寻谁的身影呢？好，请你说。

生：周恩来。

师：你说。

生：周恩来总理常常在办公室里工作到天亮，困了累了就在桌子上眯一小会儿，就马上打起精神继续工作。

师：为国为民殚精竭虑的总理，让我们掌声送给她。好，请你。

生：我要讲朱德的故事，朱德总司令常常和战士们一起下棋、吃饭，从不搞特殊。

师：这是平易近人的朱德同志，你说。

生：我要讲张闻天的故事，张闻天用一年多的时间跑了 23 个乡镇，和群众同吃、同住、同劳动，写了很多调查材料。

师：张闻天就是这样脚踏实地，为国为民办实事。

师：同学们，诗人在枣园里追寻，其实追寻的就是那一个个——

生：忙碌的身影。

师：国家领导人的身影，遍布枣园的每个角落，就像梨花的清香，让人怀念，让人追寻——（生接读）

生：追寻你，枣园梨花的清香。

师：轻点，别打扰了他们。

生：追寻你，枣园梨花的清香。

(5) 聆听杨家岭坚定的声音

师：谁来说说杨家岭的故事？好，请你说。

生：毛主席在延安文艺座谈会上说，文艺应当为千千万万劳动人民服务。

师：是呀，只有为劳动人民服务的作品，才是真正的好作品。好，请你。

生：毛泽东说文艺的基本出发点是爱，是人类之爱。

师：对，爱是一切的源泉。你说。

生：毛主席说第一步需要的还不是锦上添花，而是雪中送炭。

师：同学们从资料里面仿佛听到了毛主席在会场上坚定的声音。毛主席的话就像春风拂过延安的文艺，百花齐放，你们看——

师：诗歌、小说、歌曲、戏剧，还有很多很多，这一部部优秀的作品，像一声声春雷唤醒了人民大众保卫国家的决心。这一部部优秀的作品像一场场春雨蓬勃了文化战斗的热情，所以诗人追寻杨家岭，追寻的就是——

(生接读)

生：坚定的声音。

生：追寻你，杨家岭讲话的会场。

师：同学们，诗人从延河到枣园，从南泥湾到杨家岭，一路追寻，追寻的其实就是——

生：延安难忘的岁月。

师：是延安——

生：忙碌的身影。

师：是南泥湾——

生：奋斗的场景。

师：是杨家岭——

生：坚定的声音。

(6) 感情朗读，表达难忘岁月

师：千言万语化成了四句诗。读——

(随机出示课文相应诗句)

生：追寻你，延河叮咚的流水，

追寻你，枣园梨花的清香，

追寻你，南泥湾开荒的镢头，

追寻你，杨家岭讲话的会场。

师：同学们，追寻的不同，读得能一样吗？

生：不能。

师：那你说说这 4 句分别怎么读？跟同桌讨论一下。

师：好，谁来说一说？好，请你说。

生：第四句应该用坚定的语气。

师：第四句，那你来读一读。

生：追寻你，杨家岭讲话的会场。

师：谁再来坚定地读？男生，请你。

生：追寻你，杨家岭讲话的会场。

师：好，请你。

生：第一句追寻的是难忘的岁月，所以刚开始小声地读。

师：好，请坐。还有其他建议吗？其他两句，你说。

生：第二句要读得生动。

师：女生读。

师：第三句要读出奋斗的感觉。

师：请你读。

生：追寻你，南泥湾开荒的镢头。

师：请坐。听到你们的建议，老师来试试，好吧？

生：好。

师范读：追寻你，延河叮咚的流水，追寻你，枣园梨花的清香，追寻你，南泥湾开荒的镢头，追寻你，杨家岭讲话的会场。

（生掌声响起）

师：好的，大家一起来。预备起——

生：追寻你，延河叮咚的流水，追寻你，枣园梨花的清香。

生：追寻你，南泥湾开荒的镢头，追寻你，杨家岭讲话的会场。

五、今昔对比，传承延安精神

1. 自由朗读，圈画延安事物

师：有了延安精神，延安的面貌发生了翻天覆地的变化。同学们看，第三、四小节诗中出现了很多事物，请圈出来。

师：谁来说说有哪些事物？

生：高楼大厦、家用电器、茅屋、温热的土炕、宇宙飞船、电子计算机、老牛货车、宝塔山。

师：这些事物，老师把它分成了两类，读一读你发现什么？

生读：高楼大厦、家用电器、航天飞机、电子计算器、破旧的茅屋、老牛破车。

2. 比较发现，说说延安变化

师：发现什么？好，请你。

生：一个是以前的事物，一个是现代的新事物。

师：这边是新事物，而另一边是——

生：老事物。

师：旧事物。你读着新事物，你读出了什么，感受到什么？请你说。

生：现在科技很发达。

生：延安精神使我们的生活发生了翻天覆地的变化。

3. 关注表达，体会延安之魂

师：是，为什么提到了新事物还要提过去的旧事物呢？

生：对比。

师：它强调什么？

生：不能忘掉延安当时的情景。

生：不能忘掉延安的精神。

师：是啊，不能忘掉的是——

生：延安精神。

师：所以我们永远告别了破旧的茅屋，却忘不了延安窑洞——

生：温热的土炕。

师：我们毫不犹豫丢掉了老牛破车，却不能丢掉——

生：宝塔山顶天立地的脊梁。

师：这脊梁指的就是——

生：延安精神。

师：所以诗人说，延安精神灿烂辉煌。

生：如果我失去了你呀，那就仿佛没有了灵魂，怎么向美好的未来展翅飞翔？

4. 聚焦发展，传承延安精神

师：延安精神无处不在，同学们看，这是我国第一架飞机诞生的故事。这个故事，你读懂了什么？

师：你说。

生：我读懂了延安自力更生的精神。

师：从哪句话读懂的？

生：第一句话。

师：读懂的是自力更生的精神。

生：我读懂了坚持。

师：哪儿让你读出了？

生：连续九昼夜。

师：掌声送给他。好，请你。

生：我还读懂了设计人员刻苦学习的精神。

生：我读懂了设计航空学院青年设计人员团结合作的精神。

生：我读懂了同甘共苦的精神。

生：我读懂了他们不怕苦不怕累的精神。

师：就是我们说的——

生齐读：艰苦奋斗的精神。

师：还有——

生齐读：团结一心的精神。

师：同学们，新时代赋予延安精神更丰富的内涵，因为有了延安精神，祖国取得了辉煌的成就，请看——

（随机播放背景音乐，观看视频《我和我的祖国》）

师：听着你们的惊叹连连，为了不起的祖国鼓掌。

（生鼓掌）

师：同学们，特殊时期，延安精神打破了敌人的封锁，粉碎了敌人的扫荡，和平年代延安精神富强了民族，振兴了国家，延安精神已经融进每一个中华儿女的心中，难怪诗人这么急切地追寻——

生齐：啊，延安，我把你追寻，追寻信念，追寻金色的理想，追寻温暖，追寻明媚的春光，追寻光明，追寻火红的太阳。

师：同学们，这节课咱们跟着诗人一起从延河到草原，从南泥湾到杨家岭，读懂了延安时期的动人故事。从故事中我们读懂了——

生：延安精神。

师：有——

生：艰苦奋斗精神。

师：有——

生：团结一心。

师：有——

生：坚持不懈。

师：有——

生：自力更生。

师：还有很多。

师：课后咱们以看、读、唱的方式继续追寻延安精神，让延安精神融入我们的学习生活中。

师：下课

生：老师再见。

课后作业：

1. 看一部电影《延河战火》。

2. 读一首诗歌《回延安》。

3. 唱一支歌曲《南泥湾》。

【课例评析】

一、教育理论的新思考——新时代立德树人背景下教材文本价值的挖掘

本单元的主题是“家国情怀”，编排了四篇课文，表现了不同历史时期的人们在家国大义面前的不同风采。在全国教育大会的重要讲话中，习近平同志深刻阐述当代中国教育及其现代化发展的方向和目标，新形势新时代教育完成好立德根本任务的要求，明确指出：“培养什么人，是教育的首要问题。我国是中国共产党领导的社会主义国家，这就决定了我们的教育必须把培养社会主义建设者和接班人作为根本任务，培养一代又一代拥护中国共产党领导和我国社会主义制度，立志为中国特色社会主义奋斗终身的有用人才。这是教育工作的根本任务，也是教育现代化的方向目标。”

本课作为“家国情怀”这个主题单元的最后一课，老师在课堂导入环节：“同学们，今天我们一起来学习第七单元的 24 课，这个单元的主题是——（天下兴亡，匹夫有责）一起读。这句话告诉我们，即使是一位普通的人，对国家的兴亡也是有责任的。这个单元有 4 篇课文，少年周恩来以中华崛起为己任，京剧艺术家梅兰芳为捍卫民族气节而蓄须，作为新时代的少年，我们该怎么做呢？接下来就让我们到诗中去寻找答案！”这样的导入提出了“作为新时代的少年，我们该怎么做”这个铿锵有力、发人深省的话题，让人油然而生厚重的时代责任感，让我们不由心生期待：这节课必定是让光辉灿烂的延安精神发扬光大、继往开来的一课。再通过精彩的课堂教学，让单元“唤起追寻精神的力量”主题得到了升华。这篇略读课文的教学，是一堂有高度、有力度的单元收尾课。

二、课堂教学的新改进——语文要素统领下教材隐性资源的开发

新教材的特点之一是具有基础性、丰富性和开放性，即教学内容是基础而丰富的，呈现形式是丰富而开放的，学习和教学方法是开放而多样的等等。教师拓展挖掘教材资源，为学生提供丰富的学习材料，给不同层次的学生留出一定的思维空间。教学中教师认真挖掘教材资源，活用教材，拓展教材，善于引导学生通过想象走进作品所描绘的具体形象的革命岁月，去感受语言文字所暗示和启发的意蕴与情感。

三、课堂教学的新思考——对接相关资料，再现奋斗场景

课文没有叙述具体事件，但是却出现了大量与延安精神相关的具体事物，如“延河”“枣园”“南泥湾”“杨家岭”……通过这些具体事物去串联相应的历史事件、革命人物，提炼出了“革命岁月”“革命生活”“革命斗争”三个关键词，再现奋斗场景。同时又巧妙地落实本单元语文要素之一“关注主要人物和事件，学习把握文章的主要内容”，让学生用学过的方法连起来说说诗歌的主要内容，既是对前面习得的阅读方法的迁移运用，更是略读课文承载的使命。

课例 3

统编教科书五年级下册《清贫》教学实录

【教材分析】

《清贫》是统编小学语文教科书五年级下册第四单元的一篇略读课文，作者是方志敏。本单元的语文要素是“通过课文中动作、语言、神态的描写，体会人物的内心”。1935 年方志敏在囚室中写下这篇文章，采用了直抒胸臆与讲述事件相结合的方法，以第一人称叙述了他被俘后被两个国民党军兵士搜身、逼问的经历，表现了方志敏对清贫的理解，展现出一位共产党人坚定的革命信念和矜持不苟、舍己为公的高尚品质。本文叙述的事件有着特定的历史背景，学生理解起来有一定的困难，课前可以布置学生查找相关资料，初步了解方志敏。

【教学目标】

1. 正确认读“筹”“镯”等 10 个生字，联系上下文理解“矜持不苟”等词语的意思。

2. 抓住关键词句，体会方志敏甘于清贫、矜持不苟、克己奉公的品质，领悟对比手法的表达效果。

3. 体会通过人物动作、语言和神态描写刻画人物内心的表达方法。

【教学流程】

一、谈话导入，揭示课题

1. 营造氛围，揭示课题

师：同学们，毛泽东主席给予《清贫》高度评价：“是一部赣东北地区人民革命的斗争历史，是一个共产党员革命意志、情操和高尚人格的写照，是不朽之作。”习近平总书记这样说《清贫》：“那里面表达了老一辈共产党人的爱和憎，回答了什么是真正的穷和富，什么是最大的快乐，什么是革命者的伟大信仰，人到底怎么活着才最有价值”。《清贫》到底是一篇怎么样的文章？方志敏到底是怎样的人？这节课我们就一起来学习第12课《清贫》。

2. 聚焦文眼，思辨课题

师：让我们一起齐读课题。

师：“清贫”什么意思？

生：“清贫”的意思是非常穷苦。

师：课文是不是就在讲方志敏过着清苦贫穷的生活呢？带着我们的疑问和阅读期待，到课文中去寻找答案。

二、检查预习，分类识字

师：课前大家预习了课文，“矜”这个字容易写错。这个字，谁想来提醒提醒？

生：左边的“矛”不要漏掉“撇”。

师：这个“褂”是形声字，借助形旁我们知道与衣服有关。是怎样的衣服呢？你们看，像这样的衣服就叫“褂”（随机出示“褂”的图片）。

师：这一课的形声字一共有9个，会读吗？一起读一读。

（随机出示本课形声字：筹、矜、俘、镯、吓、袑、彼、汗、褂、坞）

三、品词析句，体会“清贫”

1. 聚焦问题，寻找“清贫”

师：从哪儿可以看出方志敏的清贫呢？默读第2到9自然段，看看你能找到几处？把感受或体会批注在旁边。

2. 交流汇报，品读“清贫”

（1）巧用对比，感悟清贫

句子一：哪知道从我上身摸到下身，从袄领捏到袜底，除了一只时表和一支自来水笔，一个铜板都没有搜出。

① 物品对比

师：一个铜板都没有搜出，国民党军兵士热望能搜出——

生：一大笔钱。

师：可搜到的是——

生：一只时表。

生：一支自来水笔。

师：你们从物品上体会到了什么？

生：方志敏的清贫。

② 数字对比

师：文中的第一自然段，提到了这样一个数字——“数百万元”，读读这一组数字，你有什么想说的呢？

生：方志敏很有钱。

师：既然有这么大笔钱，方志敏身上为什么除了一只表和一支笔，一个铜板都没有？

生：他勤俭朴素。

生：他一点一滴都用之于革命。

生：如果不是因为工作所需，方志敏估计连这只时表和自来水笔也舍不得买。

师：是啊，一只时表，一支自来水笔陪伴着方志敏走过革命斗争的岁月。方志敏用它们——

生：写下了一篇篇文章。

生：写下一份份作战计划。

生：画出一份份作战方案。

师：是啊，方志敏时时处处想的都是革命工作。

生：他每天那么忙，那么多工作，需要用表来看时间。

师：是啊，方志敏是省委书记，每分每秒对于他来说都很重要。

③ 财产对比

句子二：去年暑天我穿的几套旧的汗褂裤，与几双缝上底的线袜，已交给我的妻放在深山坞里保藏着——怕国民党军进攻时，被人抢了去，准备今年暑天拿出来再穿；那些就算是我唯一的财产了。

师：你从哪读出了“清贫”？

生：我从“唯一的财产”读出了方志敏的清贫。

师：唯一的财产是——

生：几套旧的汗褂裤与几双缝上底的线袜。

师：读读这“唯一的财产”，谁发现了它们的特别之处？

生：旧的。

生：缝上底，是破的。

师：“缝上底”是什么意思？

生：整个鞋底都坏了，重新缝过的。

师：是啊，破了缝，缝了穿，穿了又破，破了再缝。还发现了什么？

生：“几套”“几双”说明方志敏的衣服、鞋子很少。

师：是啊，一点一滴都用于革命，他哪里舍得买呀！可就是这样又破又旧的东西，方志敏把它当作“传世宝”；就这样又破又旧的东西，方志敏把它们藏在深山坞。

师：说说你所知道的“深山坞”。

生：在山里。

生：在深山里。

生：在深山坞里。

师：深山坞里藏着的是，引读——

生：几套旧的汗褂裤，几双缝上底的线袜。

师：同学们，方志敏可不是普通的战士，他是省委书记，中共闽浙赣省委书记。经手的款项，总在数百万元。但，一点一滴都用之于革命事业，唯独没有用于自己的生活。更让我们动容的是——

随机出示资料：

1931 年，第二次反“围剿”时缴获 20 多万银圆、2000 多两黄金，他依然和普通战士一样，每天只有 4 分钱菜金，兜里没有一块铜板。

师：难怪他穿的是——

生：几套旧的汗褂裤，几双缝上底的线袜。

师：他藏的是——

生：几套旧的汗褂裤，几双缝上底的线袜。

(2) 紧扣对话，感悟清贫

① 出示对话内容，读一读

“赶快将钱拿出来，不然就是一炸弹，把你炸死去!”

“哼！你不要做出那难看的样子来吧！我确实一个铜板都没存，想从我这里发洋财，是想错了。”我微笑着，淡淡地说。

“你骗谁！像你这样当大官的人会没有钱!”拿手榴弹的兵士坚决不相信。“绝不会没有钱的，一定是藏在哪里，我是老出门的，骗不得我。”另一个兵士一面说，一面弓着背将我的衣角裤裆过细地捏，总企望着有新的发现。

“你们要相信我的话，不要瞎忙吧！我不比你们国民党当官，个个都有钱。我今天确实一个铜板也没有，我们革命不是为着发财!”我再次向他们解释。

② 聚焦侧面描写，品读清贫

师：兵士的话，三处提到了“钱”，你读出了什么？

生：我从“赶快将钱拿出来，不然就是一炸弹，把你炸死去”，读出了兵士的穷凶极恶。

生：我从“你骗谁！像你这样当大官的人会没有钱”，读出了兵士的不相信。

生：我从“绝不会没有钱的，一定是藏在哪里，我是老出门的，骗不得我”，读出了兵上的贪婪。

师：你们读得很认真，读出了兵士的态度。再读读兵士的话，谁还有发现？

生：兵士心理发生了一系列变化。

师：说说看。

生：热切、激怒、猜疑、企望、失望。

师：为什么会有这样的心理变化呢？

生：两个国民党军兵士一开始以为方志敏作为共产党大官，像国民党当官一样很有钱，可经过搜身、威吓、诱骗、搜寻，却一无所获。

师：文章的主要人物是方志敏，课文为什么要一次次地提到兵士的话？想要强调什么？

生：方志敏的清贫。

师：关于兵士的搜身，课文提到“过细地捏”。这一处，可否改为“捏”？

生：不能。这个词写出了兵士坚决不相信。

生：不能。这个词侧面表现了方志敏的清贫。

③ 聚焦方志敏言行，感悟清贫

师：读读方志敏说的话，你读出了什么？

生：我读出了方志敏的临危不惧。从他面对兵士的威胁恐吓，依然“微笑着，淡淡地说”体会到的。

师：自从参加革命，方志敏就从来没有把个人生死放在心上。

生：我读出了方志敏的清贫。从“我不比你们国民党当官，个个都有钱，我今天确实一个铜板也没有，我们革命不是为着发财”中体会到的。

师：革命不是为了发财，那是为了什么？

师：是啊，当时的中国人民却生活在水深火热之中。让我们一起回到那个年代。(播放视频)

师：在此情此景面前，你猜方志敏会想些什么？

生：我们一定要把人民从水深火热中解救出来。

生：我们一定要结束内战。

生：我可以为建设新中国做些什么呢？

生：人民生活这般痛苦，我怎能贪图安逸？

师：他是这么想，也是这么做的。于是，我们看到了这样朴素洁白的生活——

生齐读：一只时表、一支自来水笔、几套旧的汗褂裤、几双缝上底的线袜。

师：学到这儿，你觉得方志敏是个怎样的人？

生：甘于清贫，舍己为公。

四、拓展延伸，丰富清贫内涵

1. 联系上下文，体会乐观

师：清贫，洁白朴素的生活，正是方志敏能够战胜困难的地方！文中，方志敏战胜了哪些困难呢？请大家再读读课文，看看谁有发现。

生：明明是不幸被俘，被搜身，可在他看来，却是一桩趣事。

生：面对敌人的威吓，只是微笑着。

生：面对囚室的生活，笑谈自己唯一的财产。

2. 拓展延伸，认识“方志敏”群像

师：清贫，洁白朴素的生活，正是千千万万个“方志敏”能够战胜困难的地方！你还知道哪些做出巨大贡献，却过着洁白朴素生活的人以及他们的故事？

生：我知道两弹元勋邓稼先一生为国奉献，过着简朴生活。

生：我知道水稻之父袁隆平，他是中国工程院院士，著名杂交水稻专家，国家科学技术奖获得者，中国第一个国家特等发明奖获得者，可是他朴实厚道，吃苦耐劳，把自己的一生都奉献给了党和人民。

师：这就是共产党员的情怀（引读）——

生：清贫，洁白朴素的生活，正是我们革命者能够战胜困难的地方！

师：现在你对于“清贫”有没有新的理解？清贫仅仅是生活上的贫穷吗？

生：清贫不仅仅是生活上的贫穷，而且是甘于清贫、舍己为公的精神。

师：甘于清贫，舍己为公的革命气节，在艰苦的战争年代需要它，因为有了它，中国人民站起来了，新中国成立了。在改革开放的今天同样需要它，有了它，中国发生了日新月异的变化，你们看（出示视频）——

师：也许未来的建设者中，有你，有我，有他，有你们大家。

师：推荐同学们课外阅读《可爱的中国》。这本书是方志敏烈士在狱中戴着镣铐写成的，饱含热血，表现了一个共产党人对理想与信念的坚定，对祖国和人民的挚爱。读了它，相信你会被革命先烈舍生忘死的精神深深打动。

五、高阶性思维场域的构建

我们知道，思维作为一种认知过程，是学生接受知识、发现知识和建构知识的基本前提。而理解总是面临着对思维的挑战。思维方式、思维过程和思维对象共同构成了思维的场域。当思考着的教学与思考着的学生形成积极互动之时，意味着优质的思维场域正在形成。在此期间，问题是最好的“营养剂”。当高水平问题引领教学，相互关联的学习资源高度互动，思维的力量由弱到强，体现思维的灵活性、独创性、深刻性、敏捷性；问题的解决走向批判性与创造性之时，预示着高阶性思维场域的正在构建。

（一）支持性的学习环境

“语文课不但是读写能力培养课，更是使学生变成健康文明大写的‘人’，变得更高尚，更聪明的课。良好的语文教育应该是为学生提供一方高雅的人文浸染的环境。因势利导，把学生培养成一个有文化、有健全人格、有智慧的勇于创新的人。”[①] 媒体、博物馆、社团等知识创造场所，学校教室布置、教学情境、教学方式、课堂互动构成了学习环境的基本元素。研究表明，学习者所有认知都是与环境互动的结果，一个在刺激和互动方面非常“丰富”的环境有利于学习。

如统编版小学语文教科书一年级上册第一单元是“识字单元”，编排了《天地人》《金木水火土》《口耳目》《日月水火》《对韵歌》等渗透看图识字、象形字识字、韵语识字、对对子识字的内容。该单元要认识 40 个生字，会写 17 个生字，但其特殊性在于：作为入学后的第一个集中识字单元，且编排在汉语拼音学习之前。编者传递的信息是：拼音此刻不能成为识字的拐杖；加一加，减一减的适用于该年级学生的识字方法在此时也无“用武之地”。这个识字单元与后边的识字单元最大的不同是处在“幼小衔接点”上，是学生刚入小学一年级语文的“开局之课”，事关小学生语文学习“万里长征”的“第一步”。如果直接无视其特殊性，生搬硬套地上成常态的识字课，语文学习的可持续“兴趣”可能成为最大的痛点。因此，需要教师在教学情境、教学方式及课堂互动上精心谋划，让“开局之课”熠熠生辉。不妨做以下的教学处理：

1. 观看关于宇宙的视频，把“天”字具象化，赋予“天”丰富的内涵。

2. 观看地球视频，认识地球的“前世今生”，在“天地”的场域之间架构起“宇宙”浩瀚之感，感受人之渺小。

3. 以引导性问题“是谁改变这个世界?”随机认识“一个人”“一群人”的“自我的觉醒”，感悟人的伟大。

---

① 张超，王际兵．语文：从教学到教育［J］．课程教学研究，2012（8）．82—86.

(1) 认识“盘古”：引入中国神话故事——盘古开天地，把“人”定格具化为“特殊时期”的代表。

(2) 认识“孔子”：引入后人对孔子评价——他是“东方的智者”，是照亮世间的“太阳”，把“人”定格具化为“特殊领域”的代表。

(3) 认识“中国巨变”：播放“今天的中国”视频，引入“你我他”作为一个团体的力量贡献，认识社会的发展，离不开一个奋斗的群体，“你我他”此时被定格具化为一个个有凝聚力的、有美好理想并为之奋斗的团体。

(4) 认识“我们的学校”：结合学校情境，认识“你、我、他”不仅是代表个体，更重要的是代表一个群体，一个团结的力量。启发学生认识“我”这个人，如何与他人合作，为“你我他”的这个群体可以做些什么？

以上教学，积极创设“认识世界、认识社会、认识自我”的环境，在宇宙与人类的互动和较量中，认识“人”是改变世界的力量，激发学生对自我的认知，激发学生的责任感和使命感。作为本课核心的任务“识字”，教学内容在不同的情境中反复出现，既夯实识字的基本方法，更是被包裹在文化的、思维的、审美的学习环境中，以“具象化”的方式认识这个世界。

再如，容易被忽视的“复习课”教学，也应设计适当的学习环境，把“旧饭”炒出“新意”，使学生在新的“语言场”中兴趣盎然地投入复习。如“词语表”中的词语，不妨以“主题”相聚，从“机械重复抄写”走向“结构化积累”，使之整合成为有联系的整体，化为积极的语言力量。如结构化的词语复习，不妨迁移到新的“语言场”，设计诸如此类的语言运用样式：在句子中填上含有“然”字的词语：听说公园的梅花迎风斗雪，______ 绽放，我便邀上姐姐________ 前往，到公园一看，一树树梅花挺立在风雪中，它们那么鲜艳，那么精神。等到春暖花开的时候，它便________ 无声地回到大地母亲的怀抱。而“语文园地”的“日积月累”，亦可在新的语境运用中盘活积累，融积累、理解、运用为一体。如可设计诸如此类的语境，与生活对接：老师常用“______________”等谚语告诉我们要学会合作，正确认识“团结力量大”的道理；冬冬接连几次语文考试都是全班第一，渐渐地骄傲起来，这时你作为他最好的朋友，你可以引用“古今贤文”中的“__________________”这句话来提醒他。诸如此类的“语言场”，指向的是语文能力的综合运用。在此过程中，语文知识的增值过程也成为学生人格健全与发展的过程。

（二）全景式的教学展开

高阶思维能力的产生源自知识与学习的进阶特性。高阶思维作为个体思维的高级形式，具有主动、意义、建构、真实、合作5个学习特征。

全景式教学，是融合多种认知活动的教学，是多种认知活动构成一定层次的教学。全景式教学，遵循由浅入深的教学规律，体现从低阶思维走向高阶思维的过程。

全景式的教学展开，从宏观角度看，指向展开教学过程的学科项目化学习，需要关注驱动性问题，设计挑战性任务，搭建可见的学习支架，评价输出的“产品”等等，让思维参与不同时段的问题解决中，在破解一个个子项目中实现全景式教学。

具体到核心问题教学中，则是把问题链看作一个问题系统，核心问题是这个系统的支架，引领学生高阶思维的发展。核心问题被梯度分解为一系列结构化、高品质的子问题，在理解、运用、分析、评价、创造等不同层次展开，指向深层次的思维诱发，实现从浅层学习走向文本内部逻辑思考，从低阶思维能力到高阶思维能力的发展。以核心问题为支架，促进问题与主题、活动与素养高水平匹配，推动课堂结构简约化发展，将更多的精力聚焦在认知思维的广度、深度上，以此提升学生的高阶思维能力。

如统编小学语文三年级下册《燕子》一文教学中，当学生问“痕”是什么意思时，教师出示一幅燕子停歇图就止步了。这样的教学折射了浅层教学的乏力。

如果这样来处理：

① 看图，你们看到电线了吗？

② 看不清楚，淡淡地，隐隐约约的。是啊，这就是句子中哪个词语的意思？

③ 为什么看不清楚呢？

④ 作者站得远，你读出了什么？

⑤“痕”可以换成“条”吗，你怎么理解？

以上教学活动，其实质是指向语文学科的本质。抓住学科本质，由表及里，把握知识本质的学习，引导学生从“内容的、情感的、表达的”角度全方位地品词析句，体会作者字里行间藏着的情感。教师、学生和核心知识紧密联系在一起，共同作用于学生的关键能力。这样的引领活动，是立体的、深入的、丰富的，带着学生厘清思路，提炼方法，构建模型，其间孕育了语言文字运用的思维模式，语言文字运用的基本规律，促进它们可以被运用于更广泛的相似情境。

（三）网状式的思维结构

实践研究表明：所有的课堂活动和教学环节都是以分类法逐级攀登的模式为基础的。如果把结构化思维看作搭积木活动，那么每一个活动都是一块新加入的积木，它的添加有助于发展学生的认知。

1. 用好思维的工具

思维工具是指那些能有效影响思维抽象活动、提高思维效能、延伸思维深度，能把抽象思维过程具体可视化的一类方法技能总称。①

美国教授鲁特·伯恩斯坦说，伟大的思想家使用过13种“思维工具”，使用这些工具可以使人成为天才。② 这13种思维工具是：

（1）观察：通过观察磨炼所有的感官，从而使思维变得非常敏锐。

（2）想象：使用某些或全部感官在心里创造各种形象。

（3）抽象：观看或思考某种复杂事物，去粗取精，化繁为简，把唯一本质的东西找出来。

（4）模式认知：观察和研究不同的事物，找出它们在结构上或性能上的相似之处。

（5）模式形成：找到或创立新方法，对事物理出头绪，纳入规范。

（6）类比：虽然两件事物迥然不同，但可以从功能上找到相同点。

（7）躯体思维；使用肌肉、肠胃的感觉以及各种感情状态。

（8）感情投入：将自己设想为自己所研究、绘画或写作的对象，与之合而为一。

---

① 杨志华．名著阅读中思维工具的开发与运用［J］．中国教师，2018（11）：68—70.

② 木子．天才的十三种“思维工具”［J］．世界文化，2003（03）：6.

（9）层次思维：能把情绪变成不同的层次，就像把素描改成雕塑一样。

（10）模型化：能将复杂的事物简化成一个模型。

（11）游戏中的创造力：能从毫无目的的游戏活动中演化出技术、知识和本能。

（12）转化：使用新获得的思维技巧，形成新发明的基本构图，然后制出模型

（13）综合：使用各种帮助思维的工具得出结果便是综合。能用各种不同的方式对事物进行思考，诸如身体、直觉、感官、精神和智力等。

下面，先以小学四年级语文质量监测中的试题为例，对用好思维进行说明。

样题：“簏（lù）”的意思最可能与下列哪个字的意思相近？（　　）

A. 草　　B. 笔　　C. 虎　　D. 鹿

这道题是常规试题，旨在考查学生独立识字写字的能力。这里需要迁移低年级学过的“形声字规律”进行选择和判断。样题中提供的“lù”其实暗示了“鹿”是“簏”这个字的声旁，而剩下的部件“⺮”指向形旁。根据形声字的规律，形旁表义，这样我们就可以解答该试题了。解题的密码是“形声字规律”，指向“抽象”这一思维的工具，需要学生具备这样的模式认知：形声字千千万万，但都有一个共同特点“声旁表音，形旁表义”。

而这一思维工具，并不是用“告诉”的方法简单了之，而是在结构化思维的进阶中构建。请看下面的形声字教学案例。

1. 巧借游戏观察，初识形声字

师：这些生字可调皮了。一眨眼的工夫，就玩起了捉迷藏的游戏，露出一个小脑袋，猜猜它们是谁？（教师把生字的形旁用花朵遮住，露出声旁。）

生猜。

师：你们猜得这么准。你们一定有小秘密，能告诉我吗？

生交流。

师：（出示形声字的声旁）这些字，你们会读吗？

生读。

师：加上虫字旁，你们还会读吗？

生试读。

2. 尝试分析，理解形声字规律

师：这些字一部分表示它的意思，一部分表示它的读音，这样的字，我们就把它叫作形声字。在小朋友学过的字中也有一些形声字。老师找出来一些。谁能学着老师的样子，说说这三个字？

生说。

3. 模式认知，运用形声字规律

师：像这样的形声字有好多很多，只要掌握了形声字的规律。就能认识很多的字呢！

师：我们试着用形声字的规律来猜一猜这些字的读音……

以上教学，教师主要安排了三个环节：一是认识形声字群像；二是理解形声字规律；三是迁移形声字规律，验证发现。三个环节，分别借助三种思维工具。环节一，借助“观察”这一思维工具；环节二，借助“抽象”这一思维工具；环节三，借助“模式认知”这一思维工具。在思维工具的助力下，化解了形声字教学的难点，形象生动地揭示了形声字的特点。形声字规律作为事实性知识，既要让学生知道，更要让学生理解，在新知识和已有的知识之间建立联系，获得新的认知图式。而这一新的认知图式，发展成为自主识字的基本思维工具。

我们不妨再以“想象”这一思维工具为例加以说明。我们知道，想象力是人类不可缺少的智力，是人的生活中不可缺少的智慧，同时也是重要的思维工具。《义务教育语文课程标准（2022年版）》指出：“在发展语言的同时，要发展思维能力，激发想象力和创造潜能。”激发想象力是阅读教学的重要任务。阅读活动如果缺失了想象力，阅读过程就如同一杯白开水，无滋无味。因为阅读的种种乐趣，或会心一笑，或拍案而起，或扼腕流泪，或兴奋不已，很关键的途径是通过想象获取的。阅读教学中，采用恰当的手段施以经常性的想象练习，感受文章的含义及其内蕴是必要的也是必需的。如何用好这一思维工具，笔者提出了以下思考。

第一，以生活经验为原点，让想象“运动”起来

形象是想象的结果，更是想象活动的核心。形象不会凭空自动的生成，

需要学生选择、过滤生活的表象，根据文本的语境进行有选择的再现与重新配合，产生新的形象。可以说，生活经验在学生的想象世界里发挥着原点的作用。但阅读教学中，丰富多彩的生活被束之高阁的现象并不鲜见：古诗教学中无趣的诗句翻译，缺失了生活表象的唤起；情境创设中频频出现的多媒体画面，断开了生活的联系……想象活动成为教师一厢情愿的独角戏，学生的想象能力在时间和空间的压缩中不断萎缩甚至丧失。叶圣陶说："读者看到的是写在或印在纸面的文字，但看到文字并不是他们的目的，他们要通过文字去触摸作者的所见所感。"教学中，教师应善于引导学生读出藏在字里行间的形象感、画面感、分寸感，读出其间蕴藏的"情"和"意"。而只凭借多媒体"再现"画面，未必都是良策。如果学生生活里有类似的相关表象，教师应不遗余力地努力唤起，在生活与文本中搭建"通途"，让学生真正享受阅读的快乐。

如《雨点儿》这篇童话故事，用第一自然段一句话"雨点儿从云彩里飘落下来"开篇，打开了故事的序幕，接着用大、小雨点的对话，告诉学生有了雨水的滋润，花更红了，草更绿了。作为独立成段的第一句话，承载着美好的情感基调和故事发生的意境。但有的老师只用一句"美美地读"略过这句话的教学，漠视了应有的想象训练过程，"教读"蜕变为"叫读"，"美美地读"蜕变为"随意地读。"

可设计如下几个环节：

1. 同学们，你们见过"雨点儿"和"云彩"吗？说说看。

2. 课文说雨点儿可调皮了（随机出示句子），从云彩里飘落下来。你还见过什么从空中飘落下来？飘落的时候，你有什么感受？

3. 我们一起来做做"飘落"的动作。是啊，雨点儿也是这样又轻又慢地从云彩里飘落下来的。

4. 我们一边读一边想象这样的美景，读出雨点儿飘落时又轻又慢的样子。

这样的教学过程，建立起了想象与生活经验的有机联系，刺激着想象的发生。原本储存于学生生活中的"雨点儿""云彩""飘落"等零散的表象，因着课文语境的规避，唤醒、再现、重组、再现，最后融合成新的形象扎根于学生的脑海中。当然，这一过程的两次“再现”，本质是不同的。前者指向单个表象，后者指向整体场景。从单个表象走向整体场景，从“一棵树”走向“一片林”，其间投射了学生个体的心理、情感、文化交织的想象运动。这种运动正体现了想象训练的层次性和形象建构的独特性。当学生用“生活表象”去理解语言时，想象就正在发生，一个个文字符号变为一幅幅关联互动的图景，朝着语言发生的“历史现场”贴近。由此阅读因着想象主体的积极投入产生了磁场，从而异彩纷呈。

第二，以语词发展为基点，让想象“清晰”起来

语词是最基本的语言元素。想象虽然是具体的形象，但它的表达过程却是通过语词的铺垫实现的。如果形象建立得清晰，就是与其相对应的语词理解得准确。而简单机械的“抄抄写写”或“蜻蜓点水”的教学均无助于理解语词。对于一篇课文里最富有表现力的关键词语，更应精心设计，牵一发而动全身，品出每一个语词的鲜明个性，独特韵味。

如《日月潭》一文教学时，不妨以“朦胧”一词为抓手，梳理文章的脉络，了解日月潭清晰之美和朦胧之态。在此基础上，聚焦“朦胧”一词，分步推进：图片引入，以“蒙蒙细雨时，日月潭的哪些景物是朦胧的”为切入点，初步感知“朦胧”之意；抓住“轻纱、仙境、隐约”等词整合语境，在具体的语言环境中活化“朦胧”所呈现的画面；联系生活，图文结合，拓展、积累带有“朦胧”的一串词组；对比朗读课文句子，表达“朦胧”之美。

教学中，教师抓住统摄全篇的“朦胧”一词，统领课堂，循序渐进，由浅入深地引导学生反复感受文本内容。其间，学生对语词的认识和理解实现了由孤立到联系、由零散到完整、由肤浅到深刻的升华。这样的语词教学，从立体的层面实现了整体的“综合效应”，沉睡的词语容易转化为表达的元素，庞大的词语库容易变为学生表达的资源库。当学生能够灵活运用得体的语言形式表达自己的所见所闻所感时，想象、情感和语言就得到了和谐统一。

第三，以拓展画面为起点，让想象“丰富”起来

我们知道，阅读中的想象除了再现文本文字之外，还可以通过推断、设想作品中被作者省略的人物命运、故事情节、生活场景等，来考察阅读者对文本理解得是否全面、准确和深刻。从某种程度上讲，阅读中的这种想象，

是一种带有一定限制的“定向性”想象。它可以锻炼学生识别内容框架的整体感知能力、逻辑推演能力以及观察力和想象力，在一定的意义上促进了学生思维的发展。

教学中有很多常态的做法，如《为中华之崛起而读书》中指向心理活动的补白“此刻，周恩来在想些什么”，《凡卡》中指向情节延伸的续写“凡卡的爷爷能否收到信”等，无论是补充还是扩展文本的隐性内容，尽管指向不同，但文本结构框架下匿藏着的这些想象“因子”，无不都是沿着文本的逻辑结构、故事内容、情节主题展开，顺着课文方向进行的想象，进而探寻文外之画、弦外之音，寻找文本没有明说而在字里行间流露出来的东西。通过想象，在教材、学生和教师之间，架起一座相互共鸣的桥梁，实现了“三位一体”的和谐共振。学生身临其境，与文中的人物同呼吸，共命运，文本内容由此厚实起来，人物形象由此丰满起来，精神给养由此嵌入学生的心灵，成为他们精神世界里鲜活的生命元素。

第四，以发现问题为落点，让想象“飞翔”起来

无疑，任何的创造想象，都反映着生活的诉求，特别是当现实的问题成为生活的阻碍之时。正所谓“发明千千万，起点在一问”，从问题走向发明，涉及很多因素，但最重要的因素是想象。正是其间的想象活动，创造出令人瞩目的新形象。可以说，没有问题，就没有想象，更没有发明。正是这“一问”的力量，引发了思考、联想、想象乃至创造发明。因此，阅读教学中，要善于培养学生质疑问难的习惯，更要培养质疑问难的能力，在敢问、乐问的基础上，让学生学会提问。

如，四年级《蝙蝠和雷达》是一篇科普说明文，课题用一个“和”字把蝙蝠和雷达两个看似牛马不相及的事物“拴”在一起，很容易引发学生最原始的发问：“蝙蝠和雷达有什么关系?”这种条件反射下的发问，教师要有意识地把它转化为学生的学习“内需”。适宜的做法就是沿着这个问题进入课文的学习，让学生读文、思考。这样做，把学生出自本能的发问与自主的思考有机结合，可以有效呵护学生的“问题意识”。有些问题学生不容易发现，但又是课文的重点或关键，就需要教师创设问题情境，引发学生的质疑问难。比如，文中关于“蝙蝠灵巧飞行”这一内容写得很具体，一连用了多个事例

加以强调。此处的“具体”彰显着多重价值：揭示了蝙蝠和雷达发生关系的“起源”；提示了抓住中心词读懂段落的方法；蕴含了中年级“写具体”的言语秘诀。这些价值如何引导学生发现？一位老师在学生梳理该段的3个事例之后，插入当时的科技状况，建构了一个“现实”与“理想”的对立面，引导学生发问：人类也可以像蝙蝠一样在空中自由飞行吗？在此基础上老师铺垫式追问：人们为什么有这样的遐想？读到这，再来读这3个事例，你对文中反复地强调蝙蝠飞行的灵巧有什么新的思考？把学生的质疑问难牵引到文章的谋篇布局上。这样的质疑问难，是语文教学的必须。

可见，“问题”的产生，是思考的结果，更是想象的起点。自古以来，当人们感到有问题的客观事物阻碍人时，就开始改造之，使之成为符合人们要求的新事物。所以，要想有好的想象力，就需要不断发现问题。因此，教学中，教师应有意识地引导学生发问。初入课文时，不妨引导学生抓住课题发问；精读课文时，不妨引导学生在重点处、难点处发问；课末，不妨引导学生在困惑处、纠结处发问。如果伴随阅读过程的展开，学生不断有新的问题冒出来，则是学习渐入佳境的理想状态，是学习活动放飞想象的有力保障。

有人说，想象力是听、说、读、写、思的主脑。听、说、读、写、思如果离开了想象这一思维工具的支撑，语文教学将步入“寒冬”，失去教学活力。因此，潜心挖掘阅读教材中的想象因素，运用行之有效的教学方法，恰到好处地训练好“想象”这一思维工具，激发学生丰富的情感，帮助学生展开畅想的翅膀，翱翔在创新的天空中是语文教学应有的思考。

2. 进行思维的训练

在苏霍姆林斯基看来，思考和阅读、书写、观察、表达一样，都是学生进行学习活动不可或缺的最基本的技能技巧。从学生学习的角度看，“思维方式对学生的学习质量和水平具有根本的制约作用”。[①] 发展语言、发展思维，是语文课程教学的两大任务。语言是思维的外壳，思维是语言的内核，要想发展语言，必须同步发展思维。就语文学科而言，语文思维不是脱离语境的枯燥的思维训练，而是在丰富的语境中进行的富有情趣的语言思维训练。思

① 余文森．核心素养导向的课堂教学［M］．上海：上海教育出版社，2017：8.

维与语境如盐在水。如果说思维是骨架，那么语境就是“血肉”。离开“血肉”，骨架没有生命力。

一是有根据地思维[①]。

有根据地思维，着眼于客观性思维能力的培养，指向实事求是的求知态度，反映了人的科学的认知运行模式。对学生而言，则需要逐步掌握比较、分析、推理等思维方法，进而有理有据、负责任地表达自己的所思所想。从语文课程的角度看，有根据地思维有利于学生深入地与文本对话，养成言之有理的思维习惯。从学生的未来发展来看，有根据地思维有利于学生更好地交际与沟通。

我们常说，教学有法，教无定法。语文课堂上，画一画、演一演、摆一摆是比较常见的教学方法。但这些方法的使用，绝不是美术课上的“画一画”，音乐课上的“演一演”，而是要深入文本，思考这样画、这样演、这样摆的依据。其目的是引导学生用心搜集文本依据，不断充足其确信之依据，呈现比较深刻、周到而富有教育意义的思维活动。因此，教师引导学生研读文本时，应让学生紧密结合语境，有理有据地提出观点，增强思维的缜密性、清晰性，提升学生的思维品质，为学生在未来的多元世界中夯实交流对话的基本素养。

二是有逻辑地思维。

语言是思维的工具，语言的无序，实际上反映了思维的混乱。语言文字是人类社会最重要的交际工具和信息载体。从语言与思维的关系看，思维到了哪里，语言才能到哪里。发展语言，需要同步发展思维能力，提升思维品质。

笔者以人物对话教学为载体，对有逻辑地思维进行了深入的研究。我们知道，人物对话是把握人物性格、揣摩人物心理、了解作者写作意图、感悟文本思想内涵的重要途径。教学过程中，如果教师对课文中的人物对话重视不够或教学不得要领，就会遗漏一些重要信息甚至产生误读，影响课文的理解和教学目标的实现。统编小学语文教科书里，用“人物对话”发展故事情节、刻画人物形象、表现文章主题的文章有很多。但不少教师在处理“人物

① 余文森．核心素养导向的课堂教学［M］．上海：上海教育出版社，2017：19.

对话”时，走入了随意“读一读”的误区。作者情动辞发时“有意而为”的人物对话描写，如何转化为训练学生有条理地思考的资源？

第一，聚焦对话内容，读出话中“事”。

夏丏尊先生认为：“文章是作者为表达自己的意思或情感而作的。如果没有意思或情感，文字的形式不过是文字的排列而已。”对话的主要功能是叙事。当“人物对话”被作者布入文章之局时，教师首要做的，就是引导学生读出话中之事，读懂人物形象的立足之地——“事件”。

但是，“人物对话”教学在课堂的情景却是这样的：

一位教师执教《童年的发现》一文时，在学生读通、读顺课文的基础上，找到老师与“我”的5次对话后，安排了下面2个教学环节：

1. 想一想，给对话补充提示语。

2. 根据提示语，练习有感情地朗读。

教学中，诸多的“人物对话”教学内容只被教师处理为“有感情地朗读”。且不议“有感情朗读”目标的达成度如何，单就“人物对话”教学目标的设置上以“有感情朗读”而简单地终结，不能不说是教学的遗憾。人物对话往往是人物围绕着某一中心事件而展开的对话。其不论是“集中呈现”，还是“散落文中”，都是应课文之需，借“人物对话”展开“叙事”。人物的形象正是在“事件”的行动抉择中彰显丰满。如《童年的发现》一文，人物对话散落文中，站在篇章的角度看，应课文谋篇布局之需，以对话为线索，推动了故事情节的发展，展现了梦中飞行、请教老师、老师讲解、探索思考、鱼的启迪、绞尽脑汁、大胆猜测、遭受惩罚的情节地图，用幽默的语言讲述了自己9岁时“探索并发现胚胎发育规律”的这件趣事。文章的行文思路在“看似一盘散沙”的人物对话中组织和明晰起来。因此，教学中，可作这样的教学处理：

1. 组接文中的5次对话，整体出示。

2. 读一读，思考从对话中获得了哪些信息。

3. 把对话从文中删去，可以吗？为什么？

4. 有感情地朗读对话。

教学中，学生读懂了对话内容，抓住了话中之事，也就理清了课文的脉络，找到了感悟人物形象的“入口”。可见，“人物对话”绝不只是囫囵吞枣地在“感情朗读”上做文章，而应是重视“人物对话”作为叙事方式的存在，引导学生站在篇章的立场、表达功能的视角思考这些对话，体会以话叙事的独特的言说方式，把握文章内在的结构。

第二，观照对话情境，读出话中“人”。

《义务教育语文课程标准（2022 年版）》指出：“工具性和人文性的统一，是语文课程的基本特点。”[①] 作品的意义之一在于让读者获得思想启迪和审美体验。作品中闪烁着人性光辉的形象，构建起语文课程的人文性。语文学习的过程，不仅是学习语言文字运用的过程，也是促进学生精神成长的过程。当对话描写成为文本刻画人物形象的主要手段时，教师不应止于“提取对话”读一读了事，而应观照对话情境，引导学生联系课文语境思考、琢磨“为什么这样说”，回到课文“那时那刻”的情境，去寻找如此言语之根，去探究人性之美。

如《夜莺的歌声》一文，用了大量的篇幅写了夜莺与敌人的对话。问答之间没有逻辑性，好似“前言不搭后语”，“风马牛不相及”。有的教师纠缠于“怎么说”的层面引导读对话，忽视课文的情境。支离破碎的人物对话教学，使人物形象大打折扣。

而一教师在教学《夜莺的歌声》一文时，则充分把握了对话与课文的内在联系，引导学生站在全篇的角度读懂对话的内涵：

1. 出示“夜莺”与“敌人”的对话，引导学生质疑。

2. 读课文，思考“夜莺”的话意。

3. 想象：如果“夜莺”直接与游击队对话敌情，会怎么说？

4. 探究：“夜莺”与敌人为什么这样对话？

以上教学，教师紧紧抓住“人物对话”所传递的丰富的人文内涵，巧妙地引导学生入文、入境，其中“隐去情境的疑话意、沉入情境的解话意、想象情境的传话意”等一系列情境的置换活动，使学生感悟人物对话因“情境”

---

① 教育部．义务教育语文课程标准（2022 年版）［M］．北京：北京师范大学出版社，2022：1.

而异，人物形象因“情境”而立。课文语境，成为学生成功解读人物对话的钥匙，而绝非只是提取对话，孤立读读的状态。人物对话教学紧紧抓住“情境”，将人物对话放在一个具体的语境之中，放进文本整体的结构之中，在如此的“一出一入”中回到“那时那刻的场景”，回到生命的原生与本能的力量的源头处，由此打通感悟人物形象、把握人物个性特征的“暗道”。正如古语云：“得鸟者，罗之一目也；今非昔比为一目之罗，则无时得鸟矣。”罗网捕住鸟的地方只是一个网眼，但仅有一个网眼的罗网却是捕不到鸟的。

第三，捕捉对话情感，读出话中“情”。

对话是人物的语言交谈，它能传达人物的心理、情绪、思想。当作者“谋”人物对话，“展”人物形象时，人物的对话在作者的“有意而为”中承载着作者浓烈的思想感情，成为透视人物形象的窗口。因此，教师应抓住这些“窗口”，进入人物的内心世界，读出人物的“心声”。

如《灰雀》这篇课文以人物对话为主线，叙述了列宁用爱鸟之情感染、启发一个小男孩放鸟归园的故事。其中列宁展开了如下三问：

（1）这时，列宁看见一个小男孩，就问：“孩子，你看见过一只深红色胸脯的灰雀吗?”

（2）列宁问：“会飞回来?”

（3）列宁看看男孩，又看看灰雀，微笑着说：“你好！灰雀，昨天你到哪儿去了?”

文中，列宁的爱鸟之情化作焦急的询问。教学中，一教师以“三问”为抓手，引领学生一次次走进列宁的内心世界：

（1）创设情境感受：找遍了树林，也没有找到灰雀的列宁心里怎么样?从哪儿感受到的?

（2）对比探究体会：列宁心里其实早就明白男孩撒谎了。他为什么不这样说：“小男孩，明明是你把灰雀藏起来了，快把它交出来吧”?列宁是怎么说的?从他的话中你听出了什么?

（3）巧设问题揣摩：列宁为什么不问男孩却问灰雀?

简短的三问，流动的是列宁爱的情感，改变的是男孩错的行为。教学中教师没有说教，只是不断地引领学生穿行于人物话语间，不断地进入人物的内心世界，细细捕捉、揣摩人物细腻的情感，让学生经历着“润物细无声”的精神之旅，使学生在情感的纵深处获得人性的真、善、美。

第四，揣摩对话样式，读出话中“形”。

《义务教育语文课程标准（2022年版）》对语文课程的基本性质作出了定位，指出：“语文课程是一门学习国家通用语言文字运用的综合性、实践性课程。”它告诉我们语文课程的本质就是学习语言文字运用，语文教学的核心目标就是引导学生“学习语言文字运用”。人物对话是最常用的语言描写的方式。根据文章表达的需要，对话常以不同的形式出现：有的带有提示语，提示语或在话前、话中、或在话后，读来活灵活现；有的没有提示语，直接呈现双方对话，读来意犹未尽……不管是何种形式，对学生来说，都是学生学习语言的契机。

如统编小学语文教科书四年级下册《“诺曼底号”遇难记》中，有一段船长与船员的对话：

> “洛克机械师在哪儿？”
> “船长叫我吗？”
> “炉子怎么样了？”
> “被海水淹了。”
> “火呢？”
> “灭了。”
> “机器怎样？”
> “停了。”

以上这段对话，直接呈现的是对话内容，无提示语！四问四答，言简意赅！作者为什么以那样的姿态在“遣词造句”？究竟想表达什么？小学语文教材里，这样的遣词造句并不多见。一教师以此为契机，抓住其“新鲜感”，根据表达特色，安排了四个教学环节：

一是找话“主”：联系课文内容，弄清分别是谁说的话。

二是想话“境”：想一想，他们是怎么说这句话的？

三是比话“形”：加上这些提示语，表达更具体，可为什么这里呈现的只是直接的对白？作者究竟想表达什么？

四是传话“情”：有感情地读一读对话。

儿童文学作家梅子涵曾说过：“每个人的阅读可以走到的层面是不一样的，但有一点是可以肯定的，那就是，所有的阅读必须走到高处。”① 而走到高处，需要教师引导学生进行有条理地思维。以上四个环节的教学，呈现的是有逻辑的思维路径：为对话寻“话主”，补“话境”，比“话形”，传“话情”。如此的“增减提示语”铺展活动中，研读、体验、甄别，引导学生发现：直接的对白，恰到好处地把当时的险情、船长的心情表现得淋漓尽致，而添加提示语后，船长的心情、紧急的情势在啰唆冗长的对话中荡然无存。由此，引导学生站在运用的角度，揣摩文章内容与形式的关系中，获得语用的智慧。

三是有互动地思维。

理想的语文课堂样态，本应是多边互动场景下的学习过程深度展开的课堂。随着师生间的多边互动，不同思维的分享，不同思维的交锋，带来的是思维场域的拓展。但，实际教学中，一问一答的单向式互动并不少见。问学课堂异化为问答课堂，多向互动弱化为单向互动，思维场域被压缩为一问一答的学习空间。而这一学习空间成为思维力发展的枷锁。

如果说创造思维是“火把”，那么有互动地思维就是“火种”。在互动中，集体讨论问题能互相影响，不断地开动思维的机器。当一个学生提出新的观念，都能启发或刺激他人的联想，产生连锁反应，形成新的观念堆，为创造性地解决问题提供了更多的可能性。

以四年级下册第六单元习作《我学会了____________》作前指导环节进行说明。

师：同学们，咱们先来个头脑风暴吧，要求就一个字：快。这个小宝宝是我们班上的一位同学，猜猜他是谁？

师：看，他长大了（出示 PPT）。你学会了什么？

---

① 吴琳．儿童阅读与儿童作文——梅子涵教授访谈录［J］．语文教学通讯，2008(07)：6—9.

师：听说你们也学会了做很多事情，说说看？

生：弹琴。

生：画画。

生：做饭。

师：掌声送给好学的你们，咱们学会的本事很多。

（PPT 展示）：

才艺类：画画、唱歌、跳舞、书法、弹琴、敲鼓、演讲、下棋、表演、讲故事……

运动类：跑步、跳绳、跳远、跳高、游泳、滑板、溜冰、骑单车、扔沙包、打排球……

劳动类：拖地、洗碗、炒菜、煮面、购物、整理、种花、晾衣服、包饺子、垃圾分类……

品质类：坚强、分享、独立、尊重、团结、礼貌、勇敢、思考、反思、谦虚……

其他类：理财、做实验、使用电器、搜集资料、使用导航、制订计划、网上购物、节约用水、乘公交车、辨别方向……

"一个在刺激和互动方面非常'丰富'的环境有利于学习。"① 每一次互动都可以视为一次教育行为。在这个教学片段中，我们看到了一个积极的"互动场域"，教师用头脑风暴的方式让每一个学习者畅所欲言，在互动的场域中实现资源共享，优势互补。

---

①（法）焦尔当著，杭零译．学习的本质［M］．上海：华东师范大学出版社，2015：41.

第三章　打造高品质课堂的行动

中央全面深化改革委员会第十九次会议强调：减轻学生负担，根本之策在于全面提高学校教学质量，做到应教尽教，强化学校教育的主阵地作用。要深化教育教学改革，提升课堂教学质量，优化教学方式，全面压减作业总量，降低考试压力。从某种意义上来说，打造高品质课堂行动是对新时期教育的积极回应。以下这些行动可以视为打造高品质课堂的工具。

第一节　“问题教学”行动

一、“问题教学”的本质

《义务教育语文课程标准（2022年版）》强调“坚持问题导向”，“提升课程科学性和系统性”，强调“减负提质”。而“问题教学”是对实际问题的有效回应。从课程实施的层面看，“问题教学”是始于“教学问题”展开的行动研究，主要指向课题研究。课题研究的本质就是解决教育教学出现的问题。而课题研究的过程，是问题解决的过程。

二、“问题教学”行动案例

“语言文字是人类社会最重要的交际工具和信息载体。”① 语文学科教学

① 中华人民共和国教育部．义务教育语文课程标准（2022年版）．北京．北京师范大学出版社．2022：1.

应让学生意识到这一基本观念。语言文字如何才能成为最重要的交际工具和信息载体，是语文学科的本质问题、核心问题。对于小学生而言，发挥书面语言文字的交际功能，需要处理好阅读与表达的关系，需要解决好“小学生习作思维能力培育”这一问题。下面，以该问题为例，进行说明。

（一）问题的提出

读写能力是信息时代以应对生活和工作中的问题和挑战必备的基本能力。写作是运用语言文字表情达意或传递信息的过程，全方面地展现了个人的综合素养，既能体现其语言表达能力，又能体现其文化素养及世界观、人生观、价值观等。小学阶段写作训练称为“练习写作”，简称“习作”，具有“初始性”“基础性”特点。该阶段习作训练等同于“奠基”工程，可以训练学生语言文字运用能力、观察能力、想象能力、逻辑能力和创新能力，夯实学生写作基础，促进学生可持续性发展，顺应时代发展的需要。新课标旗帜鲜明地强调：语文课程是一门学习语言文字运用的综合性、实践性课程。听说读写活动是其综合性、实践性的具体表征。习作思维能力的培养，是学习语言文字运用的重要路径。

近 10 年来，观察 60 多节小学习作教学课堂和近 300 节小学阅读教学课堂，发现习作思维能力培养上存在以下主要问题：1. 习作思维能力培养意识淡薄。阅读教学与习作教学各自为政，忽视习作思维训练的内容选择和习作思维能力的有序培养，主要表现为学生“不愿写”“不会写”；2. 习作思维能力训练方法单一。不少课堂仅限于习作课上的简单指导，没有与单元组课文相关联，缺乏可操作性的策略指导，课文习作资源难以内化为学生的习作思维支架；3. 习作思维能力评价滞后。缺乏相应的评价理念，习作教学课堂时常出现“失度”现象。

以上三个问题反映了语文教学过程中，习作思维能力培养在理念、策略、评价三者之间存在着系统性弱化的问题。要使问题得到解决，就必须要有相应的理论支撑和教学指引。为此，需要从教学实际问题出发，发现新规律、探索新理论，创新适应时代需要的习作思维能力培养的教学策略和教学范式。

（二）解决问题的过程与方法

为解决习作思维能力培养的三个主要问题，“整体观视域下的习作思维能力培养的实践与研究”历经10年，是一个从实践到理论，再到实践，再到理论的认识发展过程，同时也是一个形成理论、推广应用检验理论、修正和提升理论的探索与实践过程。为解决前述三个问题，结合文献研究和行动研究，从以下四个阶段分步实施，递进式推进。

1. 探索阅读教学中习作资源开发策略（2011年9月—2012年12月）

习作离不开阅读，阅读同样也离不开习作，两者密不可分。习作与阅读应互相渗透，相互关联，内外兼顾，课内得法，课外得益，融为一体。习作与阅读的关联，体现了语言文字运用的完整闭环“学习语言—积累语言—运用语言”，也揭示了阅读和写作的内部机理的联通支点就是“课内阅读”，同时也落实了课标强调的“教材内容要简化头绪，加强整合”的理念。

但难以解决的是：作为联通支点的课内阅读，常常止步于课文内容的理解，语言文字运用的完整闭环被生硬断开，文本习作资源难以精准确定。为探索走出该教学窘境，2011年4月，向福建教育学院提出课题研究申请并得到立项，进入“课文习作资源开发的实践与研究”。

（1）文献综述定位，明确研究目标和研究内容

收集、整理、分析有关文献，形成基于整体观视域下的习作思维能力培养的文献综述，以此确立了以下研究目标：① 丰富教师习作资源开发理论，形成读写互动视野下的文本解读观。② 探索基于习作资源开发的课内阅读教学内容取舍策略，初步构建读写互动课堂模型。③ 培养学生主动积累课文习作资源的习惯，提高语文素养。基于研究目标，确立了以下研究内容：① 收集、整理“课内阅读习作资源开发”相关资料，厘清课内阅读习作资源开发的范畴与特征；② 探索基于习作资源开发的课内阅读教学内容取舍策略。

（2）探索“四结合”模式习作资源开发策略

本课题在实施《义务教育语文课程标准（2011年版）》背景之下进行探索，形成了“四结合”模式的开发策略：课标解读与文献学习结合，树立教师习作思维能力培养的意识；文献学习与文本解读结合，形成写作意识观照下的文本解读策略；文本习作资源与小学习作教学内容梳理相结合，形成文本习作资源选择指南；优质课例引领与经典案例解读相结合，构建写作意识观照下读写互动的阅读教学形态，并融入小学语文教材记叙文教学内容进行

教学实验，对阅读教学中习作资源开发进行了有益的探索，提高了教师基于文本的习作资源开发能力。

2. 探索读写结合阅读教学策略（2013年9月—2016年12月）

（1）挖掘深层问题，申请立项研究，明确目标任务

在探索阅读教学中习作资源开发的基础上，发现如下问题：① 习作资源选择恰当，但读写互动低效。② 读写互通内涵模糊，读写内容人为窄化。③ 读写形式单一僵化，读写互通较为欠缺。为解决文本习作资源难以内化为学生习作思维的问题，2013年9月，向龙岩市普通教育教学研究室提出课题研究申请得到立项，进入读写结合阅读教学策略有效性实践探索。确立了以下研究目标：① 丰富教师读写互通理论，形成新时代读写结合观。② 探索文本资源内化为习作思维的有效路径，构建高效语用型课堂。③ 促进学生形成读写结合的阅读自觉，提高学生习作素养。基于研究目标，确立了以下研究内容：① 收集、整理“读写互通”相关资料，厘清新时代下读写结合观内涵与特征。② 建立读写互通下读写内化的基本框架。③探索读写内容高效互动互通的阅读教学策略。

（2）课标解读引路，探索读写互通的基本策略

深度解读《义务教育语文课程标准（2011年版）》，以培养学生转化文本习作资源，内化为习作思维的能力为出发点，探索与实践读写内容高效互动互通的策略。在课题实验进程中，课题研究沿着“四个互动”展开：文献学习与读写设计互动，读写设计与真实学情互动，读写目标与教学过程互动，优质课例观摩与经典案例解读互动。抓住“读写目标的制定，读写内容的选择，读写环节的设计”等读写设计“三环节”，整体设计读写互动互通课堂模式，凸显“表达元素”习得过程。构建“基于文意，开掘表达元素—聚焦目标，指向表达元素—丰富教学情境，内化表达元素”的读写互通基本框架，切到低年级记叙文、中年级说明文及现代诗的教学实验中，形成读写互通的“四通”策略：读思互通—点面互通—内外互通—读写互通，拉动阅读与表达的同步展开，优化阅读教学，促进读写思维深度融合。

3. 探索习作思维能力培养的策略和模式（2014 年 12 月—2016 年 12 月）

（1）梳理提炼焦点问题，深化实验研究

在探索读写结合互动互通策略之时发现：学生习作思维能力的培养问题未能得到很好的解决。主要表现在：① 语文学科思维整体架构能力较弱，碎片化思维占主导地位。② 课程资源在语文学科思维培养方面运用不足，功能缺失。2014 年 12 月，向福建省普通教育教学研究室申报“阅读教学中习作思维能力的培养”课题得到立项，与之前的“读写结合阅读教学策略的实践与研究”并线研究。以培养学生语文学科思维为出发点，探索习作思维能力的培养策略。确立以下研究目标：① 丰富教师习作思维能力培养的理论，提高教师的学科素养。② 探索课程资源在习作思维训练中的运用策略。③ 促进学生形成良好的习作思维能力，提高习作素养。基于研究目标，确立了以下研究内容：① 收集、整理“语文学科思维”相关资料，厘清语文学科思维的内涵与特征。② 建立课程资源在习作思维训练中的运用框架。③ 探索课程资源在习作思维培养中的运用策略。

（2）分解细化研究问题，精心研制研讨课例

为规避重复研究的风险，课题组讨论研究决定，对研究方案中研究问题的分解做了如下调整：群文阅读在习作思维训练中的运用策略研究；课外资源在习作思维训练中的运用策略研究；单元编排思想在习作思维训练中的运用策略研究。为了解决研究问题，课题组精心研制了“研讨课例”，变“随心所欲”为“慎重选择”，原则上趋向利于语文学科思维的运作。

（3）探索课程资源在习作思维训练中的运用策略，丰富学生习作思维方式

这里的课程资源运用，落脚点不在于理解课文内容，而是指向文本的语言表达。该探索阶段研讨课例，突出三个指向：指向表达方式的群文阅读，指向人文主题的古诗教学，指向单元构想的单篇课文教学。在整合课程资源的选择上均指向“语用”智慧，体现了“三个整合”的“语用”特点：① 课外资源与课内资源整合，促进习作思维朝批判性发展。② 同一单元异质课文整合，促进习作思维朝发散性发展。③ 同一议题异质文本整合，促进习作思维朝深刻性发展。指向“语用”智慧的课程资源运作模式贯穿于该阶段的每一个课例设计中，改变了内容孤立、形式单一的习作思维训练模式，丰富了

学生的思维方式。

三、“小学生习作思维能力培养”行动研究的部分成果展示

（一）实践成果（部分成果）

统编小学语文教科书五年级上册第六单元
《慈母情深》教学设计

【内容分析】

课标要求第三学段的学生能用普通话正确、流利、有感情地朗读课文，能联系上下文和自己的积累，推想课文中有关词句的意思，体会其表达效果，能体会作者的思想感情，初步领悟文章的表达方法。在交流和讨论中，敢于提出自己的看法，做出自己的判断。让学生在主动积极的思维和情感活动中，加深理解和体验，有所感悟和思考，受到情感熏陶，获得思想启迪，享受审美乐趣。

本组教材以“父母之爱”为专题，以“体会作者描写的场景和细节中蕴含的情感”“用恰当的语言表达自己的看法和感受”为语文要素，编排了精读课文《父爱之舟》《“精彩极了”和“糟糕透了”》。这几篇课文，从不同的角度，反映了父爱和母爱的深沉与宽广，崇高与无私，令人震撼，让人感动，引人思考。

【学情分析】

学生知道外貌、语言、动作描写，但是体会场景和描写中蕴含的情感有一定的困难，因此本节课在教学中通过创设情境，对比体验等方法引导学生体会，感受那深沉的爱。

【教学目标】

1. 区别多音字“龟”的读音，理解“震耳欲聋、龟裂”等词语。

2. 抓住关键词“鼻子一酸”，感受文字背后作者真情的流淌，感受慈母深沉的爱。

3. 品味课文运用场景和细节描写塑造母亲形象的表达方法。

【教学重点】

抓住关键词“我鼻子一酸”，触摸文本、走进文本，感受文字背后作者真情的流淌，感受慈母的无私和伟大。

【教学难点】

体会细节描写中蕴含的情感。

【教学准备】

1. 布置预习课文，了解课文大意，会读会写本课生字；查阅有关作者的资料。

2. 制作课件。

【教学过程】

一、揭示课题，读好课题

1. 今天我们来学习著名作家梁晓声写的《母亲》中的一个故事。

2. 谁来读课题？

评价要点：

（1）老师听出来了，你读出了谁干什么。

（2）我注意到了，你关注了“深”字。

（3）你读出了慈母对“我”的情感。

二、整体感知课文

1. 快速默读课文，说说课文讲了一件什么事？

2. 交流：哪些场景给你留下深刻的印象？

3. 母亲毫不犹豫地给钱让“我”买书，“我”是什么心情？

4. 这种种心情融合在一起，课文用了哪一个词来形容，圈出来。（随机出示词语“鼻子一酸”）

三、品读词句，感悟深情，体会写法

1. 默读课文，想想让“我鼻子一酸”的是什么呢？划出有关句子读一读。

2. 交流

句子1：我穿过一排排缝纫机，走到……头和缝纫机挨得很近。

句子2：母亲掏衣兜，掏出一卷揉得皱皱的毛票，用龟裂的手指数着。

（1）“龟”是个多音字，在句子中怎么读？

（2）“龟裂”什么意思，我们一起看看这几幅图。

（3）这是一位怎样的母亲？

句子3：七八十台缝纫机发出的噪声震耳欲聋。

（1）从哪个词看出环境很差？

（2）理解词义“震耳欲聋”。

①“震耳欲聋”是一个成语，理解成语有一种很好的方法——拆字连意，就是先理解每个字的意思，再把这些意思连起来。谁来用这种办法理解这一成语。

② 这个词语很特别：前两个字讲事情的状态，后两个字讲感觉。你能说出这种词语吗？

③ 出示三组同类词语，并齐读其中一组。

（3）为什么这里的环境会震耳欲聋？

（4）让我们把这种感觉送到句子里读读。

句子4：背直起来了，我的母亲！转过身来了，我的母亲！褐色的口罩上方，一对眼神疲惫的眼睛吃惊地望着我，我的母亲！

（1）这段话很特别，谁有发现？

发现1：这个句子把“背直起来了”放在前面。按理应该放后面的，为什么这么写？

追问：怎样的背直起来了？母亲那瘦弱而弯曲的背是怎样直起来的？

追问：看到这，我的心情怎样？谁能通过读句子把这种心情表达出来。

发现2：这段话讲了3个动作，用了3句话，3句话就是3个画面。

追问：3个画面就是3个镜头，作者为什么要用慢镜头来写？

发现 3：“我的母亲”出现了 3 次。

追问：为什么要反复写“我的母亲”？

追问：作者写下第一个“我的母亲”时，心情是怎样的？写下第二个“我的母亲”时，心情又是怎样的？写下第三个时呢？

追问：课文的哪一处也给了你这样的感觉？

句子 5：母亲却已将钱塞在我手心里了，大声对那女人说：“我挺高兴他爱看书的！”

（1）读句子，谈体会。

（2）如果这也是一个镜头的话，你会把眼光聚焦在哪个细节？为什么？

（3）这个“塞”字可以换成什么词？（拿、递、放、扔……）能换吗？为什么？（随机板书：特写镜头）

（4）补充资料：母亲一个月挣 27 元，一天才挣 9 毛，要养活一家老小 6 口。

（5）此时此刻，你想说什么？试着用上 3 次“母亲”这个词。

（6）带上自己独特的感受读句子。

3. 总结：刚刚我们主要从慢镜头、特写镜头的细节描写中体会到怎样的母亲，这篇课文字里行间处处透出这份深深的慈母之情。让我们再次深情地读题。

四、拓展延伸，布置作业

1. 世界上有一种情，总让人泪流满面，那是慈母的情，有一种爱，总让人心灵震颤，那是慈母的爱。

2. 文中的母亲深深打动了你我，你一定会想起自己的母亲，想起一个感人的画面，回忆自己“鼻子一酸”的生活经历，用“通过场景和细节蕴含情感的方法”写一写。

3. 最后让我们端端正正地坐好，挺起胸膛，为文中的母亲，也为自己的母亲，为普天下的母亲献上一首《懂你》的心曲吧。

（二）理论成果

成果1：

学习语言文字运用的策略——互通

语文课程的基本任务是培养学生语言文字运用的能力，语文教学的核心目标就是引导学生“学习语言文字运用”。作为语文课程的重要内容——课文，其题材、体裁、风格丰富多样，又多文质兼美，是小学生学习语言文字运用的最好“蓝本”。但很多教师在引导学生学习语言文字运用的过程中，方式比较单一，过程比较单薄，使语言文字运用的学习始终被高耗低效的问题所困扰。那么，如何合理、科学地引导学生学习语言文字运用，我们在此提出几点思考：

一、读思互通——学习语言文字运用的基础

著名的教育家苏霍姆林斯基认为：阅读的过程应该学会思考，没有思考的阅读不能说是真正的阅读。的确，如果只读不思，承载着作者的意思或情感的文本则极有可能异化为“文字的排列”，学生无法与文本对话，更无法领会文本的意思或情感。因此，主动积极的思维活动，是学生学习语言文字运用的基础。

如《宋庆龄故居的樟树》一课第5自然段采用对比的写法，突显了樟树的特点。一位教师是这样教学的——

师：既然作者要写的是樟树的可贵之处，那么如果不写“石榴树”，直接写樟树，可以吗？

生（不假思索）：不可以。

师：看——（4、5两段文字连在一起，其中第5自然段删除了石榴树的内容），不写石榴树，可以写出樟树的特点吗？读一读，说说看。

生：可以。

师：既然也可以。可作者为什么还要写石榴树？

生：这样才能形成鲜明的对比。

生：如果不写就没有对比了。

生：有对比才能突出樟树的可贵之处。

师：说得多好啊，有了对比，樟树的可贵之处更加鲜明，更加突出了！

师：这就是“对比”写法的好处！

每一篇文章在语言形式上都有鲜明的个性，那么，文本的“独到之处”如何成为学生眼中的“独到之处”？绝不是简单的告诉！特级教师盛新凤说：“有些语言现象，特别是名家名篇，作者的炼字造句可谓匠心独运，对这样的语言现象，应引导孩子品词析句，甚至咬文嚼字，‘嚼’出语言背后的情味、意味、韵味，‘嚼’出弦外之音、言外之意，通过‘咀嚼’语言，引领孩子走进文本的内核，享受深层的人文陶冶与情感震撼。”同样是发现了本课“对比”的表达方式，但很多老师采取的策略仅是“简单地告诉”。由于压缩了思维的过程，文本的表达形式对学生而言不过是“过往云烟”。但这位教师在教学中，变教师的“告诉”为学生的“比较”，变“直接传递知识”为“引导发现矛盾观点”，激励学生思考。通过文段的删减重组，犹如投入了“烟雾弹”，学生在“可”与“不可”之间揣摩、比较，强烈的内心冲突推动学生运用所有的认知潜能思考，学生在文字浸润中，揣摩作者的写作思路，感悟文章的表现形式，学习运用语言文字表情达意的方法。如此的“一波三折”，让学生在语言表达的“独特处”运用比较、分析、判断等思维活动，边读边思，边思边读，读思互通，发现其间的言语秘诀，才是学习语言文字运用的最佳姿态。

二、点面互通——学习语言文字运用的重点

从终身教育的立场和当前知识生产的现状来看，知识正以惊人的速度向前跃进。老一辈教育家叶圣陶先生指出“教材无非是个例子。”教学时，教师应抓住教材这个“例子”，以点带面，实现“例”的增值，达到“以一当十”“以少胜多”之目的。

一教师教学《鱼游到了纸上》一课，抓住课题这一“训练点”，进行了多角度的开发：

1. 观察，发现课题与主要内容的关系

看课题与“六要素”（时间、地点、人物、事件起因、经过、结果），你发现了什么？

2. 多向思维，探究新题目

(1) 根据“六要素”，这篇课文还可以定什么课题？

引导学生从以下不同角度定题：西湖，花港，一个星期天，一个假日，一个特别的青年，一个聋哑青年，画鱼，看鱼，星期天的西湖，聋哑人画鱼……

(2) 比较题目，说说，你发现了什么？

引导学生发现本课的课题题目新颖、有趣、独特，引用了小女孩说的话，更重要的是准确地表达了作者的意思或情感。

3. 小结思考，点面贯通

题目是文章的眼睛，今后写作文，给自己的文章起题目时应该好好下一番功夫。

丰富的语用资源散落在不同的文本中，可以是一个精妙的用词，可以是一个典型的句式，还可以是一个特别的构段……以上教学，教师敏锐地捕捉“课题”这一语言的训练点，引导学生联系课文内容发现、判断、探究、比较、筛选、思考……其间“置换”课题的过程，就是运用语言文字学习表达的过程；“比较”课题的过程，就是揣摩语言文字获得“语用”智慧的过程。如此多种形式的言语实践，滋养着言语的生命力，课题不仅成为“写点”，更成为“生长点”，点亮了定题之方法，渗透了选题之意识。教师巧借“例子”，由此及彼，由点到面，总结规律，化“个例”为“共性”，实现“量变”到“质变”。

三、内外互通——学习语言文字运用的关键

建构主义认为：只有当知识学习与学生的经验融合在一起时，知识才能与个体发生意义关系，对个体生命成长发挥作用。从这一意义来说，学生的生活、已有知识、直接经验需成为语文课程内容的有机组成部分，内外互通，共同推进学习语言文字运用的过程。

如四年级上册《搭石》一文，一教师以“情景”为教学主线，铺设了“找情景，悟情景，读情景”3个教学环节。文中人们看不见的心灵美如何进驻学生的心中，成为学生精神世界的一部分？教师在教学的第二个环节抓住“修搭石、走搭石、过搭石”的3个情景，充分地调动学生已有的感性经验，协同参与文本的理解和感受，设计了这样一个“脚手架”：

这些人走搭石的情景中，最感动你的是什么？联系自己的生活体验谈谈。

教学中，学生的感受独特而又丰富：

生："搭"很让人感动。因为搭石头的过程，就如搭积木一样，不是随随便便放，而是要放得稳稳当当。他们在"搭"的同时，心里想的是他人过搭石。

生："发现"很使我感动。当我急着上学时，其他事情是顾不上的。但是他们走搭石，急着赶路时，依然能留心脚下的搭石是否安全。虽然是急着赶路，但还是放不下别人。

生：最使我感动的是"伏"这个动作。小时候，妈妈背我，都是蹲着背的。这里的年轻人背老人，却是"伏"着背，这样做，让老人容易上背，可见人们很细心。

……

苏联学者斯卡特金说过："未经过人的积极感情强化和加温的知识，将使人变得冷漠。由于它不能拨动人的心弦，很快就会被遗忘。"上述案例中，"情景"的教学，没有禁锢于课堂，而是飞出了课堂，飞入了学生的生活，是充满张力的，是立体鲜活的。特别是教师引导学生进入文本中"修搭石、走搭石、过搭石"的3个情景，抓住打动人心的一词驻足，激活学生丰富的生活经验，涵泳品味，教学指向于生活与课文的相接，理解与体验的相照，读者与作者的相通，把联系生活经验的理解课文与感悟体验有机结合，再通过有感情地朗读表达"情景"的生动的画面……在如此丰富多彩的语文实践中，内外互通，形成合力，促进学生语用能力的发展。

四、读写互通——学习语言文字运用的保证

"文章是作者为表达自己的意思或情感而作的。文章的内容就是文章的意思或情感，文字的形式就是文章的结构。如果没有意思或情感，文字的形式不过是文字的排列而已。"① 读写结合的根本落点，就是探寻作者用怎样的文字形式来表达自己的意思或情感，从而获得语用智慧。因此，读写结合的过程，绝不是赤裸裸地直逼语言形式的简单仿写，而应该经历一个"写什么——怎么写——为什么这样写"的过程。在阅读教学过程中，教师要善于抓住每篇课文的"语用点"和每组课文的"语用核心价值"，实现"语言样式"或

---

① 夏丏尊，刘薰宇．文章作法［M］．北京：出版社教育科学出版社．2007.2.

“语言结构”的有效建构，让读写相互交融，努力体现“阅读是写作的基础”的理念。

如二年级上册《三个儿子》一文，以三个妈妈眼中的儿子——三个儿子对“妈妈提水”的不同表现，老爷爷眼中的儿子为行文思路展现了孩子“孝敬父母”的故事。其中，以“一个……一个……另一个……”的语言形式如同“慢镜头”的定格与切换，依次有序描写三个儿子的不同表现，目的是为凸显文章所表之情，所达之意：在妈妈最需要帮助的时候给予帮助，才是孝顺妈妈的表现。一教师教学此部分内容时进行了这样的处理：

1. 读表现：同样是看到妈妈提水，三个孩子有什么表现？

2. 说感受：读读三个孩子的表现，你有什么发现或者感受？

3. 品词情：帮妈妈提水的孩子，动作是“跑”过去，为什么不是“走过去”？你读出了什么心情？

4. 思表达：老爷爷把看到的情景用了三句话写下来，读一读，注意“一个……一个……另一个”，你有什么发现？

5. 揣文意：这分明就是三幅画，谁能给这三幅画取个名字？作者把这三幅画放在一起，想告诉我们什么？

6. 展思维：看，有人也把这些画面放在一起，看看，它想告诉我们什么？你会怎么说？尝试用用课文里的句式。

“阅读是吸收，写作是倾吐。”无论是“吸收”还是“倾吐”，教学的指向都是“学习语言文字运用”。有人说，阅读与写作简直是玻璃的两面，无论你看着哪一面，都意味着你也正在凝视另一面。案例中，教师把教学的出发点放在课文表达的“意”上，引导学生把握句子所表达的意思。由此，课文在此阶段的使用形态，被处理成“用件”，在“写什么”上结合。接着，教师继续推进，抓住一个“跑”字，引导学生感受据“意”遣词造句的独具匠心，落点在“为什么这样写”的层面。进而，教师引导学生继续探究文本的表达，引导发现句式里藏着的秘密：“一个……一个……另一个”句式，看似一个一个分开写，实际是在分分合合中，既有表达的条理性，更有表达的意向性。此阶段的课文被处理成“例文”，在“怎么写”上结合。这样，教师始终把握由易到难的学习规律，把握寻“意”用“形”的言语策略，通过多角度，多侧面地读写结合，变单一、机械的简单仿写为立体、综合的读写结合。由此，学生的言语形式逐渐“丰富”起来，“厚实”起来，最后被学生吸收、接纳、实现“这些言语要素，如丰富的词语、多变的句式，言语的通畅协调、分寸情味，直至形式等等，就会在脑中形成牢固的网络系统。”

如果把语文学科比作一个圆的话，学习语言文字运用便是其“圆心”。语文教师所要做的，就是围绕这一“圆心”，在学生与文本之间架构桥梁，引导学生触及语言文字运用的言语秘诀，让学生的语言文字运用能力得到长足的发展。

成果2：

从“生活式的读懂”走向“语用型的读透”

——以《为中华之崛起而读书》文本解读为例

“阅读是写作的基础”早已经成为大家的共识。但阅读教学在操作层面上，出现了“重理解，轻表达”的现象，使学生的课堂阅读生活步入“生活式的读懂状态”。以至于合上书，学生大概只能回想起课文主要讲了什么，除此之外再也没有什么印象深刻的了。对于课文中诸多的语言表达智慧，大多数学生是处于“茫然”状态的。其根源则来自教师解读文本时，“表达元素”未能纳入视野，许多富有表现力的“表达元素”沉睡于教材中，未被二度开发成为“写作的基础”。如何使解读呈现“拔节”之势？

一、庖丁解牛，盘点可教的语用信息

“要给学生一滴水，教师要先准备一桶水。”一滴水，浓缩了一桶水最核心的价值所在。一篇文章，如何把最适切学生学情特质的表达元素提取出来，作为语用的着力点，促进学生的语言发展，需要教师站在语言的高处，方能“一览众山小”。我们知道，每一个作者在用文字表达自己思想的时候，无不在思考语言的运作方式，即用怎样的语言形式来表达内容。如果把一篇文章看作一个团队，每一节就是团体中的每一个人，依着“文意”分担文字组织中的“起、承、铺、叙、过、结”的任务。语文教师应高于读者，站在“语文发现”的角度解读文本，才能真正成为学习语文的引导者。

如四年级上册《为中华之崛起而读书》一文集结着丰富的表达元素，从

文体、篇章、段落、词句等角度打量，可发现：

文体角度看：本文是叙事文，来龙去脉清楚。按一定的时间、不同的地点记叙周恩来“立志”这一事情的起因，经过和结果，体现了该文体的基本特点。篇章角度看：行文思路有序，以周恩来“想、听、看”为明线结构文章的骨架，以“好奇—愤怒—立志”这一情感变化为暗线推进事件的发展。段落角度看：起因、经过、结果构成了三个有着内在关联的意义段落结构。如伯父的话引发了周恩来的好奇和日闯租借；租界里妇女的哭诉，洋人的得意以及中国巡警地训斥引起了周恩来的愤怒和沉思；课堂老师的发问，同学们的发言引发了周恩来的立志。每一段，描写方法为基本的表达方式。关于“租界”的环境描写，交代了事件的时代背景。关于人物的语言、动作、心理活动及神态的描写，反映了人物的思想和情感；关于“妇女哭诉反遭训斥”及“修身课上讨论”等场面描写，生动地再现了当时的情境，极富历史感。其中，人物描写中的语言描写，更是在人物对话上着力。文中三处对话，分别是话“租界”，话“哭诉”，话“立志”，在对话内容的更新中反映着事件的发展。其次是对话形式也不同。话“租界”，提示语前后位置不一样；话“哭诉”，浓缩为“一问”一词；话“立志”，提示语时有时无。词句角度上，运用了不少四字词语如“衣衫褴褛、风和日丽……”，这些词语或与人物外貌有关，或与人物内心相连，或与时代背景相接。它们浓缩成一幅幅画面，聚焦为一个个缩影，成为课文的重点词语。

从“不同的视点”盘点语用信息，目的是站在语言的高处，是阅读教学的应然之举。因为：一个完整的阅读教学的过程，第一个回合是从感知语言文字入手，弄清作者表达的意思或情感；第二个回合是从作者的意思或情感出发，研究作者是如何选材组材、布局谋篇、遣词造句的。在“第二个”回合严重缺失的状态下，盘点语用信息无疑有着积极的意义。

二、众里寻“他”，提炼必学的语用信息

每一篇课文，可教的“语用”信息多，如果都是拿来主义，不加以甄别并做出准确的选择，难免出现南辕北辙，本末倒置的情况。应依据教学价值引领，从可教的内容中去发现、聚焦和提炼该教的。选择怎样的读写内容达成怎样的读写能力，必须受到课程目标的规限和指引，体现“学校的”，“课堂的”语文教学的特点和初衷。

还以《为中华之崛起而读书》为例，本课处于“第二学段”，对接该学段“阅读教学目标”及本组单元目标，就会发现本组语用目标的三个落点：能抓住主要人物和事件，初步把握课文的主要内容，能复述课文大意；课文中关键词句表情达意的揣摩；段落结构和言语形式的习得。此成为《为中华之崛起而读书》教学目标朝向。在此观照下，“此时此地”的该课，言语增值处如何确定？梳理本文发现，涉及篇章的内容放在第三学段比较合宜，此处让学生了解即可，词句训练可以附着在关键语段中进行。言语的增值处应落在“段落”教学。细读文本发现，在事件的“起因、经过、结果”三个节点上，皆以对话为构段之形，达“意”之策。起因处铺陈人物对话，表达周恩来的好奇；经过处以“一问”只概述人物对话，突出人物所见，表达周恩来的愤怒；结果处铺陈人物对话表现周恩来的志向。这样的并联状态，“一问二问三答”呈现了“所见——所看——所想”的成长轨迹，揭示了家国情怀的丰富内涵。对话样式以三种姿态存在于文本，因着“为着说些什么”而或前或后，或详或略，或铺或收，实在是人物对话描写的典范，是学习语言的不可多得的“契机”。这三种姿态分别处于学生“未知、新知、已知”的认知状态。借助它可启动前认知，拉动新认知，拓展新认知，体现了同一语言现象在此处的深化和发展的可能性。以上说明，这一教学内容在向度上与教学目标具有高度一致性。因此，此课必学的表达元素可锁定“人物对话”，拾级而上，有序建构言语表达样式。

这样，核心的表达元素由此“浮出水面”，克服了“脚踩西瓜皮，滑到哪就到哪”现象，而是在课程标准的指引下，明确该学段训练承载的不同学习价值与功能，找到此时此地的语言发展的支撑点。这样的价值取向，是多向的，是整体中的局部，局部中的整体。语言的发展，正是在特点鲜明的篇章中，向“阶段”靠拢，朝“连续”运动，进而点点相连，使学生的语言发展在“你中有我，我中有你”中走上“高速公路”。而这，正是每一个语文教师的价值选择。

三、整合情境，盘活特质的语用信息

建构主义心理学强调，学生对知识的主动探索，发现和对所学知识意义的主动建构，是一个从不平衡到平衡的反复过程。整合情境，就是打破了教学内容的“简单叠加”，而是根据提炼的语言形式的内在结构，整合多个情境以予关联，以追问已有经验为起始点，以转换视角为失衡点，追踪知识的轨迹，展示知识形成过程，激发学生深入思考。

如前所述，《为中华之崛起而读书》一文中“人物对话”成为必学的“表达元素”，在学生初步把握课文内容的基础上，整合设计如下三个板块，展开教学：

1. 找，读懂周恩来与伯父的对话之意，变换提示语位置，体会人物的好奇来自对话形式的特别。

2. 读，找隐藏在“租界”里的人物对话，再联系课文内容，想象补充“一问”的对话场景，进一步体会人物的好奇、急切。

追问并探究3个问题：

（1）语言描写这么重要，此处为什么不对人物对话不展开描写，只浓缩为“一问”?

（2）周恩来究竟看到了什么？听到了什么？进而引导学生抓住“哭诉”一词拉动有关信息理解、感悟，水到渠成地理解租界里“灯红酒绿”和“中华不振”的深刻内涵。

3. 找，读懂修身课上师生对话内容，运用“提示语在前”的表达形式改写“立志”内容，体会提示语有或无的表达效果。

课堂整体框架本身，是课堂教学的核心目标和价值取向。教学中，教师三借“人物对话”，整合了课文的三个情境，三个情境的功能分别定位于“呈现结构、试用结构、迁移结构”，引导学生感悟语言形式的内在结构，领会其独特的表达功能。这样的教学，将教师提炼的“结论性知识”根据学习对象还原为“过程性知识”，让静态知识通过动态体验转化为学习者的感悟，并融合于学习者的灵魂，使学习者处于具有画面感、情境感、过程感的状态。此时进入学生头脑的语言是可视可感，非“概念化”的空壳。唯其这样的语言才可以供学生自由地驱遣、运用，真正成为学生“思维和表达的工具”。

这样的文本解读，是站在运用的角度整合阅读发现、思考，立足的是“一课一得”的“学会”，训练的是学生对语言形式的敏感度，促进的是学生思维与语言的同步同向发展。

第二节 “逆向设计”行动

核心素养形成的关键在于过程。逆向设计指向过程性评价，主要应用于日常课堂教学的诊断、反馈、改进，是促进学生核心素养持续发展的关键环节。

一、逆向设计的内涵

逆向设计是一种教学思维方式。传统设计是教学在前，评价在后；逆向设计将评价设计前置，从预期学习结果开始思考教学的优先次序。预期学习结果受标准指导和约束，立足于“输出端”，需要考虑“学了这些对学生来说有什么意义”，指向的是生活价值。如果把逆向设计看成一条“跑道”：“起点”指向期望学生掌握内容之后能做什么，思考真正有用的内容是什么；“过程”指向思考教什么和怎么教，思考学习发生的证据，展开真正的学习，理解内容；“终点”指向培养高通路迁移能力，学会学习的能力，达成语文素养。

二、逆向设计的特质

（一）集成性

逆向设计指向有效学习，是基于学习结果开始的设计。它就像旅行指南，指引着更全面、更具体的学习路径的展开，从“输出端”的角度思考实现这些结果的内容、方法和活动。这种“以终为始”的导向性凸显了其集成性的特质。从预期结果出发，追求的是基于理解的教学设计。比如《十万个为什么》整本书阅读，倘若不去思考为什么要求学生阅读科普读物《十万个为什么》，不去关注学生能否理解该目的对自己的学习产生影响以及如何产生影响。如果学生不能意识到人类的科技进步来自人类的不断追问与思考，而教师不知道如何阅读和讨论这本书才有助于形成这种洞见，则偏离了逆向设计的本质。

（二）支持性

传统的教学设计存在两种倾向：一是缺失活动意义的“活动导向设计”，

二是缺乏核心智力目标引导的“灌输式学习”。以上两种倾向严重阻碍了学生的智力成长。而逆向设计强调清晰的目的和明确的表现性目标，通过设计活动的优先次序，选择与使用资源支持和架构学习体验，引导学生发现学习的意义，培养学生用表现展示理解的能力。

三、逆向设计的基本流程

逆向设计不仅代表一种思维方式，也具有明确的操作路径。站在课程的角度看，课程设计总归涉及目标、内容、实施、评价，设计课程时这些要素之间有着怎样的先后次序？按逆向设计思路，课程方案设计可沿着三个阶段进行：首先是基于现场教学需要确定学生要学会什么；接着需要思考哪些证据来证明学生已经学会了；然后需要设法把各种学习内容和其他教学资源加以整合，设计出各种学习活动或教学活动。[①] 简言之，逆向设计要求我们思考：期望到哪里去？怎么知道到了那里？如何更好地到那里？

（一）确定预期学习结果

所谓的“预期学习结果”也就是“学完这个单元后，学生能获得什么样的学习成果，形成何种素养”。[②] 预期结果是多维的。威金斯把预期学习结果分为三层：第一层叫学会迁移，指学生能够自主地将所学应用到什么地方去；第二层是理解意义，就是学生将会理解什么；第三层是掌握知能，就是学生应该掌握的知识是什么，应该形成的技能是什么。[③] 预期学习结果指向学生视角，提出期望学生到哪里去的命题。因此，预期学习结果的确定，关注的是学生学到了什么，而不是教师教了什么；关注的是学到了什么，而不是学了什么，从而让学习有了明确的方向。我们不妨先来看一个生活现象，或许对这个问题的重要性有新的理解。

烈日下，把放大镜放到一张 A4 纸上，会发生什么呢？是的，纸张着火

① （美）Grant Wiggins，Jay Me Tighe 著，赖丽珍译．重理解的课程设计［M］．台北：心理出版社，2008：7.

② 刘徽．大概念教学：素养导向的单元整体设计［M］．北京：教育科学出版社，2022.159.

③ 刘徽．大概念教学：素养导向的单元整体设计［M］．北京：教育科学出版社，2022.160.

了。没有火源，纸张却着火了。为什么？原来是放大镜汇聚了阳光。

这个生活现象所传递出的思想，与阿基米德的见解“给我一个支点，我就可以撬动地球”有异曲同工之妙。找准支点，奇迹可能会发生。

在逆向设计中，这个支点就是学习的结果和目标，其最大价值在于让教师知道学习者应该达到什么水平，引导学生从盲目的学习走向有效的学习，进而让学生获得智力上的成长，产生持久性学习。

以统编三下第五单元为例，如果对这个单元的教学进行逆向设计，那么首先需要解读这个单元承载单元目标的语文要素。第一个要素是“走进想象的世界，感受想象的神奇”，第二个要素是“发挥想象写故事，创造自己的想象世界”。解读发现这个单元的学习目标主要有：一是产生想象兴趣，二是习得想象方法，三是学习表达想象的内容。学生将知道想象源于生活，将运用想象的方法写一个想象的故事，学生能把印象最深的内容写清楚。在这个过程中，需要思考的核心问题是：什么是想象？想象是如何产生的？怎样把想象的内容清楚地写下来？希望预期的理解是：学生将会理解想象是现实中不存在的；想象是在生活中长出来的；有多种想象方法，如正向想象、反向想象以及抓住特点关联想象；能够把想象的内容写清楚。作为单元的学习结果，学生将会获得以上这些重要的知识和技能。

总之，单元或课程预期结果的确定，如学生应该知道什么，理解什么，能够做什么，什么内容值得理解等等，受到国家课程标准的指引和规限。同时受课堂有限教学时间限制，需要明确这些学习内容的优先次序，而不是陷入零散知识和技能中。

（二）确定评估证据

确定评估证据，是为了对预期结果是否达成进行基本的价值判断。观察报告、家庭作业、课堂中的小测验、开放式问答题等都可以成为评估证据，而真实的表现性任务可以作为重要的评估证据。

下面以统编小学语文教科书三年级下册部分单元评价量表的设计出发，设计评估的证据。通过评价量表，把表现性任务可视化，将内容标准或学习目标具体化，有利于规划或开发可能实现这些目标的教学活动，并且让这些教学活动“各司其职”“各就各位”。更重要的是，以这些评估量表为学习的支架，即可以展示学生的理解，又可以有效地引导学生自评学习，促进学生元认知的发展。

表1　三年级语文下册第五单元“奇妙的想象”习作表现性评价量表

<table>
<tr><th>评价项目</th><th colspan="2">表现性指标</th><th>评价星级</th></tr>
<tr><td rowspan="2">想象方法</td><td colspan="2">能正向方向想象或反向想象</td><td>☆</td></tr>
<tr><td colspan="2">能变换特点或关联特点想象</td><td>☆</td></tr>
<tr><td rowspan="2">想象内容</td><td colspan="2">新奇</td><td>☆</td></tr>
<tr><td colspan="2">有趣</td><td>☆</td></tr>
<tr><td rowspan="5">表达顺序</td><td colspan="2">写清楚想象原因</td><td>☆</td></tr>
<tr><td rowspan="3">写清楚想象“经历”</td><td>一个画面</td><td>☆</td></tr>
<tr><td>两个画面</td><td>☆☆</td></tr>
<tr><td>三个画面</td><td>☆☆☆</td></tr>
<tr><td colspan="2">写清楚想象结果</td><td>☆</td></tr>
</table>

表2　三年级语文下册第八单元复述“有趣的故事”表现性评价量表

评价项目	表现性指标	评价星级
复述方法	借助表格	☆
	借助示意图	☆
	借助关键词提示	☆
	借助思维导图	☆
复述内容	讲清楚事件的起因、经过、结果	☆ ☆ ☆
	关注主要情节，详略得当	☆ ☆ ☆
复述效果	有条理性	☆ ☆ ☆ ☆
	有趣味性	☆ ☆ ☆ ☆
	有感染力	☆ ☆ ☆ ☆

真实的表现性任务一旦被作为重要的评估证据介入到形成性评价的过程中时，指向推进学习而进行的评价就同步发生了。当“真实的表现性任务”成为引导学生自评航标时，“自省”随机发生，引导学生调整学习方法，反思学习过程；当“真实的表现性任务”成为引导学生“他评”航标时，在评价同伴的过程学会评价，培养学生的评价能力。

（三）设计教学的优先次序

华东师范大学课程与教学研究所吴刚平教授认为，知识有 3 种不同的形态：事实性知识、方法性知识、价值性知识。事实性知识基于“理解、记忆、再现、判断”，可以“记中学”；方法性知识必须“做中学”，让学生经历运用、解释、推理、操作、拓展的过程；价值性知识应让学生经历体验、反思、取舍、定向、创造等，让学生悟中学。特别指出“方法性知识”，如果不做或压缩做，做中学的知识就会转换成记中学，“方法性”知识就蜕变为“事实性”知识。而这样的蜕变，阻碍了学习能力的发展。吴刚平教授强调知识系统应从“被告诉”的状态走出来，不同的知识形态，应有不同的学习策略。

设计学习体验和教学，旨在追寻这样一种境界——“从来不需要想起，永远也不会忘记”。需要思考哪些学习活动能使学生达到预期的学习效果。从学习材料看，学生的学习是高起点的，面对的是人类认知成果。人类的认知成果与学生的认识水平之间存在一个巨大的落差，这就需要教师经常思考：学生需要做什么活动，做这些活动时需要哪些资源和材料，这些资源和材料如何组织，何时呈现，进而指向关键学习活动的设计。

1. 让教学有节奏地展开

一教师在教学统编小学语文教科书二年级下册《我是一只小虫子》一课时，确定如下预期的学习结果。

（1）学习本课生字新词。通过“交朋友”，认识月字旁的字，积累 ABAC 式的词语。会写“屁、尿、屎”。

（2）听故事，了解小虫子生活的没意思和有意思。

（3）学习使用标序号的方法，抓“刺痛、昏头昏脑、毛茸茸、露珠、如果”等关键词，读出小虫子生活的没意思和有意思。

（4）学习用“如果……”想象说小虫子的梦想，自由表达内心想法。

基于预期结果，设计以下几个教学环节：

① 读课题，当虫子

② 听故事、记事情

③ 明字理，写好字

④ 读细节，品形象

⑤ 存疑惑，爱阅读

以上教学次序的安排，关注低年级学生的年龄特点，拾级而上，学生不是被动的知识接收器，教学不是简单的“输入”和“输出”，而是有节奏地展开教学步骤、教学环节，让思考、互动盘活起来，让理解、分析、综合能力运转起来，让学生在沉浸式的“学习场”中促进学生思维地发生。

2. 把浓缩的知识“化开”

在教学中，思维是否发生有时成为“盲区”，未能引起应有的重视。教学被当作一种简单的知识被传递，不能引发学习，甚至阻碍了学习。认知心理学告诉我们：思维产生于动作，智慧自动作始。一旦切断思维与动作之间的联系，那么其发端是不可能的。活动与体验，应成为促进学习的重要手段。特别是在关键能力的培养上，应让学生经历结构性的关键过程、主动活动，亲历知识的发现、形成、发展，在活动体验中把浓缩的知识“泡开”。

活动与体验是深度学习的核心特征，是深度学习的运行机制。因此，深度学习常常外在表现为一个个学习活动，且这些活动存在于有结构的教学系统中。教学系统中的学习活动结构化展开，实质上是核心问题的运作方式，更是思维培育的展开过程，指向知识与学习的进阶特性，促进高阶思维与知识建构深度融合。

如在《肥皂泡》一文，该单元语文要素提示了本组单元的重点任务是学会“用多种方法理解难懂的句子”。一教师在教学课文第 4 自然段“看泡泡”这一教学内容时，以课文的关键句子“这时大家都悬着心，仰着头，屏住呼吸——”为支点，盘活全段内容，以“停着呼吸”一词为脚手架，设计了如下活动体验，重构学习过程，教给学习方法。

活动 1：说说“停着呼吸”的意思；

活动 2：可以把“停着呼吸”换成“停止呼吸”吗？

活动 3：和同桌交流，为什么要停着呼吸？联系上下文说说“颤巍巍”的画面，体验冰心看肥皂泡时的紧张、担心的心情。

活动 4：交流生活中什么时候也停着呼吸。

活动 5：说说从这段话的描写中体会作者怎样的心情变化。

以上活动体验，不断地与学生的生活发生联结，与课文的上下文发生联结，与学生发生了意义关联，让知识获得了个人意义。在联结中化解了文本和学生个体认识的差距，建立起积极的灵魂联系，是理智与情感共在的、鲜活的、有温度的活动。通过这样的活动体验，其实质把理解句子的学习方法植入学生的思维系统，转变为学生的智力成长养分。

3. 关键能力处“举一反三”

“核心素养是学生通过课程学习逐步形成的正确价值观、必备品格和关键能力，是课程育人价值的集中体现。义务教育语文课程培养的核心素养，是学生在积极的语文实践活动中积累、建构并在真实的语言运用情境中表现出来的，是文化自信和语言运用、思维能力、审美创造的综合体现。”①

学习语言文字运用，触及的是语言文字的言语秘诀，是语言文字运用的原理、规律、规则。语言是重要的交际工具和思维工具。具体到一篇文章来思考，文章本是为了传达自己的意思或情感而作的，所以只是一种工具。单有意思或情感，没有用文字表达出来，就只能保藏在自己的心里，别人无从得知。单有文字而无意思或情感，不过是文字的排列，也不能使读的人得到点什么。意思或情感是文章的内容，文字的结构是文章的形式。所以，读文章，既要引导学生理解内容，也要关注语言表达形式。学习别人是如何遣词造句、谋篇布局和运用语言文字来表情达意的，在揣摩别人文章内容与形式的关系中获得语用的智慧。因此，阅读教学的三个教学要素“内容＋情感＋表达”不可忽视，在三要素的互动中，以简驭繁，变“举三反一”为“举一反三”。学生一旦形成阅读的要素思维，就容易走向“以一当十”的阅读“高速路”。

如统编小学语文教科书四年级下册《乡下人家》一文教学中，当学生说

---

① 教育部．义务教育语文课程标准（2022 年版）［M］．北京：北京师范大学出版社，2022：4.

"探"是"冒"的意思时，教师不妨以此为契机展开阅读思维训练。

如果这样来处理：

（1）"探"可以换成"冒"吗？

（2）我们来欣赏一组"探"的图片，说说你有什么感受？

（3）是啊，谁发现了"探"的有趣、可爱？

（4）笋宝宝的这一"探"，藏着许多"悄悄的秘密"，谁发现了？

（5）读到这，"探"可以换成"冒"吗，为什么？

以上教学活动，其实质是指向阅读教学的本质。抓住阅读教学本质，由表及里，把握知识本质的学习，引导学生从"内容的、情感的、表达的"角度全方位地品词析句，体会作者字里行间藏着的情感。教师、学生和核心知识紧密联系在一起，共同作用于学生的关键能力。这样的引领活动，是立体的、深入的、丰富的，带着学生厘清思路，提炼方法，构建模型，有利于形成学科思维模式，有利于语言的建构和发展的。总之，逆向设计指向学生的"'知道''理解''能做'，构建了更准确的学生学习信息。"①

四、"逆向设计"行动研究课例

课例：统编小学语文教科书三年级下册《看图画，写一写》逆向设计

阶段一：期望的学习结果
《义务教育小学语文课程标准（2022 年版）》既有的学习目标： 1. 乐于用口头、书面的方式与人交流沟通，愿意与他人分享，增强表达的自信心。 2. 观察周围世界，能不拘形式地写下自己的见闻、感受和想象，注意把自己觉得新奇有趣或印象最深、最受感动的内容写清楚。尝试在习作中运用自己平时积累的语言材料，特别是有新鲜感的词句。 3. 学习修改习作中有明显错误的词句。根据表达的需要，正确使用冒号、引号等标点符号。

---

①（美）林恩·埃里克森，（美）洛伊斯·兰宁著；鲁效孔译．以概念为本的课程与教学：培养核心素养的绝佳实践［M］．上海：华东师范大学出版社，2018.113.

阶段一：期望的学习结果	
理解： 1. 习作是为了与人交流沟通。 2. 图画来源于生活，是生活的缩影。 3. 观察是一种为写作收集素材的方式和方法。 4. 想象能丰富图画内容，是清楚表达的法宝。	主要问题： 1. “生活体验”和“图画内容”不容易联系起来。 2. 不容易把放风筝的过程写清楚。 启发性问题： 1. 用上不同的动词连起来说一说他们是怎么放风筝的？ 2. 创设对话的情境。
学生将知道： 1. 观察有一定的顺序。 2. 画面内容包含看到的，也包含想到的。 3. 与同学分享习作，修改习作是快乐的事情。	学生将能够： 1. 有顺序观察画面。 2. 运用多个动词和想象人物语言把放风筝的过程写清楚。 3. 能表达图画中人物的心情。

阶段二：评估结果的证据	
表现性任务： 1. 能按习作支架写清楚图画内容。 2. 能根据评价标准评价同学的习作。	其他证据： 1. 学生习作评价表。 2. 课后作业：同桌互相修改习作

阶段三：设计教学的优先次序
学习活动： 1. 任务驱动，创设情境 2. 深入观察，说清图意 3. 聚焦重点，展开想象 4. 小试牛刀，试写片段 5. 拓展延伸，跨学科学习

三年级下册习作《看图画，写一写》评价量表

<table>
<tr><th>要求类别</th><th>习作要求</th><th>评价标准</th><th>水平说明</th></tr>
<tr><td>基本要求</td><td>1. 向别人介绍这幅图。
2. 能交换分享，根据他人建议修改自己的习作。</td><td>1. 能抓住人物、事件及展开想象介绍图意。
2. 能与同学交流习作，根据他们的建议修改。</td><td rowspan="3">★符合第 1 条标准；
★★符合第 1、2 条标准；
★★★符合第 1、2、3 条标准，写清楚的同时还表达自己的感受；
★★★★符合第 1、2、3、4 条标准，不仅写清楚，融入感受，还能交换分享，自我修改。</td></tr>
<tr><td>重点要求</td><td>3. 写清楚图画内容</td><td>3. 能用上不同的动词，描写放风筝的过程；想象人物对话，描述放风筝的画面。</td></tr>
<tr><td>隐含要求</td><td>4. 主题：放风筝</td><td>4. 介绍时能表达对放风筝的感想。</td></tr>
</table>

【教材分析】

义务教育统编小学语文教科书三年级下册第二单元的习作是看图作文，要求是“把图画的内容写清楚”，习作安排的是“看图画，写一写”。教材呈现了一大幅图画，展现了在阳光明媚的春天人们放风筝的场景。教材主要包括 3 个部分，一是明确习作任务；二是对如何观察图画和怎么写进行了指导；三是对写后的修改和交流提出了具体的建议。

【教学目标】

1. 了解图画的大致内容，并把图意说清楚，能用不同的动词写清楚放风筝的过程。

2. 能够展开想象，将人物对话写清楚，并正确使用标点符号。

3. 能与同学分享习作，并能根据同学的意见修改习作。

【教学重点、难点】

能够展开想象，能用上不同的动词写清楚放风筝的过程，将人物对话等写清楚，并正确使用标点符号。

能与同学分享习作，并能根据同学的意见修改习作。

【课前准备】

教师：课件

学生：周末与父母或小伙伴一起放风筝，留心观察放风筝时的情景。

【教学过程】

一、任务驱动，写有方向

1. 创设情境，激发写作动机

师：小朋友们，很高兴在春暖花开的日子里来到你们的学校。

师：瞧——你们的校园生活真是丰富多彩呀！看着照片，好多同学的脸上露出了甜甜的笑容。是啊，生活中有许多精彩的瞬间，一张照片就是一个难忘的故事，一段珍贵的回忆。据刘老师了解，咱们学校是百年名校，每年会有许多老师慕名参观，学校大队部要招募小小讲解员。

师：大队辅导员说了，谁能把图片里的故事说清楚，谁就有机会成为小小讲解员。

2. 明确学习目标，写有方向

师：咱们一起看看评选标准。

出示评选要点：

1. 用上不同的动词，把图画内容说清楚。

2. 想象对话，让图画内容更精彩。

二、深入观察，说清图意

1. 观察画面，初步把握图意

师：喜欢这幅图吗？（随机出示课文插图）

生：喜欢——

师：瞧，春天来了，谁在哪里干什么？

生：小朋友们在草地上放风筝。

师：为了更好地交流，咱们给图中 3 个小伙伴取名字。捧着风筝的女孩叫——小丽；拉着风筝线的男孩叫——小飞；高高举着风筝的男孩叫——小东。有了名字，谁再说说这幅图？

生：近处，小飞和小东在草地上放风筝，小丽捧着风筝高兴地看着他们。远处有一家三口也在放风筝。

师：嗯，你能按一定的顺序看图，了不起！

2. 展开想象，补充画面

PPT 出示：

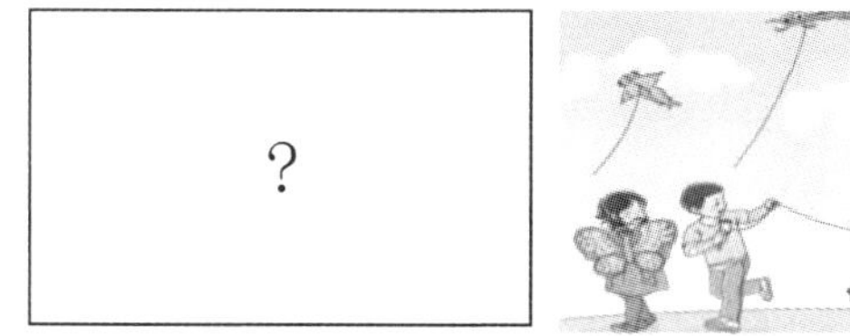

师：咦——这是一幅图，这幅图之前和之后呢？

生：三个小朋友结伴准备去公园放风筝。

生：后面的一幅画可能会画他们放风筝成功了，风筝在空中飞。

师：风筝飞上天是一种可能，还可能——

生：风筝掉下来了。

生：风筝飞走了。

师小结：这些是放风筝时可能会遇到的小插曲。你们真厉害！能仔细观察（板书：观察），从无到有补充画面。（板书：无、有）

三、聚焦重点，展开想象

1. 发现妙招，观察想象

师：接下来，咱们重点观察这 3 个小伙伴。谁能让这静止的画面动起来？

生：我们可以想象他们的动作、表情。

师：嗯！放风筝的动作不能少。

生：我们还可以想象风筝飞起来的样子。

生：我们可以想象他们的语言。

2. 借助支架，引导想象

师：这 2 个男孩是怎样放风筝的呢？谁来试着说。

生：小明拿着风筝线向前跑，风筝就飞起来了。

师：不错！你用了 3 个动词。

师：小朋友，还记得三年级上册第五单元第一课作家郭风写的《搭船的鸟》吗？

出示《搭船的鸟》课文片段：

我正想着，它一下子冲进水里不见了。可是，没一会儿，它飞起来了，红色的长嘴里衔着一条小鱼。它站在船头，一口把小鱼吞了下去。

师：看！作者用了5个不同的动词就把翠鸟捕鱼的画面写得活灵活现。

师：看！小飞和小东开始放风筝啦！（随机出示放风筝视频）仔细观察4幅图，同桌合作用上不同的动词连起来说一说他们是怎么放风筝的？

（同桌合作学习）

师：谁先说，其他同学认真听，待会儿请你来补充。

生：小飞左手拉着风筝线，右手握着线轴向前跑，他边跑边回头望着燕子风筝。

师：你一连用了“拿、握、跑、回头、望着”这么多动词，真了不起！这里“拿着线”，改为“拉着线”比较合适。

师：谁还有补充？

生：他拉着风筝线回头望着风筝，边跑边转动手里的线轴，风筝慢慢飘起来了。

师：瞧！你们关注了“转动”线轴这个细节的动作。

生：小东举着风筝，跟着小飞了跑起来，起风了，只见他把风筝往空中一抛，小飞把拉一拉，扯一扯，风筝晃晃悠悠飞起来了，小东兴奋地拍起手来。

师：哇！这一抛，一拉，一扯，风筝啊！终于晃悠悠地飞起来啦！

（出示动词词串的导图）

师：看，这些动词就像一粒粒珍珠，读一读记在你的心间，等会儿可以好好用！

3. 创设情境，想象语言

师：放风筝多有趣呀！你们瞧！小飞准备跑啦，他回头对小东说——

生：三、二、一，跑！

师：小飞跑太慢了，小东喊——你大点声喊，让前面的人听见。

生：跑快点！跑快点！

师：迎着风，小东把风筝一抛，拍手叫起来——

生：哦，风筝飞起来啦！

师：风筝快要掉下来了，小东着急地喊——

生：快放线，扯一扯。

师：小飞转动线轴，风筝越飞越高，他兴奋地说——

生：我们的燕子最厉害，飞得多高啊！

4. 由表及里，想象心理

（出示 3 个小伙伴放风筝画面）

师：他们放风筝多开心呐！小丽看着他们放风筝，她会想什么？

生：她会想：要是我的蝴蝶风筝也能飞上天多好啊！

师：她很羡慕。

生：她想和他们一起放蝴蝶风筝。

师：她也迫不及待地想放风筝了。

小结：刚才，我们先仔细观察了他们的动作，再想象（板书：想象）他们的对话、心情、心理，从无到有补充了画面，就让静止的画面动起来了！（板书：静、动）

四、小试牛刀，试写片段

1. 学生试写片段

师：现在，展开你的想象，这里有很多你们刚才采集的词语，等会儿写的时候能给你们提供帮助，自己读一读。拿出学习单，写一写他们放风筝的过程吧！（出示习作支架的思维导图）

（学生安静地写片段）

2. 交流评价习作

师：刚才，小朋友们认真地写下了他们放风筝的画面。我请几位同学上来展示他们的片段。下面的小评委，认真听！咱们根据学习单下面的评价表来评一评。

出示评价要点：

用上不同的动词，把放风筝的动作写清楚。

想象画面，写出 2 处人物对话。

师：写完后自己评，你会给自己几颗星呢？

（生上台展示）

师：你给自己几颗星？你想给他评几颗星？说说理由。

3. 同桌互改习作

随机展示几个学生修改后的片段

师：用上正确的修改符号，同桌互相修改片段。

师：同桌给你几颗星？他提了啥建议？

生：第二条做得不够，改了之后读一读，嗯！

师：有进步！再奖励一颗星。

师：原来你用了几个动词？现在呢？有进步，加一颗星。

生：同桌给我提建议，我有错别字。

师：小朋友，好文章是改出来的，修改后故事会更精彩。

五、拓展延伸，跨学科学习

师：这节课，咱们仔细观察，展开想象，从无到有，化静为动，把这幅画写清楚了，也写活了！

（随机出示一组校园生活照片）

师：如果你能用上今天学的方法介绍校园生活图，一定能成为了不起的小小讲解员！这节课就上到这，下课。

该课例，从功能性角度设计大情境大任务，借助具有迁移意义的评价量表，变学生为积极主动的评价者，对自己的学习过程与结果进行自我监控、自我纠正和自我调节，进而建构新的学习意义。课堂中，我们看到了这样三种变化：借助想象，融入生活元素，变“单一画面”为“完整画面”；借助体验，融入快乐元素，变“静态图画”为“动感画面”；借助评价量表，融入目标导向元素，变“被动评价者”为“主动评价者”。由此，指导学生由表及里，由实到虚，层层深入观察与想象，互动与实践，建构有情有趣、有滋有味的习作演练场，为学生独立表达搭好支架，体现一个循序渐进的思维过程。

该课例，聚焦预期目标力求体现逆向设计的基本思考向度：

一节课的每一阶段应理解什么：所有学生能够达到的理想状态下的理解，或是反映不同起点的分级式理解，开发促成这种理解的活动；课程结束时，学生能够回答哪些问题；对某主题的理解质量设置检验环节，评估“理解发展到什么程度”；确定下一步将如何有效地判断学生理解的质量，让理解变得可定义、可评估。

五、“逆向设计”行动研究成果

用实评价工具，促进“教学评”统一

学习的本质是思考。一份好的阅读试题，就是一份优质的评价工具，能有效促进学生思考，影响阅读教学行为，最大价值地发挥诊断与发展的功能，促进“学为中心”的阅读课堂构建。

请看以下案例。

《日行一善》一文中，一教师命制了如下试题。

1. 卡罗斯·古铁雷斯的第一份工作是什么？（　　）

　A. 餐馆服务生　　B. 营销业务统管

　C. 推销员兼货车司机　　D. 商务部部长

2. 卡罗斯·古铁雷斯为什么要帮店主带信？（　　）

　A. 闯荡社会　　B. 获得报酬

　C. 日行一善　　D. 感恩别人

3. 文章4—6自然段主要写了一件什么事？（　　）

　A. 卡罗斯·古铁雷斯的父亲告诫儿子

　B. 小饭馆老板帮助引荐新工作

　C. 卡罗斯·古铁雷斯推销与送货

　D. 卡罗斯·古铁雷斯日行一善

4. 为什么很少人知道卡罗斯·古铁雷斯背后的故事？（　　）

　A . 卡罗斯·古铁雷斯官职很大　　B. 卡罗斯·古铁雷斯身份普通

　C. 卡罗斯·古铁雷斯不爱张扬　　D. 卡罗斯·古铁雷斯性格古怪

5. 饭馆老板看到卡罗斯·古铁雷斯工作表现，会想些什么？

6. 就这样，他乐呵呵地干了4年。“乐呵呵”一词用得好不好，为什么？

7. 有读者认为，把文章的第一自然段删去也可以。你同意吗？根据文本内容说明理由。

以上试题检测的是四年级学生阅读水平。第1题，指向检索能力。第2、

3、4题均指向理解能力，突出了中年级能力训练的重点。其中涉及推论、概括及归因等方面。第5题，指向运用能力。第6题，指向评鉴能力，评价的是语言的内容。第7题指向质疑与创新能力。其中，“检索、理解、运用、评鉴、质疑创新”5个能力层级框架成为该组试题的测试工具（以下称测试工具），测试工具明晰，突出了能力立意，有效防止了测试的泛化，是命制阅读试题的一大突破。

但是，其中也存在一些问题：试题内容各自为政，整体性较弱；试题内容缺乏生活气息，人文性不足；部分试题具备能力指向，但不够精准，有的甚至偏离文本主旨，如第4题。

这些问题或多或少影响了试题的信度和效度。如何真正考出所考，不妨从以下几个角度进行思考：

一、试题内容和课标要求匹配

试题是教学的“牛鼻子”，试题走向哪里，老师的教学就奔向哪里。试题的走向受到语文课程标准的制约。在测试工具的指引下，还应对接相应学段的课标要求，双管齐下，指向该学段的核心能力目标，共同作用，有效发挥试题培养语文核心素养的功能。

如前述试题1，作为“检索”能力点测试内容，看似无可厚非。但如果对接第二学段“初步把握课文的主要内容，体会文章表达的思想感情”这一阅读目标，就会发现该检索试题处于孤立性检索。此处思维活动的定向定位，不利于学生的“初步把握”。不妨改为：

卡罗斯·古铁雷斯就任商务部部长前在美国经历了哪些工作？

A. 服务生—营销业务统管—推销员兼货车司机—公司总部首席执行官

B. 服务生—推销员兼货车司机—公司总部首席执行官—营销业务统管

C. 服务生—推销员兼货车司机—营销业务统管—公司总部首席执行官

D. 推销员兼货车司机—服务生—营销业务统管—公司总部首席执行官

这样的改变，从“初步把握”的角度出发，追求联动、线性、整合的检索。学生可以循着“信息链”得到综合性信息：卡罗斯·古铁雷斯越来越得到重用。信息的综合化过程，有利于朝着“初步把握文章的主要内容”的能力方向运动。甚至还可以沿着该方向辐射、延伸、重构以下测试内容：卡罗斯·古铁雷斯为什么不断得到重用？文章题目是“日行一善”，为什么却多次提到重用？把文章有关重用的内容去掉，可以吗？这样，以“综合性信息”为支点，设计逻辑关联的试题，不仅拉动“理解、运用、评鉴”等层面的思维活动，还丰富了阅读情境材料的整体功能，把阅读情境材料从单一的能力测试功能中解放出来，从情感态度价值观的角度给予观照。可见，即使是同一层级的试题内容命制，一定不是简单的“随机事件”，应关注相应学段课标要求，找准对应学段的核心能力，才能为学生的学习活动提供准确明晰的“风向标”。

二、试题开发和文体意识匹配

语文课程标准指出：阅读教学应注重培养学生感受、理解、欣赏和评价的能力。在“何处”培养以上四种能力，却要受到文体的规避。不同的文体，教学内容选择和处理各异。同样，无论是文学类还是信息类阅读情境测试材料，测试内容选择和处理也应不同。只有当“测试内容”与“教学内容”的选择呈“呼应”态势，找到文体对应的核心内容，才能真正实现教学评的统一。

不妨做个假设游戏：如果对三年级下册《太阳》第一自然段命题，测试内容可以有三个选择视角：传说故事为其一，反问的表达方式为其二，列数字的说明方法为其三。怎么考，就怎么教，测试内容的选择关乎教师日常教学行为。倘若锁定前两者，测试内容显然与说明文失去了文体的关联。这种“弃文体”的做法，削弱了试题的导向功能，容易诱发教师把不同文体变成同一文体教学的危险。倘若锁定“其三”，则有利于形成说明文教学指向：围绕说明文三个基本要素“说明对象特征、说明方法、说明顺序”展开教学。由此，阅读教学化繁为简，走向简约化、结构化。学生因此获得学习的时空，真正成为学习的主人。

再如《日行一善》是一篇叙事文，可以围绕“时间、地点、人物、事件的起因、经过、结果”等六要素纵向展开，设计“检索性”试题，还可以从某一要素入手横向展开“深挖细耕”，设计“运用，评鉴，质疑创新”等层面的试题。如前述2、4、6题就是基于卡罗斯·古铁雷斯这一主要人物展开的多向性试题。

强调试题开发和文体意识匹配，意在测试工具的指引下，构建阅读思维活动的核心内容，类化不同文体的教学策略。当测试工具与文体意识联手，既可避免能力检测的淡化，又可防止文体教学的缺失。双管齐下，合力提升教师重构教学内容的能力，关注不同文体的教学策略，有利于课堂从“教为中心”转向“学为中心”，提高阅读教学效率。

三、试题情境和学生生活匹配

建构主义认为：只有当知识学习与学生的经验融合在一起时，知识才能与个体发生意义关系，对个体生命的建构发挥作用。因此，试题情境不应与生活“绝缘”，应努力创设“真实”的生活情境，引导学生将生活经验和价值体验迁移到试题的解决上来，激发学生作为生活主体的内在需要，引领他们在生活中学习，在学习中更好地生活。

如在《日行一善》中可设计如下试题情境与生活对接：

A. 食品公司招收营销人员，请你代替饭馆老板为卡罗斯·古铁雷斯写一段引荐词。

B. 古铁雷斯认为：一个人的命运，取决于他在日常生活中的一些小小的善举。请联系生活实际，谈谈你对这句话的看法。

C. 如果你的朋友遭遇了失败，请你结合古铁雷斯的事例给你的朋友提出一些建议。

以上试题规避了理论性或说教性等命题方式，生活气息浓厚，强调“场景化”解决问题。第一题与学生熟悉的“推荐”生活联结；第二题拓展延伸，引导学生关注生活现象；第三题反向思维，从失败的角度给朋友提出建议。生活化的试题情境，实现了语文与生活的内在整合，从语文走向生活，从生活走向语文。在彼此的“来回”中，引导学生吸收文本的信息解决生活的问题，打破了语文与生活的“厚障壁”，充分发挥语文和生活共鸣教育的积极作用，拓展了语文测试的时空，显示了语文测试鲜活的生命力。正如《基础教育课程改革纲要（试行）》指出：考试内容应加强与社会实际和学生生活经验的联系，重视考查学生分析问题、解决问题的能力。命制生活化试题应是当下考试命题的必然趋势。

总之，在试题运作过程中，无论是以国际 PISA 评价项目还是以福建省普教室“阅读素养模型”为测试工具，都应有利于教师聚焦“学习场”，研究学习目标、过程和方法，关注学生思维的深度，推动课堂教学由教师的“教”转向学生的“学”，促进学生主动学习和全面而有个性的发展。

第三节　“大单元教学”行动

《义务教育课程方案（2022 年版）》在“课程实施”第二条“深化教学改革”中提出：“探索大单元教学，积极开展主题化、项目式学习等综合性教学活动，促进学生举一反三、融会贯通，加强知识间的内在联系，促进知识结构化。”《义务教育语文课程标准（2022 年版）》强调学习任务群的设计，呼应新课程方案中所提出的“探索大单元教学”。

一、“大单元教学”的必要性

在威金斯和麦克泰格看来，学习只有着眼于未来，才能有一个明确的前进方向。大单元教学关注课程的完整性和系统性，从学生可持续发展的角度看待和处理课堂教学内容和要求，强调基于素养导向，把单元视作一个课程细胞、一个完整的教学单位，整合学习目标、内容、情境、任务、学习活动与评价，对单元进行整体教学设计，让教学过程成为意义共建的生命场，让学习活动构成有机关联的学习场，让课堂内外成为语文学习的实践场，让学生能够在深度学习过程中重构单元与单元、单元与学科、单元与跨学科、单元与现实世界的质性关系，达到对学习内容的深度理解。

统编小学语文教科书首次提出“语文要素”即将课程标准的学段目标（语文知识、语文能力、学习方法以及习惯等）分解细化，并落实到每个单元。语文要素相当于被分解的素养目标，且这种分解是结构化、系列化的。统编教材的双线组元为单元学习过程的展开，提供了一个良好的支架。12 册统编教材支撑起小学语文素养这个大系统，每册教材就是一个小系统。每个单元就是一个要素，构成单元的各要件各司其职，但又呈现一个呼应的、具有聚合功能的整体。从这一意义上看，语文要素有效打通了课程、单元与课时的关系，构建了一个“从宏观走向微观”的整体框架，确保了每节课都在为

“素养”而教，为单元的课时教学赋予新的意义。正如威金斯和麦克泰格指出：当一堂课被包含在更大的单元和课程设计中时，通常会更有目的性和连接性。

二、“大单元教学”的内涵

我们对单元并不陌生，因为教材是以单元的方式编排推进的。单元是素养目标达成的单位，单元联结着课时与课时。教师也一直是按单元教学，只是将单元学习的目的止步于学习内容，关注的是内容上的关联，呈现的是“内容单元式教学”。这样的“单元教学”，忽视“学生究竟获得了什么素养；这个单元学生掌握的内容在现实世界里的价值是什么；对未来解决真实问题有哪些帮助”。而大单元教学，立足于发展学生的素养，通过“大概念”把呈孤立状态的“课时主义”联结起来，编织成“专家思维网络”，促进学生真正形成核心素养。因此，“大单元”实际上是“素养单元”，不是“内容单元”，是围绕素养以“大概念”为“车轴”而组成的集合，集合形态可以是教材编排的自然单元，也可以是根据主题重组的学习单元。“大单元教学”始终指向素养达成，围绕着“大概念”，把单元看成核心素养培育的“细胞”，把单元的各课时整合在“具体与抽象”反复互动的学习活动中，确保每节课都在为素养而教，进而“在迭代累积中形成更大的具有意义的认知网络”。[①] 具体到教学中，要准确把握语文学段要求，正确解读教材，以“大任务”驱动单元教学，以进阶活动引领学生经历“完整的学习事件”，以优化作业设计，推进“教学评”高效互动的“完整教学实施”。

三、“大单元教学”的具体实践

大单元教学需要提炼大主题、创设大情境、设计大任务、实施大评价、运用新技术，着力体现语文学习的综合性、生活化、实践性、层次性与交互性。

---

① 刘徽．大概念教学：素养导向的单元整体设计［M］．北京：教育科学出版社，2022：69.

【实践案例】

大胆想象，创造神奇有趣的想象世界

——统编版小学语文教科书三年级下册第五单元大单元教学设计

一、教学单元分析与规划

1. 单元“大概念、大主题、大任务”的内涵要求分析

统编小学语文教科书三年级下册第五单元是习作单元，从课程内容看，指向“文学性阅读与创意表达”的学习任务群。该任务的关键词是“审美”，注重文学的审美体验、文学的审美品位与文学的审美创作，最终指向语文核心素养内涵中的“审美创造”。该任务群的价值定位为：旨在引导学生在语文实践活动中，通过整体感知、联想想象，感受文学语言和形象的独特魅力，获得个性化的审美体验；了解文学作品的基本特点，欣赏和评价语言文字作品，提高审美品位；观察、感受自然与社会，表达自己独特的体验与思考，尝试创作文学作品。该学段“文学阅读与创意表达”任务群包括三个方面的学习内容。其中一个内容是，感受儿童文学作品中纯真美好的童心，创编儿童诗和有趣的故事，发展想象力。

本课所在学段为第二学段，所在单元以“大胆想象”为主题，目的是引导学生体会“大胆想象”的价值，着力培养学生的想象力，激发学生的想象兴趣，使他们乐于表达自己的想象世界。《宇宙的另一边》通过描写“我”想象宇宙的另一边是这一边的倒影，宇宙的另一边的所有的人、事和物都是与这一边相反的故事，展现了“我”丰富的想象力，提示了大胆想象的思维路径和用空间变换表达故事的方法。与习作例文《尾巴它有一只猫》有着异曲同工之妙，与“初试身手”中提供的写作语境发生“联动”关系，为单元习作“奇妙的想象”提供想象的金点子。从想象路径看，和本单元内带有“关联想象”特质的《我变成了一棵树》《一支铅笔的梦想》两篇课文“一体两面”，共同构成“想象”路径系统，发挥着不同资源的不同功能，打开想象的思路，丰富表达方法。就本单元而言，“走进想象的世界，感受想象的神奇”是要实现的读的目标，“发挥想象写故事，感受想象的神奇”是写的目标。本单元鲜明的想象路径，对学生原有的想象经验来说，是陌生的，但又需要学

习的重要内容，是重要的想象和写作“支架”。

依据课程标准、单元主题、语文要素、课后习题和交流平台等相关内容，可提取统摄该单元教学的大概念：童话故事一般要求语言与形象富有童趣。这个大概念，既超越了单元课文的事实性知识，又容纳了单元的知识结构，链接了学生真实生活，可以实现复杂情境下的迁移。在大概念的视野下，确立“校园‘想象岛’专栏故事评选活动”大情境，构建“探寻大胆想象的密码”大任务。

2. 单元教学整体目标

本单元是属于习作单元的范畴，习作单元是一个以培养习作能力为中心的单元整体，读为写服务是其鲜明特点。习作单元的每个部分是相互衔接的有机整合，指向于最终的习作成果。为了避免“拼盘式”的单元学习，避免知识学习、能力掌握与思维发展之间缺乏关联的现象，使碎片化的知识形成系统，使核心素养的各个维度从“育全人”的视角形成合力，单元教学整体目标的设计遵循新课标的第二学段的相应要求。其“阅读与鉴赏”在学习要求上有了较明显的教学倾向：初步感受作品中生动的形象和优美的语言，关心作品中人物的命运和喜怒哀乐，与他人交流自己的阅读感受；其“表达与交流”鲜明地指向：观察周围世界，能不拘形式地写下自己的见闻、感受和想象，注意把自己觉得新奇有趣或印象最深、最受感动的内容写清楚。

在学习该单元之前，学生具备了怎样的学习基础？笔者以“想象”为视角，进行了一个基本的线性梳理（见表1）。

表1　与“想象”有关的语文要素梳理

册次	单元	人文主题	语文要素
二上	七	想象	展开想象，获得初步的情感
二下	二	关爱	读句子，想象画面
二下	四	童心	运用学到的词语，把想象的内容写下来
二下	八	世界之初	根据课文内容展开想象
三上	三	童话世界	感受童话丰富的想象。试着自己编童话，写童话。

续表

册次	单元	人文主题	语文要素
三上	四	预测	一边读一边预测，顺着故事情节去猜想。学习预测的一些基本方法。尝试续编故事。
三下	一	动物植物	试着一边读一边想象画面。体会优美生动的语句。试着把观察到的事物写清楚。

经过梳理，笔者发现学生具备基于文字到画面的想象经验，学习了图像化及预测的文学阅读策略，编想象故事也有了一定的基础。因此，基于学段要求、学生的学习基础及单元语文要素，依托本单元真实的学习任务“探寻大胆想象密码，创编神奇有趣的故事”，设计单元整体教学目标：

（1）认识“绪、醋、馋”等12个生字，会写“状、秘、密”等24个字，会写“流淌、思绪、丁零”等26个新词。

（2）运用“图像化策略”这一文学阅读方法走进他人奇特的想象世界，感受奇异的经历。

（3）比较阅读中认识“逆向、关联”等不同路径的想象方法，体会儿童文学作品创意表达的基本构思。

（4）能够正确灵活地运用想象方法，表达、交流、分享自己的想象故事，参与学校“‘想象岛’专栏故事评选活动”。

3. 单元课时内容要求结构化分析

本单元编排体现了较好的结构。《宇宙的另一边》《我变成了一棵树》两篇精读主要让学生充分感受丰富、奇妙的想象，帮助学生展开想象，拓宽思路，为单元习作积累经验。《一支铅笔的梦想》《尾巴它有一只猫》两篇习作例文引导学生继续体验想象的丰富、奇妙，进一步打开想象的空间，为学生提供模仿的范例；“交流平台”重在交流对大胆想象的体会；“初试身手”安排了两个激发想象的体验活动，其中的“手指画”练习是让学生在涂涂画画中展开想象；“续编故事”则给出两个故事的开头，让学生接龙续编故事。这样的安排旨在大胆想象的实践与尝试，为单元习作降缓习作坡度。本单元教材以精读课文为例，把想象的发生、想象的路径、想象画面的组合方式（表达）藏于其中，引导学生在他人的想象世界中遨游，进而产生想象的兴趣，抒写自己的想象故事，水到渠成地完成单元习作“奇妙的想象”。

通过整合教材的、课外的、学生的相关学习资源，进行 9 个课时的学习规划及任务安排：

表 2　课时学习规划与任务安排表

单元大概念	任务链	学习活动	学习内容	课时安排
童话故事往往借助想象联想创造富有童趣的语言和形象	任务一：感受想象的磁力	活动一：探寻古诗里的想象	富有想象力的古诗词	第 1 课时
		活动二：探寻发明里的想象	爱因斯坦的发明故事	
	任务二：探寻想象的妙招	活动一：逆向想象——探寻“另一边的秘密”	精读课文 《宇宙的另一边》 习作例文 《尾巴它有一只猫》	第 2、3 课时
		活动二：大胆想象——探寻“最有意思的画面”	精读课文 《我变成了一棵树》	第 4、5 课时
		活动三：关联想象——探寻“一支铅笔的梦想”	习作例文 《铅笔的梦想》	第 6 课时
	任务三：表达想象的世界	活动一：梳理想象妙招	交流平台	第 7 课时
		活动二：小试牛刀——手指画作品的想象；根据开头创编故事	初试身手	第 7 课时
		活动三：创编想象故事	单元习作	第 8 课时
	任务四：展示想象的故事	活动一：共同制定故事评价量规	学生习作	第 9 课时
		活动二：评选校园“想象岛”专栏故事	学生习作	

以上课时内容的教学安排，不是各自为政，而是在“探寻大胆想象的密码”的引领下，发挥课内外，单元里不同学习资源的不同功能，渐进地有层次地实现结构化学习。

4. 单元教学的整体规划

本单元指向“文学性阅读与创意表达”学习任务群，教学大情境“校园‘想象岛’专栏故事评选活动”，转化为统摄单元的内在育人线索，将学习内容统整成一个大任务“探寻大胆想象的密码”，设计 4 个学习子任务“大胆想象有磁力——大胆想象有妙招——大胆想象有故事——大胆想象有天地 ”。（见下图）

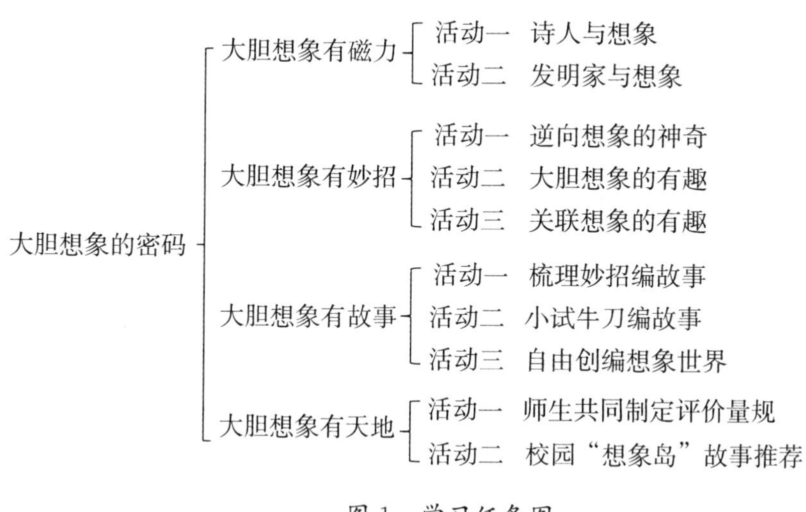

图 1　学习任务图

二、教学单元评价设计

1. 最终评价任务设计

学校准备在墙报上开辟一个专栏，名字叫作“想象岛”，这个“想象岛”可受欢迎了，专门用来展示同学们的优秀习作。谁的故事编得有趣，奇特，谁就有机会登上“想象岛”，展示自己的作品。

2. 成果评价量规设计（改进版）

指标及权重			水平
想象内容	想象方法	想象表达	
能创造不存在的事物及景象，语言和形象富有童趣，奇特、新颖	大胆想象，能至少运用本单元两种想象方法	能用表现事物特征的词语描摹形象；按童话的文体样式写清楚有趣奇异的经历，呈现三个想象的画面；能根据表达的需要，正确使用标点符号	3
能创造不存在的事物及景象，语言有童趣，但形象不够突出	大胆想象，能运用本单元一种想象方法	能用表现事物特征的词语描摹形象；按童话的文体样式写清楚有趣奇异的经历，呈现两个想象的画面；能正确使用标点符号	2
基本能创造不存在的事物及景象，但语言和形象缺少童趣	能想象，但没有运用本单元想象方法	基本能描摹形象；基本按童话的文体样式写经历，只能呈现一个想象的画面；不能正确使用标点符号	1

三、教学单元过程设计

学习过程：

1. 准备

单元概述：本单元我们将学习创编故事，发展想象力。因为，某种意义上“想象力比知识更重要。”

想象的世界拥有无穷的魅力，它是自由的翅膀，是心灵的飞行。丰富的想象力，能让我们邂逅全新的世界。可是，不会想象的情形也时常会出现。比如，提供一个事物，让学生展开想象。有的学生想象单一，不够丰富，甚至有的学生不会想象。值得大家想一想，他们为什么不会想象？想象有什么路径吗？

想象的世界里，通常有人物、情节、冲突。一个又一个情节以逻辑的方式组合成想象的时空，吸引着一代又一代读者。这就需要我们想想，如何清楚地表达想象的故事。

带着这些问题，我们将进入想象的世界，通过任务一“想象有什么磁力吗”，看看文学作品与实用性文章有什么区别；通过任务二“想象有哪些方法”，学习大胆想象、逆向想象和关联想象等方法；通过任务三“想象可以怎么表达”，迁移新知，创编属于自己的想象世界。

经过这个单元的学习，相信每位同学能运用想象的路径，创编属于自己的想象世界。单元学习结束时，我们班将会举行“谁的想象世界最精彩”优秀作品评选会，推荐参加学校“想象岛”优秀作品展示会。

2. 建构

任务一：“想象有什么磁力吗？”

建构 1：归纳——教师为主型

教师讲解，师生交流。出示一组富有想象力的古诗《古朗月行》《咏柳》《饮湖上初晴后雨》，讨论核心问题：你看到了一个怎样的想象世界？

小组合作。教师给学生提供一组反映科技进步的发明创造图片，请学生讨论核心问题：发明创造是怎么产生的？

师生交流。讨论核心问题：为什么会有想象的世界？想象的世界有什么特点？

应用：（作业）寻找生活中的创意想象作品

建构 2：演绎——教师为主型

小组合作，师生交流。学生在小组内分享搜集到的创意想象，初步分为不同的类型，并进行小组展示。

教师示证。根据学生收集的作品进行补充和总结，补充一些案例拓宽学生的思考。

任务二：“想象有哪些妙招？”

建构：归纳——教师为主型

教师讲解，师生交流。学习课文《宇宙的另一边》，并与例文《尾巴它有一只猫》进行比较，想想两篇文章有什么相同点和不同点。

教师讲解，师生交流。学习课文《我变成了一棵树》：问一问课题，梳理该想象故事的基本脉络；品一品最有意思的画面；议一议大胆想象的方法，讲一讲这个有趣的故事；理一理大胆想象的方法。

小组合作，师生交流：出示例文《一支铅笔的梦想》，思考核心问题：想象方法上和哪篇文章相似？有什么不同？

任务三：怎样表达想象的世界？

建构 1：演绎——教师为主型

教师讲解＋教师示证＋师生交流。学习教材上的“交流平台”，想象的世界，什么都可能发生。通过举例让学生理解想象的世界——“奇异的经历”。讨论核心问题：不同的想象方法适用于哪些情境？

应用 1：（课堂练习）根据手指画作品进行想象练笔

应用 2：（课堂练习）根据提供的开头续写故事。

任务四：我来创编想象世界

建构 1：演绎—学生为主型

小组合作＋师生交流。小组讨论制定“谁的想象世界最精彩?”评价量规，教师随机点评。

独立完成＋教师辅导。根据单元习作内容创编一个故事。

应用：（作业）根据班级评选结果，学生小组分工合作，制作班级版《想象岛》习作册子。

建构 2：演绎——学生为主型

学生分享＋教师点评。全班阅读班级版《想象岛》，教师根据评价量规辅导学生自评和他评，并将优秀作品推荐至学校墙报“想象岛”专栏发表展示。

反思。组织“我所认识的故事创编”前后对比活动，让学生总结学完这个单元后对创编故事有哪些新的理解。

3. 附该单元部分教学设计

统编教科书三年级下册《宇宙的另一边》教学设计

【设计理念】

本课教学紧扣“富有童趣的童话语言和形象”核心概念，以三年级下册第五单元“大胆想象”主题为指向，设计核心任务“探寻反向想象的密码”。依托课文，将该核心任务分解为 4 个子任务：找倒影，发现“反向想象”；品倒影，发现“画面组合”；找方位，发现顺序密码；小练笔，迁移表达方法。

【教学目标】

(1) 认识"秘、淌"等 6 个生字，会写"秘、密"等 12 个生字，掌握"一栋、乘法、秘密"等 9 个词语。

(2) 理解课文内容，感受作者大胆而奇特的想象。

(3) 发现逆向想象的密码，尝试按一定顺序写清楚想象内容。

【教学重难点】

发现逆向想象的密码，尝试按一定顺序写清楚想象内容

活动一：激趣导入，揭示课题

1. 揭示课题，齐读课题。

2. 质疑课题：你想知道什么？

活动二：初读课文，发现"倒影"

1. 自读课文，整体感知。

2. 检查预习情况。

3. 宇宙的另一边有什么秘密？

(1) 理解"倒影"。

(2) 找出课文中的"倒影"。

活动三：深入课文，品读倒影

交流一：课堂的倒影（第 8、9 自然段）

说明：一边读一边想象，品读"课堂倒影"独具一格的写作特色，把不同的想象画面组合起来（随机板书：画面＋画面），就像是一幅连环画。

交流二："我"的倒影（出示第 3、6 自然段，同时标红宇宙另一边句子）

说明：比较阅读，发现课文第 3、6 自然段反着想象，对比着写的表达方法。

交流三：大自然的倒影（第 4、5 自然段）

说明：体会"大自然的倒影"这一部分先写这一边，再写另一边；都是先写现实，再写想象，现实与想象组合起来写的方法。

活动四：学法迁移，读写结合

学习单一：

宇宙的这一边，天是蓝色的；
那么，宇宙的另一边，____________？
宇宙的这一边，鱼儿生活在水里，
宇宙的另一边，____________？
宇宙的这一边，树上长满了苹果，
宇宙的另一边，____________？
宇宙的这一边，____________，
宇宙的另一边，____________？

学习单二：

在宇宙另一边，____________是这样的：____________

学习单三：

阅读与思考

《尾巴它有一只猫》和《宇宙的另一边》进行比较，想想两篇文章有什么相同点和不同点？

《我变成了一棵树》教学设计

【教材分析】

统编教科书三年级下册第五单元（习作单元）的语文要素是“走进想象的世界，感受想象的神奇”。《我变成了一棵树》是本单元的第二篇精读课文，讲述了“我”变成一棵树之后的奇妙经历，在大胆想象中实现了“我”美好的愿望。借助单元课文和习作的平台，引导学生通过阅读交流，走进奇妙有趣的想象世界；再启发学生联系生活展开想象，拓展思维，说出自己想象的故事。

【教学目标】

1. 正确、流利、有感情地朗读课文，感受“我”变成树之后的奇妙经历。

2. 抓住关键词句，想象画面内容，学习想象方法。

3. 发挥自己的想象，体会表达想象内容的方法。

【教学重难点】

1. 抓住关键词句，想象画面内容，学习想象方法。

2. 发挥自己的想象，体会表达想象内容的方法。

【教学过程】

一、课题质疑，激发兴趣

1. 读题，发现课题有趣的地方

师：同学们，今天我们学习——生接读课题。

师：谁发现了这个课题有趣的地方？

师：我变的是一棵树，真是有趣。再读读课题，说说你特别好奇什么？

2. 借助问题，梳理文脉

师：你们都是善于思考的好孩子，看，老师把你们提出的问题进行了整理

随机板贴：

（1）为什么变？

（2）怎么变的？

（3）变了以后……

师：“我”为什么变成了一棵树？“我”是怎么变成一棵树？“我”变成了树后，发生了哪些有意思的事？

二、学习生字，整体感知

1. 听写生字，随机指导

师：昨天晚上，同学们已经预习了课文，接下来，把学习单拿出来，听写词语。（生听写词语：形状　麻烦）

师：同学们，老师发现刚才有不少同学把这个字写错了。看，“状”的右

边是“犬”，猜猜和什么有关？（生猜，随机出示“状”的字理）

师：“状”最早就是狗的形状，现在指各种形状。如我们戴的手环是——环状；吃的马铃薯是——块状，黄豆是——粒状；生活中我们还发现，有粉状、杆状、絮状、海绵状。

师：这个字也读——壮（随机出示“壮”）。右边是个——士，指的是三十岁左右的男士，代表强壮的意思。这两个字是同音字，前面的与形状有关，后面的与强壮有关，可要注意了。

师：“烦”单独出现时读第二声，和“麻”在一起读轻声，读得又轻又短，谁来试试？（指名读）

师：这些生字新词也读轻声，谁来读读？

（出示一组轻声词：痒痒的、狐狸、麻烦）

2. 梳理内容，发现文章的思维框架

师：同学们预习得很充分，现在咱们自由读课文，思考：哪些自然段跟你们提出的这 3 个问题有关？

随机出示课文和“问题”对应的内容：

（1）问题“我”为什么要变成一棵树？——课文 1 至 4 自然段部分内容。

（2）问题：“我”是怎么变成一棵树的？——第 4 自然段部分内容“我心里想着，就觉得身上痒痒的……从我身上冒出来。”

（3）问题：“我”变成了树后，发生了哪些有意思的事？——出示课文 5—20 自然段。

师：看，那剩下的部分就是写“我变成了树”之后发生的有意思的事。

师：哇，原来写一个想象故事有秘诀呢！我们可以先想一个有趣的题目，再提出几个有趣的问题，最后把这几个有趣的问题编成故事串起来。

3. 发现文章线索，初步感受心情变化

师：再读读课题，文中带有“我变成了一棵树”的句子，出现了 4 处。找找看，它们藏在哪里？

出示4句话：

1. 我真希望变成一棵树……
2. 呀，我真的变成了一棵树！
3. 她不知道我变成了树！
4. 唉，变成了树真麻烦。

师：同学们，这4句话藏着我的不同心情，咱们找找看。（随机板贴：渴望、惊喜、纠结、失落）

师：这些心情就像一串珍珠，把几件有趣的小事情巧妙地串起来了，咱们再读一读这4句话，注意读出我的心情变化。

三、现实切入，寻找想象之因

1. 问题导学

师："渴望"这一心情就像是想象的开关，开启了我的想象之旅。咱们先来看看，我为什么渴望变成一棵树吧？（课件出示：1—4自然段）

2. 尽情想象"玩"的快乐画面

师：原来，我想玩。猜猜，在树下的我可能玩什么，怎么玩？

师生对话1：

生：玩一片飘落的树叶。

师：这片叶子多像一只漂亮的小蝴蝶啊，你舍不得放下。

师生对话2：

生：观察一群可爱的小蚂蚁。

师：眼睛瞪得大大的，一刻也不想离开，对吧？

师生对话3：

生：我在树下玩玩具。

师：是呀，树上飘落的一片叶子是你的好玩具。

师生对话4：

生：我在树下搭积木。

师：用泥土搭城堡吗？还没有搭完，可不想这么快离开。

师生对话5：

生：我正在和小伙伴玩跳格子。

师：现在才到第3局，还有5局才结束。

师生对话6：

生：我在树下踢毽子。

师：就快踢到100下，舍不得停下。

师生对话7：

生：我在树下练习捉迷藏。

师：不能出声，对吧，你可不想输。

3. 换角色朗读妈妈的话

师：玩着玩着，耳边响起——（生接读妈妈的话）

师：玩着玩着，妈妈的嗓门又大了许多，你是英英的妈妈，你来叫叫——（学生读妈妈的话）

师：咱们就是英英的妈妈，一起叫叫——

师：玩着，叫着；叫着，玩着；此时的你——

生交流：

（1）一点儿也不想吃饭。

（2）真希望变成一棵树。

四、抓住奇妙，品读有意思

过渡：瞧，作者的想象就在此时起飞啦！作者的哪些想象最有意思呢？（板书：有意思）

1. 品读“变”，感受奇妙

句子：“我心里想着，就觉得身上痒痒的，低头一看，发现许多小树枝正从我身上冒出来。”

师：这一处想象，哪些地方有意思？

师：是的，心里想着，就觉得身上痒痒的。

引读：

我心里想着，就觉得脖子上——（生接：痒痒的）

我心里想着，就觉得手上——（生接：痒痒的）

我心里想着，就觉得腿上——（生接：痒痒的）

我心里想着，就觉得身上——（生接：痒痒的）

师：多有意思啊，我才想着，痒痒的就来了，来得特别——快。

师：哪个地方你还觉得有意思？

师：是的，许多小树枝正从我身上冒出来。这个“冒”字，曾经出现在咱们学过的《荷花》一课中，“白荷花在这些大圆盘之间冒出来”是说荷花长得快，这里说的是——

生：我变得快！

师：谁来读，快速地变一下！

师：能把这句话去掉吗？（指名说）

生：不能去掉，因为写得很有意思。

师：是啊，把我变化的过程写得特别有意思，读着读着就让我们知道了树变化的速度特别快。（随机板书：变成一棵树）

2. 品读“不一样”，感受奇妙

过渡：你还觉得哪一处想象有意思？为什么有意思？

（随机出示第 7 自然段）

（1）自由读，找不一样的地方

师：像这样和平常不一样的地方还有呢？再找找看。

随机出示 6、7、8 自然段：

> 我变成了一棵长满各种形状的鸟窝的树：三角形、正方形，还有长方形的、圆形的、椭圆形的、菱形的……风一吹，它们就在枝头跳起了舞。
>
> 我会请小兔、小刺猬、小松鼠、小鸭子、小鳄鱼、小狐狸住在里面，如果你喜欢也可以住进来。
>
> 你怎么住进来？别担心，我会弯下腰，让鸟窝离你很近很近，你只需轻轻一跳或者轻轻一爬，就像平时上你的小床那么容易。

（2）联系生活，品不一样的地方

师：读一读这些句子，找找这三处不一样的地方是什么。

预设师生交流对话情境：

师生对话 1：

生：平常的树长的是果子，可是我变的树长的是鸟窝。

师：不是“长果子”，而是“长鸟窝”。生长特点变了，让想象有意思。

师生对话 2：

生：平常的鸟窝大都是圆形的，可是我变成的树，长着各种形状的鸟窝（随机板书：长满鸟窝）。

师：不是圆形鸟窝，而是各种形状的鸟窝。看，让想象有意思，就得变换形状特点。

师生对话 3：

生：鸟窝平时住着的都是小鸟，但是这里住着的却是各种动物。

师：是啊，鸟窝是小鸟的家，现在却成了小动物们的乐园，鸟窝的作用变了。这样的想象真有意思。（随机板书：住进动物）

生：平常爬上鸟窝很难，但是现在却像上小床那么容易。

师：为什么？

生：我会弯下腰，让鸟窝离你很近很近。

师：“弯下腰”在课文中指的就是什么？

师：是的，就是轻轻地垂下树枝。你是从哪儿知道的？

师：你能联系上下文，真棒！

引读：

小白兔一蹦一跳地来了，我会——（生接“弯下腰”）；

小鸭子一摇一摆地来了，我会——（生接“弯下腰”）；

小动物一个接一个来了，我会——（生接“弯下腰”）。

师：要是你来了，我会——（生接“弯下腰”），让鸟窝离你很近很近，你只需——

生：轻轻一跳。

(3) 联系上下文，体会奇妙

师：你上的鸟窝是——

（生联系上下文从不同形状的角度回答）

师：看，多种形状的鸟窝说也说不完，难怪课文用了省略号。上鸟窝的方式变了，想象就有意思了。

师：咱们一起读一读这有趣的画面吧！（随机出示 6、7、8 自然段）

3. 品读对话，体会奇妙

（1）出示课文对话，读一读

> “咦，下雨了。”
> “是你的牛奶打翻了吗?”
> “你看，这不好好的嘛?”
> “那么，可能是一只虫子撒的尿。”
> “不对，是大树在哭。”

（2）聚焦对话，读懂对话内容

师：对话中，小动物们在谈论什么，猜猜看?

师：是的，他们到底在谈论——（随机出示：水珠是哪儿来的?）

师：既然是水珠，小狐狸说它是——“雨”，小鳄鱼说它是——“小松鼠的牛奶”，还有一只小动物竟认为是——“尿”，小白兔认为是——“大树在哭”。它们为什么会这样想?

师：哦，原来它们和水珠一样，都是液体。

师：这可不是胡乱猜想，而是合情合理（课件随机出示：关联事物特点）读起来特别有意思。

（3）联系上下文，读懂对话内容

师：我们再来读读小动物的对话，还悄悄告诉我们什么?

预设师生对话情景：

生：我流口水了。（随机板贴：流下口水）

师：你是怎么知道的?

生：前文提到妈妈分食物给小动物们。

生：我被妈妈带来的美食诱惑了。

师：你是怎么知道的?

生：“咕噜噜……”我的肚子里发出一种怪怪的声音。

生：我肚子饿了，因为妈妈叫我吃饭的时候我不想吃。到了傍晚，我饿了。

师：你是怎么知道的?

生：后文讲到“小馋猫，肚子饿了，对吧? 英英!”

师：能联系上下文读书。真好！

师：是啊，这一段有意思的对话，让我们眼前浮现出一只十足的“小馋猫”。围绕“对话”，前面写了原因，后面写了结果，把“流下口水”这部分内容写清楚了。

五、总结延伸，深化主题

1. 体会文字背后的母爱

师：在想象的世界里，看，我变成了一棵树，树上长满了鸟窝，住进了动物，流下了口水，一切都可以变。文中什么没有变？你怎么知道的？

随机出示：

> “英英，吃饭了！”
>
> 傍晚的时候，妈妈背着一个大包过来了……
>
> “你好！”妈妈向我点了点头，“请问我可以住在那个三角形的鸟窝里吗？”
>
> 妈妈打开背包，从里面拿出了好多东西…….
>
> “小馋猫，肚子饿了，对吧，英英！”妈妈说话了，还对我眨了一下眼睛。

2. 拓展延伸，展开想象

师：出示例文《一支铅笔的梦想》，小组合作学习，思考核心问题：想象方法上和哪篇文章相似？有什么不同？

师：同学们，如果你也会变，你想变成什么？变了以后会发生什么奇妙的事？咱们课后也学着作者的想象方法试着编一个属于自己的童话故事吧。

统编教科书语文三年级下册第五单元“初试身手”教学设计

【教学目标】

1. 梳理“联系事物的特点展开想象”的方法。

2. 能根据故事开头展开想象接龙编写故事。

3. 能交流分享表达成果，体会大胆想象的乐趣，增强表达的自信心。

【教学重点】

能根据故事开头展开想象接龙编故事。

【教学难点】

梳理“联系事物的特点展开想象”的方法。

【教学过程】

一、创设情境，激趣导入

师：同学们喜欢看动画片吧，老师就很喜欢看。我们先来看一段有趣的动画片吧！（播放视频）

师：同学们，车会说话吗？那为什么这里的车会说话呢？因为这些都是人们想象出来的。爱因斯坦曾说：想象力比知识更重要。想象的世界什么都有可能发生，今天就让我们一起进入想象的世界。

二、学习审题，说说发现

1. 出示题目，学习审题

师：同学们，我们一起来看看“初试身手”中的两道题目吧。

出示题目：

（1）在纸上按出自己的手指印，再把它画成想象中的事物，看谁想的新奇。

（2）选一个开头，展开想象，大家一起接龙编写故事。

师：两个题目中，共同的关键词是什么呢？（随机板书：大胆想象）

2. 单元互动，复习想象秘诀

师：应该怎么展开想象呢？现在让我们一起来到交流平台，寻找想象的秘诀吧！

师：请同学们回到课文《宇宙的另一边》《我变成了一棵树》中找出你认为最新奇、最有趣的句子，并说说理由。

随机板书：（正向/反向想象；关联特点/变换特点想象）

3. 小结提升，指引方向

师：想象既有意思，又奇特，还包含奇异的经历。

三、创作指印，感受新奇

过渡：课文中有许多有趣的想象，老师也给大家带来了有趣的指印画。

1. 观察发现，说说他人的创作

师：看看书本上的 3 幅指印画，他们变变变，变成了什么呀？

随机交流：跳舞的小人；大花猫；长鼻子大象。

师：同样是指印，为什么添上几笔后，会变成不一样的事物呢？

随机交流：形状不一样；方向不一样。

2. 画一画，创作自己的指印画

师：快看，它们还可能变成这些呢！（随机出示各式各样的图案）

师：现在请同学们拿出学习单，插上想象的翅膀，用手中的笔给学习单中的指印画大变身！在你们的笔下，它们都能变成什么呢？快动动笔画一画吧！

3. 评一评，夸夸指印画的奇特之处

师：请同学们在小组里比一比选出你们觉得最奇特的一幅画，试着说一说它奇特在哪呢？老师一会请几位小组代表来分享！

（小组代表分享后，全班作品展示。）

四、自选开头，续写故事

1. 聚焦开头提出问题，确定习作内容。

师：请同学们认真阅读以下两个开头，提出自己感兴趣的问题。

开头一：夏天到了，瞌睡虫王国一片沸腾。它们纷纷飞出洞口，去寻找自己的朋友……

交流要点：

（1）时间为什么是在“夏天”？

（2）“它们”是谁？

（3）瞌睡虫可能去哪儿找朋友？

（4）瞌睡虫可能去找哪些朋友？

（5）途中可能发生哪些事情呢？

（6）找到朋友后，还可能发生哪些事情？

开头二：一阵大风过后，小牧童被吹到了颠倒村。他睁开眼睛，只见树枝和树叶长进土里，树根却张牙舞爪地伸向天空……

交流要点：

（1）“颠倒”是什么意思？

（2）为什么是被吹到“颠倒村”而不是别的地方？

（3）“张牙舞爪”是什么意思？

（4）小牧童还可能哪些东西可能被颠倒呢？

2. 单元方法指引，续写故事

（1）复习想象方法

师：请出我们的“小帮手”。（随机出示单元想象秘诀）

师：首先要大胆想象。想象的方向可以是顺向或者反向，还可以抓住事物的特点进行想象，可以是变换的特点，也可以是关联的特点。

（2）小组讨论选取开头，续写故事

师：请同学们四人为一组，讨论选取一个开头，展开想象，在学习单上写下有趣的故事吧！（生写，师巡视，随机指导）

师：学习单上有一个评价表，请在评价表姓名栏里，写下自己以及小组成员的名字。根据评价表格的内容，在对应位置画小红旗，你认为写得好的，给三面红旗，其他的给一面或两面。

3. 交流展示学生习作。

五、课堂小结

师：短短的一节课，我们在想象的世界里遨游，体验到了想象的美好和奇妙。下节课让我们继续相约想象的世界，进行想象的实践。

统编教科书语文三年级下册习作策略单元（第五单元）

——《奇妙的想象》习作指导

【教学目标】

1. 大胆地想象，感受创编想象故事的乐趣。

2. 拓展想象的思路，学习抓事物特点或反向想象的方法。

3. 练写精彩片段，把想象内容写清楚。

【教学重点】

大胆想象，感受创编想象故事的乐趣。

拓展思路，学习抓事物特点或反向想象的方法。

【教学难点】

练写精彩片段，将奇妙的想象用语言清楚地表达出来。

【教学过程】

一、创设情境，揭示课题

1. 创设情境

师：同学们，你们瞧，这是我们美丽的学校，学校准备在墙报上开辟一个专栏，名字叫作“想象岛”，这座“想象岛”可受欢迎啦，专门用来展示同学们的优秀习作。这节课我们就来写一篇习作，请同学们齐读课题：奇妙的想象。

2. 审清要求，明确任务

（1）出示教材习作要求，读一读。

（2）交流，明确习作任务。

随机出示要求：

写什么：写一个想象故事。

怎么写：大胆想象。

二、推荐题目，打开思路

过渡：是的，在想象的世界里，什么都可能发生，一切都变得这么的奇妙。

1. 出示教材提供的题目，读一读

《最好玩的国王》《一本有魔法的书》《小树的心思》《滚来滚去的小土豆》《躲在草丛里的星星》《手罢工啦》《假如人类可以冬眠》

2. 讨论题目的新奇有趣

师：你觉得哪个题目最新奇有趣呢？如果让你来推荐，你想把哪一个题目推荐到“想象岛”专栏上去呢？为什么？

师：多有意思啊，我们再来读读这些题目吧。

三、以一当十，分步指导

1. 选择指导支架

老师给大家带来了一本书，这本书和我们平常的书可不一样。（随机板书：一本有魔法的书）

2. 以问驱动，确定习作思路

师：当你读到这个题目的时候，你最想知道什么？

交流要点：

① 为什么有魔法？② 这本书有哪些魔法？③ 发生了哪些新奇有趣的事？

3. 展开想象，丰富内容

（1）想象点 1：为什么有魔法？

师：它为什么有魔法呢，这里可能有一些非常有趣的来历，说说看。

（2）想象点 2：这本书有哪些魔法？

师：现在我们一起展开想象的翅膀说一说，这本书会有哪些魔法呢？

交流要点：

① 自动更新内容。② 图片会动。③ 可以和书中的人物互动。

（随机板书：抓特点）

师：这真是一本有魔法的书，它飞啊飞啊，看见我们班的小朋友们这么的认真，“啪”的一声，就降落到我们身边，翻开这本书，会发生哪些奇妙的事呢？

交流要点：

◎ 实现愿望

师：这本书非常的神奇，可以帮助你实现愿望。说说看，你为什么会有这个愿望呢？

师：你非常渴望愿望成真，于是你打开了这本书。它是怎么帮你实现这个愿望的？梦想真的成真后，还有什么有趣的经历呢？

◎ 解决烦恼

师：你在生活中遇到了什么烦恼？

师：怎么解决这个烦恼呢？别忘了这本书可是有魔法的呢。

四、自由习作，实践表达

过渡：孩子们，这本有魔法的书多有意思啊，刚才我们大胆想象，通过问“为什么有魔法”“这本书有哪些魔法”“发生了哪些新奇有趣的事”3 个问题，一个个新奇有趣的故事就诞生了。（随机板书：问）想象故事就从“问”开始了，我们就来问一问。

1. 选择一个话题，问一问

交流要点：

《躲在草丛里的星星》：① 星星为什么躲在草丛里？② 星星躲在草丛里做什么？③ 星星还会回到天上去吗？

《滚来滚去的小土豆》：① 小土豆会滚去哪儿？② 滚到别的地方会发生哪些有意思的事情？③ 小土豆为什么会滚来滚去？

2. 练习写作

师：这节课，我们把故事中最新奇、有趣的地方写具体，开头和结尾先省去不写。

师：一会儿比一比，谁的想象最新奇有趣，谁就能登上想象岛专栏。

3. 互动评价

（1）出示评价标准

是否新奇有趣？

奇妙的地方是否写清楚了？

（2）多层次评价

◎ 好文评价：被老师画了五角星的同学上台分享他创造的想象世界。

◎ 集体评价：对照评价表，你觉得他的想象故事新奇有趣吗？奇妙的地方是否写清楚了？你有没有要给他的建议？

◎ 同桌互评：说说你喜欢他写的什么地方？有什么要修改的地方？

五、总结延伸，布置作业

师：孩子们，这节课，你们创编的奇妙、有趣的想象故事，给老师留下了深刻的印象，也让老师看到了每个同学的想象潜能、创造才能。课下，请同学们根据下面的要求把没有完成的习作继续完成。

出示要求：

1. 给你们的习作加开头，交代故事的起因。

2. 丰富习作内容，除了刚才的片段外，你的故事中还会发生哪些奇妙有趣的事情？将它们写下来。

3. 给你们的习作加结尾，让写作更加完整。

4. 写完后，和同学们交换着读读，交换着提提意见，让你们的故事更精彩，好吗？

第四节　“改课”行动

一、“改课”的实质

随着新课程标准的实施，语文课堂教学成为语文课程理念、目标、内容、评价等精准落地的关键环节。众所周知，“课改”是课程改革的简称，而“改课”则是指向课堂教学改革。“改课”的实质是落实“课改”，“改课”应当坚持在“课改”的语境下展开。

二、“改课”的应然性

一个不争的事实是，从总体上看，课堂教学还未发生深刻的变革，学生被动学习的状况还未真正得以改变。因此，课堂教学仍是当下改革的重点和难点。

国家督学，江苏省教科所原所长成尚荣认为，“课改”与“改课”关系的讨论，其深处是课程与教学的关系、教学改革价值的再认同。教学及教学改革的应有价值决定着它应成为课程改革中一个不可避免的重点。美国学者塞勒等人曾用三个比喻，帮助我们思考课程与教学的关系。比喻一：课程是一幢建筑的设计图纸，教学则是具体的施工。比喻二：课程是一场球赛的方案，这是赛前由教练员和球员一起制定的，教学则是球赛进行的过程。比喻三：课程被认为是一个乐谱，教学则是作品的演奏。① 三个比喻虽有不同的侧重点，但都传递一个共同的信息：课程与教学是互相依存、相辅相成的，是在互动中发展的。②

---

① 陆静，李冉，孟琦等．以“改课”为支点，推动新课标实验研究——“专家—教师”协同课例式研修的探索与实践［J］．基础教育课程，2023，(08)：27－38.

② 成尚荣．教学改革的价值认同与境界提升——“课改”“改课”的再讨论［J］．上海教育科研，2015，(02)：40－43.

三、“改课”行动案例

案例 1：

统编小学语文教科书六年级上册《江南春》改课行动

《江南春》是唐代诗人杜牧写的一首七言绝句，是一首素负盛誉的写景诗。全诗以高度概括的笔法，勾勒了江南地区的风物，描绘了江南明丽而迷蒙的春景。作者在描绘千里江南明媚可爱的春光的同时，也慨叹南朝的覆亡，寄托了讽喻之意。

这首诗是统编小学语文教科书六年级上册第六单元的教学内容，该内容所在单元的人文主题是：我们是大地的一部分，大地也是我们的一部分。课后练习系统要求本诗教学突出重点：想想《江南春》抓住哪些景物写出了江南春天的特点。而单元交流平台提示了古诗学习的基本方法：借助注释理解不理解的字词；通过想象体会有画面感的诗句；了解传统文化知识，帮助理解故事意思。

通过该内容的教学，一方面要引导学生学习运用多种方法读懂古诗，感受祖国的大好河山；二是要在与诗人对话的过程中，渗透家国情怀；三是借助诗歌教学，整合认知，对唐诗有一个新的了解高度。

对接《义务教育语文课程标准（2022 年版）》，在“阅读与鉴赏”领域第三学段的“学段要求”和“教学提示”“学业要求”中进一步指出，要让学生“阅读诗歌，大体把握诗意，想象诗歌描绘的情境，体会作品的情感。受到优秀作品的感染和激励，向往和追求美好的理想”，要“重视古代诗文的诵读积累，感受文学作品语言、形象、情感等方面的独特魅力和思想内涵，提升审美能力和审美品位”；要使学生“在阅读过程中能获取主要内容，用朗读、复述等自己擅长的方式呈现对作品内容的理解；能品味作品中重要的语句和富有表现力的语句；能通过诵读、改写、表演等方式，表达自己对感人情境和形象的理解与审美体验；能借助与文本相关的资料，结合作品关键语句评价文本中的主要事件和人物，提出自己的观点和看法”。

如何更好地落实课程标准的理念和要求，以促进学生语文核心素养的发展？我们围绕古诗《江南春》这一内容开展了系列研讨活动，对这部分内容的教学进行反复研磨，希望能在活动中进一步加深对古诗教学的理解，探寻有助于发展学生阅读与鉴赏能力的教学路径。现将我们的磨课历程及相应的教学思考呈现如下。

【首次试教】

一、质疑导入，初识江南

1. 出示课题，质疑

师：同学们，刚才我们最后一句用客家话来讲的诗句出自我们今天要学习的古诗——《江南春》，来，大家一起齐读课题。从课题“江南春”，你知道了什么？还想知道什么？

2. 了解江南地理风貌

师：同学们，江南就在长江以南，你们看这地图上圈起来的地方就是江南。那儿人杰地灵，风景如画，据说乾隆皇帝都曾六下江南。

3. 了解不同诗人眼中的江南

师：古往今来，无数文人墨客都曾游览过江南，并为江南写下优美的诗句。白居易写江南，写它“日出江花红胜火，春来江水绿如蓝”；杨万里写江南，写它“接天莲叶无穷碧，映日荷花别样红”；苏轼写江南，写它“半壕春水一城花，烟雨暗千家”；杜牧笔下的江南又有怎样的风情呢？让我们先走近这位晚唐诗歌高峰的缔造者。

4. 学生根据收集的资料简介诗人

二、初读古诗，整体感知

1. 听读想象

师：诗是无形画，画是有形诗，边听边看边想，用一个词概括江南春天给你留下的印象（播放视频，生听读，汇报）。

2. 指导按划分的节奏朗读

3. 理解诗意

用自己喜欢的方式自行理解诗意，串讲诗句意思。

4. 提取景物

师：诗中描写了哪些景物？圈出来。（随机板书：莺啼、绿树、红花、水

村、山郭、酒旗风、寺庙、楼台、烟雨）

5. 描绘意象

根据自己的理解发挥想象，对上述景物加以描绘，说说诗中描写的景物。

预设：

辽阔的江南；黄莺在欢快地歌唱；丛丛绿树掩映着簇簇红花；依山傍水的村庄；巍峨的城郭；迎风招展的酒旗；数不清的寺庙；迷蒙的烟雨。

6. 想象画面

师：诗中的景物众彩纷呈，如同一幅山水画卷，再试着想象一下，这幅长卷中还会有什么？

三、品味虚指，感悟诗情

1. 引入“千里”之争

师：这幅江南春景中有黄莺、水村、山郭、烟雨等，还有我们想象的许多景物，看不完，赏不尽，诗中哪个词写出了这种感觉？（千里）

出示《升庵诗话》：

> “千里莺啼”，谁人听得？“千里绿映红”，谁人见得？若作十里，则莺啼绿红之景，村郭楼台，僧寺酒旗，皆在其中矣。
>
> ——杨慎（明代三大才子之首）

师：“千里”“十里”哪个更好？了解“千里”是虚指，体会春色无边及唐诗的浪漫色彩。

2. 出示其他诗中带有“虚指”的诗句

> “桃花潭水深千尺”；“飞流直下三千尺”；“危楼高百尺”；“白发三千丈”。

3. 找出《江南春》中的另一处虚指——“四百八十寺”，感受寺庙之多。

4. 南朝仅存在 169 年，却兴建这么多的寺庙，统治者把精力寄托于鬼神，忙于烧香拜佛。看到这些烟雨中的寺庙，作者的心情又是怎样的？指导读出后两句惋惜之情。

5. 对比前两句诗和后两句诗，你发现作者的观察角度有什么不一样了吗？

6. 在这多姿多彩的春天里，一道独特的风景进入诗歌，进入我们的视线，是什么呢？

7. 其实不止杜牧，还有很多诗人的诗中都有“酒旗”出现。“酒旗”指的是酒幌子，上面写着店家的字号，悬挂于酒家店铺之上，用来吸引过往的客人。自古诗人多爱酒。李群玉的《江南》中写道：斜雪北风何处宿，江南一路酒旗多。张籍《江南行》中写道：长干午日沽春酒，高高酒旗悬江口。白居易在《杭州春望》中写道：红袖织绫夸柿蒂，青旗沽酒趁梨花。

8. 诗人将历史风光和自然景物、人文景观融为一体，更为江南的美增添了厚重的底蕴和独特的魅力。景中融入诗人复杂的情感，让我们把诗人的这种心情读出来。

四、学习吟诵，感受诗韵

1. 师示范吟诵

2. 学习吟诵

师：像这样听起来有快有慢、有长有短的读书方式叫“吟诵”，一千多年前的古人就是用这样的方式读书的。（随机板书：吟诵）

师：你们看，我就是按照这张吟诵谱吟诵的，你们有什么发现吗？

师：汉语拼音里的一、二两声的字是平声，三、四两声的字是仄声，平声用横表示，分为短平、中平、长平，仄声用竖表示，这个像感叹号一样的是入声字的符号，入声字也是仄声，它要读得短促。

师：听老师吟诵一遍，从老师的吟诵中你听出了什么？

指导要点：第三句最大的特点是这里连用5个仄声字，且3个为入声字，读得快而短，强调南朝寺庙之多。

师：现在请伸出右手，跟老师一起，舞出这首诗的节奏吧。平声用横线来表示，我们就用手画横线；仄声用竖线表示，我们的手就画竖线；入声是特殊的仄声字，读得最短，一读出来就得收住，我们的手先画竖线，再捏成拳头收起来。

（同桌练习诵读，展示诵读）

师：莺歌燕舞、柳绿花红，水村山郭、迎风酒旗，南朝寺庙、烟雨楼台，这是一番怎样生机勃勃的景象呀！让第一次去江南的杜牧一下子被这色彩明丽的美景陶醉。我们一起带着手势再来吟诵。

3. 感受江南春的诗韵

春日生机勃勃的自然景色，繁荣富足的世俗生活，加上那掩映在蒙蒙烟雨之中的佛寺，足以体现江南生活的高雅。广袤的江南如同千里长卷包容了万千景象，出尘与入世，人间与自然出现在同一幅画面中，如此和谐美好，怎能不让北方出生的杜牧欣赏和赞美呢？

五、课堂小结、布置作业

教学思考：

该课教学努力体现《义务教学语文课程标准（2022 年版）》的基本理念和内容要求，思路清晰，重点突出。首先，能够借助诗题，质疑问难，激发学习兴趣，了解江南的地理风貌，并随机整合一组有关江南的诗句；其次，能借助具体诗句，结合“虚指”知识，让学生通过抓住景物，想象画面，体会江南之美；最后，学习吟诵，加深对诗中景物特点和思想感情的理解。

从课堂教学情况来看，尽管整个教学过程比较顺畅，但在关键环节借春天景物进入诗歌描绘的春天画面，学生不能充分地感受江南春天的繁盛绚烂，没有办法体会诗人忧国忧民的家国情怀，一定程度上削减了这首古诗的厚重情感。另外，古诗教学略显单薄，为这一首而教这一首，用教材教的价值没有被充分挖掘出来。

评课议课中，有些教师指出：要增加识字教学环节，把识字教学内容锁定“莺”这个字，借以认识诗歌的意象以及汉字“省写”的特点；也有些老师指出：要介入南朝的历史资料，了解寺庙多的来龙去脉，以实现诗歌教学的“知人论世”，为更好地理解诗歌助力，体会诗人的家国情怀；有些老师提出：要充分利用课前几分钟，介绍唐诗的概况，让六年级的学生对唐诗有一个比较全面的、整体的认识；有些老师指出：这首古诗借景抒情，情藏于景中，但如果只是进入诗歌的画面，情不容易被觉察、被发现。如果借鉴电影中的“蒙太奇”，让景与情不断交织，可能会产生不一样的效果；还有些老师指出，对富有表现力的词语“绿映红”应不断丰富其画面感，而不仅仅是止步于找到景物。

基于上述情况，我们对教学思路做了适当调整，并在市开放周活动正式执教。

【正式执教】

课前微视频介绍“唐诗”概况：

我们知道，许多花朵集中在一个时期开放，被称之为花期。中国古代诗歌，也有自己的花期，诗歌的花期正是唐朝。

《唐诗三百首》收录了唐朝的三百首诗歌。但实际上，唐诗至少有 55000 多首，可以从《全唐诗》《全唐诗补编》得到印证。唐朝不足 300 年，历经初唐、盛唐、中唐及晚唐 4 个时期。初唐大约历经 100 年，初唐四杰、陈子昂等诗人用豪迈的诗篇开创了健康的新诗风；盛唐大约历经 50 年，成就最绚丽夺目，涌现了李杜、王孟、高岑、边塞二王等大诗人，诞生许多脍炙人口的诗歌名篇。安史之乱后步入中唐时期，诗歌创作再次“繁华”。多达 19000 多首，不少名篇佳作出自白居易、刘禹锡、韩愈、柳宗元等人之手。晚唐，诗歌成就最衰微时期，却依然有李商隐、杜牧、贾岛等人的作品屹立诗坛。

诗歌是唐朝科举考试的必考内容。为了金榜题名，那时候千千万万的读书人苦练诗意。那是个“全民写诗”的时代：上有皇帝李世民、武则天、李隆基等，下有 7 岁骆宾王、6 岁林杰等天才神童。“即兴赋诗”似乎是每一个唐朝人应有的模样。

唐诗，是中国文学史上一颗璀璨的明珠。它，化作了万千图景，让我们浪漫地与历史对话，与世界同行。

任务一：重温诗文，描摹春的江南

一、诗配乐入题

1. 创设情境导入。

师：有这样一个地方，春天柳如烟，江水绿如蓝，花如烈火遍地燃，处处翠竹呈绿伞。你们知道是哪个地方吗？是的，江南！

2. 了解地理风貌。

师：你们知道江南在哪里吗？看，江南就在长江以南，特指长江中下游的南边。地图上圈起来的地方就是江南。江南人杰地灵，风景如画，素有“鱼米之乡”的美称，据说乾隆皇帝都曾六下江南。

3. 了解不同诗人眼中的江南。

师：古往今来的文人墨客们都爱游江南，写江南！你们看，白居易写江南，写它：日出江花红胜火，春来江水绿如蓝。杨万里写江南，写它：接天莲叶无穷碧，映日荷花别样红。苏轼写江南，写它：半壕春水一城花，烟雨暗千家。唐朝诗人杜牧对江南也是情有独钟。今天这节课我们将一起走进晚唐诗歌高峰的缔造者——杜牧的《江南春》。

任务二：初读古诗，走进千里江南

一、反复诵读，初识江南

师：课前大家预习了古诗，现在老师来检查一下你们的预习情况。

师：谁能按吟诵规则吟诵这首古诗?

指导要点：

① 平长仄短，平低仄高。

② 入短韵长，高是强调，长是延展。

二、学习生字“莺”，认识黄莺的意象

1. 字理识字

师：你们看这张图是诗中哪个字?

生：“莺”字。

师：对了，是“莺”。“莺”由“荧”的省写和鸟组成（出示组合动画），“莺”是形声字，谁来说说它的形旁和声旁。(随机出示“荧”)

师：声旁就是“荧”的省写。

2. 图文结合识字

师：快看，黄莺鸟来啦（出示图)，听，黄莺在和你们打招呼了呢。(播放莺啼）黄莺也叫黄鹂。黄莺这么漂亮，这么会唱歌。

3. 了解“黄莺”的意象

师：你们看，诗人都喜欢把它写进诗句里。

随机出示一组带有黄鹂的诗句：

绿阴不减来时路，添得黄鹂四五声。——曾几《三衢道中》

两个黄鹂鸣翠柳，一行白鹭上青天。——杜甫《绝句》

独怜幽草涧边生，上有黄鹂深树鸣。——韦应物《滁州西涧》

池上碧苔三四点，叶底黄鹂一两声。——晏殊《破阵子·春景》

师：知道诗人为什么要写黄鹂吗？

生：这些都是描写春天的诗句，而黄鹂是春天的使者。

师：是的，黄莺一般出现在春天的诗中，代表春天来了，意寓春天生机盎然。来，我们一起读一读这些诗句。

师：谁来吟诵这句诗？老师也来吟诵，你发现了什么？感受到什么？

师：是的，“啼”拖长，仿佛到处都有黄鹂鸟的鸣叫。我们一起诵读这句诗。

4. 联系旧知，理解诗意

师：对于诗意，你们理解了吗？你是用什么方法理解的？

生：查找资料、借助注释及扩词法。

师：这些都是理解诗意的好办法，特别是借助注释，是学习古诗最基础的方法。

师：理解了诗意，相信你们一定能吟诵得更好，一起读——

（生读诗句）

三、紧扣景物，再识江南春

1. 自由吟诵古诗，圈画景物

师：江南春抓住哪些景物写出了江南春天的特点？动笔圈一圈。

学生汇报，教师随机板书。

师：这幅江南春景中有黄莺、绿树、红花、水村、山郭、酒旗、四百八十寺、楼台、烟雨，这些景物、这样的画面给了你怎样的感觉？

生：万紫千红。

生：生机勃勃。

生：桃红柳绿。

师：哪个词让我们特别有这样的感觉？

生：绿映红。

2. 品读“绿映红”

（1）齐读词语“绿映红”

（2）据词说画面

师：读着“绿映红”三个字，你仿佛看到了什么？

生：绿树映衬着红花。

师：你读懂了映的意思：映衬。绿树映衬红花，绿树映衬粉红的樱花，绿树还可能映衬什么？

生：绿树映衬粉红的桃花。

生：绿树映衬红色的杜鹃花。

生：绿树映衬红色的太阳花。

生：绿树映衬红掌。

生：绿树映衬红色的一品红。

师：还有什么映衬什么，也叫绿映红？

随机出示句式：__________映衬____________

生：绿绿的河水映衬着粉红的桃花。

生：绿绿的小草映衬着红色的一品红。

生：绿绿的柳树映衬着红红的映山红。

（3）体会诗韵

师：“绿映红”能不能说成“红映绿”？

生：不能，绿映红更能体现春意盎然。

生：绿映红更押韵。

师：是的，绿映红不仅让我们感受到浓浓的春意，而且遵从了诗词格律（随机出示诗歌中的3个韵脚）我们再读读这个词——绿映红。

师：简简单单的3个字却藏着万千春景。

（4）朗读体会

随机播放江南春景视频。

师：谁来吟诵，吟出它的春意盎然？

生：读。

师：大家像他一样吟诵，吟出江南的春意盎然。

生：齐诵。

4. 品读“千里”，感受空间辽远

（1）质疑“千里”

① 出示《升庵诗话》

“千里莺啼”，谁人听得？“千里绿映红”，谁人见得？若作十里，则莺啼绿红之景，村郭楼台，僧寺酒旗，皆在其中矣。

——杨慎（明代三才子之首）

师：明代文学家杨慎在《升庵诗话》中就对“千里”一词提出了异议。杨慎实际上提出了什么问题？

生：要把“千里”改为“十里”。

师：你们怎么认为？

生：“千里”只是虚指。

生：“千里”是想告诉我们江南地域广阔。

生：“千里”写出了江南大地都是生机勃勃的景象。

② 拓展诗句，理解“虚指”

师：你的意思是并非真的千里之外都能听到莺啼。是啊，这是众多诗人写诗的一种手法，叫虚指。

出示“虚指”的诗句：

《赠汪伦》中有“桃花潭水深千尺”；《望庐山瀑布》中有“飞流直下三千尺”；《夜宿山寺》中有“危楼高百尺”；《秋浦歌》还有“白发三千丈”。

师：这里的“千尺”“三千尺”“百尺”“三千丈”都是虚指。杜牧的一个“千里”写出了广阔江南春色无边，更让我们感受到唐诗的浪漫色彩。一起来诵读出这江南的辽阔与繁丽吧。

（生齐诵）

任务三：链接资料，体悟诗人深情

一、链接资料，走进南朝

1. 运用新知，找到“虚指”

师：诗中还有一处虚指你能找出来吗？它带给我们的又是什么呢？

生：“四百八十寺”，说的是寺庙之多。

2. 链接资料，探究南朝

出示南朝资料：

为了得到百姓的支持，南北朝时期战争不止，百姓安居乐业的心愿不能够实现，正好佛教从印度传过来，佛教讲求来世报，符合当时百姓心态，故而很多人信仰佛教，兴建许多寺庙。由于佛教寺庙的不断出现，许多达官贵人，士子名流也逐渐接受佛教，信仰佛教。最后统治阶级为了稳定国家的统治和收复民心也开始大肆修建佛寺。故而南北朝时期多佛寺。

师：猜猜，南朝为什么建这么多的寺庙？

师：建这么多的寺庙，需要花费很多银子，需要占用大量的民田房子和名胜之地，需要浪费大量的人力物力。这些人力物力财力来自哪儿？

生：老百姓。

师：是啊，南朝的老百姓因此负担沉重、生活苦不堪言，所以南朝仅存在 169 年。学到这，你的心情如何？

生：沉重。

生：担忧。

生：难过。

生：无奈。

生：悲伤。

师：如此数量众多，规模庞大的寺庙群给百姓带来的只有无穷无尽的苦难。带着你的感受一起吟诵这句诗：南朝四百八十寺。

(生齐读)

二、情理相融，体会诗人的情感

设疑：作者是唐朝的诗人，是晚唐的诗人，为什么要写两百多年前南朝的事情呢？结合课前查找的资料来说说。

1. 说诗人的担心

师：诗人年少气高，才华横溢，满腹济国之心，身在晚唐的他，作为一个文官掌书记，类似于现在的机要秘书，他写南朝的事情是因为他担心啊，他担心——

生：他在担心重蹈覆辙。

生：他在担心百姓生活苦不堪言。

生：他在担心唐朝的太平盛世不复存在。

师：是的，他的种种担心，化作了解不开的忧虑。带着这样忧国忧民的心情，一道独特的风景进入诗歌。

（随机出示诗句：水村山郭酒旗风）

2. 读懂“酒旗”背后的情感

师：酒旗也称酒幌子，上面写着店家的字号，悬挂于酒店铺上，用来吸引过往的客人，酒旗也是个意象，意寓着经济繁荣，太平盛世。

师：借酒浇愁的他，担心千里莺啼绿映红不再有，担心——

生接读：多少楼台烟雨中。

师：摇摇欲坠的晚唐，景色秀丽的山河，不断地交织在诗人的眼前，他多么希望晚唐依然是——

生接读：千里莺啼绿映红。

师：他多么希望自己的国家依然是——

生接读：千里莺啼绿映红。

师：他多么希望自己喜欢的江南大地依然是——

生接读：千里莺啼绿映红。

3. 创设情境引读诗句

师：烟蒙蒙，雨蒙蒙，一声叹息。几许惆怅，一切尽在那——

生：南朝四百八十寺，多少楼台烟雨中。

师：国之将亡，王却执迷，杜牧当时多想告诉皇帝——

生：南朝四百八十寺，多少楼台烟雨中。

师：可是，在昏庸无道的晚唐，他的呼吁是那么渺小，他只能旁敲侧击地告诉统治者——

生接读：南朝四百八十寺，多少楼台烟雨中。

师：他只能旁敲侧击地告诉天下人——

生接读：南朝四百八十寺，多少楼台烟雨中。

三、反复吟唱，抒发情感

师：诗人将历史风光和自然景物、人文景观融为一体，更为江南的美增添了厚重的底蕴和独特的魅力。景中融入诗人复杂的情感，你们听——（播放学生的吟唱）

师：让我们把诗人的这种心情吟唱出来。

师：有人说杜牧的《江南春》是赞美江南的美景，也有人说杜牧在借古讽今，在为晚唐的衰败而叹息。不管哪一种，我们今天只要想起春天，想起春天的江南，你一定会记得——（生接读：日出江花红胜火；接天莲叶无穷碧；半壕春水一城花）

师：你一定更会记得杜牧的这首《江南春》，这首跨越了空间的辽阔视野，跨越了时间的悠远深长，勾画出来的大气江南，烟火江南。让我们再次吟唱——（生接读）

师：诗的语言，典藏着五千年悠久的历史文化；诗的声音，演绎着不朽历史的风骨铿锵，让我们和着音乐，在吟咏声中结束这节课吧。

教学研讨：针对第一次教学存在的问题，第二次教学侧重在三个环节作了调整。一是有意识地增加唐诗的介绍，一方面让中华传统文化在课堂的层面得以弘扬，开阔学生的文化视野，另一方面以点面结合的方式，打开《江南春》的学习方式；二是增加了识字教学的环节，赋予“莺”以“造字之理”，以“动静之感”，以“意象之美”；三是引入课外资源，“以史入诗”，以电影“蒙太奇”手法不断地再现“历史的情境”，拨动学生的心弦，让学生和作者对话，和作品共鸣，牵动学生的情感，播下家国情怀的种子。

以上，同一教学内容的两次设计，以“改课”为支点，开展“专家—教师”协同课例式研修，遵循“学习内化—实践外化—反思再内化”逻辑，采用“实情分析—问题导向—协同设计—深研改课”的路径，通过“一次设计→专家诊断→互动研讨→修改建议→二次设计→反思提升”的改课流程，精准诊断问题，开展教学实践探索，推进语文核心素养的全面落实，实现语文学科育人价值。

案例2：

统编教科书五年级下册习作《那一刻，我长大了》讲评课改课行动

【首次试教】

《那一刻，我长大了》是统编教材五年级下册第一单元的习作内容。本单元的人文主题是“童年往事”，阅读要素是“体会文章表达的思想感情”，表达要素是“把一件事的重点部分写具体”。

讲评课的讲评是补救，不是写作过程的顺势指导，而是解决学生习作中普遍存在的问题，一方面是把自己感到长大的“那一刻”的情形写具体，另一方面是与伙伴分享习作，并根据同伴的意见修改习作，体会成长的快乐。

对接《义务教育语文课程标准（2022年版）》，在“表达与交流”领域第三学段的“学段要求”和“教学提示”“学业要求”中进一步指出，要让学生“懂得写作是为了自我表达和与人交流”“内容具体，感情真实。能根据表达的需要，分段表述”，要“引导学生感受文学之美，表达自己独特的感受，促进学生的精神成长”“关注创意表达能力”；要使学生“乐于表达自己独特的感受”“在活动中积累素材，写简单的记实作文，内容具体，感情真实。”

《义务教育语文课程标准（2022年版）》在评价建议中指出，教师要充分发挥评价的诊断、反馈、激励等功能，不断促进学生的学习。而对学生习作的评价，则建议从兴趣、习惯、方法等方面入手，借助自改和互改等方式促进学生“具体明确、文从字顺地表达自己的见闻、体验和想法”，特别是“有真情实感”“有创意地表达”的能力。

如何更好地落实课程标准关于“表达与交流”的理念和要求，以促进学生语文核心素养的发展？我们教研团队围绕该习作《那一刻，我长大了》这一内容开展了习作讲评课的系列研讨活动，对这部分内容的教学进行反复研磨，希望能在活动中进一步加深对习作讲评课的理解，探寻有助于提高学生习作水平的教学路径。现将我们的磨课历程及相应的教学思考呈现如下。

一、聚焦成长，拓展素材

1. 分类呈现成长瞬间

师：老师认真欣赏了同学们第一次的成长故事集，里面有太多成长的瞬间，让老师深深地感动了——

（随机出示学生第一次习作事例）

师：老师归纳整理了一下，大概有这几个类型的故事，请大家快速地看一遍，故事中促进我们成长的人物有谁？

生：爸爸、妈妈、奶奶、同学。

师：再看看促进同学们成长的故事有什么呢？

生：生活中的、比赛类的事。

师：读着成长故事集，老师发现身边的人很平凡，身边的事很温馨。

2. 出示例文，发现问题，反思选材

师：读例文，这个故事讲了什么？他看到了什么？

生：他看到了北方的水灾。

师：心系灾区，关心灾民。小作者的视野打开了，关注到了国家大事，他的成长让人敬佩，掌声送给这位同学！

师：当我们回头再看第一次的成长故事集，都是身边人、身边事时，你有什么想法？

生：我觉得不仅可以写身边人，还可以写别人。

师：不写身边人，还可以写哪些人？

生：钟南山、袁隆平、屠呦呦，还可以写警察、环卫工人、航天员等。

师：当你的视野从身边转移开来，就会发现这么多为国家、为社会做贡献的人。这些不平凡的人、不平凡的事，会为我们的成长注入榜样的力量。

师：如果让你再次写《那一刻，我长大了》，你会把原来的对象改成谁呢？

生：我原来写的是妈妈，现在我想写写交警。

生：我原来写的是同学，现在想写陈祥荣。

师：从身边亲近的人到为国家为社会做贡献的不平凡的人，孩子们，你们此刻思维的变化，正是让人心动的成长。

3. 时事热点归类

师：课前通过问卷星调查，老师还发现同学们关注的事情也发生了变化。大家看，你能试着给这些事分类吗？

生：这 3 件都是写诚信。

师：你善于抓关键词来归纳，了不起。其他的事呢，与什么有关？

（课件随机出示关键词“爱国、文明、诚信、友善、和谐、敬业”）

师：明代顾宪成说过：“家事国事天下事，事事要关心。”从只关注身边事到关心社会、关心国家大事。这一刻，同学们也长大了！

二、巧借支架，破解难点

1. 发现学生习作优点，借鉴习作方法

师：长大的那一刻，时间很短，感受很真，这是一个同学写的成长过程，大家读读，有什么优点？

生：作者能借助眼眶一红、鼻子一酸、身子一震这样的词来表达感受。

师：除了借助身体反应把感受写清楚，还有别的方法吗？

2. 播放视频，把过程写下来

师：咱们一起看视频（播放视频“神舟十五发射成功”片段）。

师：和小组同学说说，你印象最深的画面是什么？

师：把神舟十五发射的过程写下来吧，用时 10 分钟，开始。

三、评改片段，多角度写感受

1. 出示作品，发现问题

师：一起来看看这篇习作，有什么优点呢？

“神舟十五”成功发射，我为祖国而骄傲

11 月 29 日 23 时 07 分，我的双眼紧紧地盯着电视屏幕，这时正直播“神舟十五”发射前的一分钟准备状态，三位航天员整装待发。只见稳定支架缓缓打开，不多时便听到指挥员发出了倒计时口令：“十、九、八……发射！”紧张的感觉像一株生长迅速的藤蔓，刚刚才冒出小芽，就飞快地开枝散叶，爬上我的心头，把我的心脏裹得严严实实的。火箭尾部喷出橘红色的火焰，在蘑菇云的烟雾中，“神舟十五”如白色巨龙一飞冲天，鲜艳的中国红闪耀太空。总指挥邹利鹏一脸认真地宣布：“我宣布‘神舟十五’发射任务取得圆满成功!”话音刚落，他率先伸出双手，用力地拍了起来，嘴角向上微微勾起，心中的喜悦溢于言表，航天中心指挥大厅顿时变成了欢乐的海洋。这时，我紧握的拳头才慢慢松开，松了一口气，手抚着胸口欣喜了好一会儿，心情久久不能平复，依然怦怦地跳着。

我国载人航天工程起步晚、基础弱、底子薄，最终却能逐梦九天。这怎么不令每一位中华儿女为祖国的强大而骄傲呢！作为一名学生，我要学习航天人的谨慎与认真，好好学习，将来争取投身到航天事业中。

生：他把事情写得很清楚呢。

师：小作者抓住哪些画面把事情写清楚的呢?

(随机出示画面：领命出征、点火发射、火箭升空、宣布成功)

师：有什么建议?

生：他只写画面。没有感受，这样的作品很难打动人。

师：是啊，最是真情动人心，只有写出真实的感受，才能唤起读者的共鸣。

2. 交流感受，学习方法

师：咱们以宣布成功这个画面为例，当总指挥宣布火箭发射成功时，你的心里怎么想?

生：当时我的心情久久不能平静。

师：你这么兴奋，是因为——

生：我为自己是中国人而自豪。

师：这就是你当时的想法、看法，那当时你有什么表现?

生：激动得跳了起来，巴不得插上翅膀飞到发射现场。

师：你的身体反应就是当时感受。你呢?

生：我的内心也是在为宣布成功而感到自豪。

师：成功的背后离不开许许多多的航天工作者们，长大后你又想怎样为祖国出力呢?

生：我以后也想当一名航天员，为航天事业贡献自己的力量。

师：你通过以后的行动表达了当时的感受，有志气！谁也想说？

师：同学们，同一个画面，不同的人也会有不同的感受。

3. 借助方法，把感受写清楚

（1）用上方法，初步修改

师：孩子们，拿起笔修改片段，注意把自己的感受写清楚。

（3）全班交流，汇报成果

（4）师：时间到，谁来说说，你修改了几处？用手指比个数，一处、两处、三处，哇五处！

师：对比原文，看看这个同学修改后的作品，说说值得称赞的地方在哪？

生：作者在开头、中间、结尾都写了感受。

生：小作者在每个画面的感受都不一样，有变化呢。

师：孩子们，咱们借助身体反应，谈自己的看法、感受及变化（结合板书：见行动、谈看法、抓变化），这样就可以把感受写清楚、写真实、写感人。

师：第一次习作，咱们关注了身边人、身边事，成就了温馨的成长故事集第一辑（亲身经历，温馨动人）。这节课咱们关注了不平凡的人、不平凡的事，视野在成长，还学会了多种角度把感受写清楚，习作能力也渐长。回去后请同学们用上这节课所学的方法，再写一篇《那一刻，我长大了》的作文，我们将汇编成《成长故事集（第二辑）：胸怀祖国，放眼世界》。

板书：那一刻，我长大了：抓变化；谈看法；见行动；身体反应。

评课议课：

首次试教的教学过程虽然很顺利，但教研团队在研讨后认为本节课的教学还需要在以下几个方面进行改进。

1. 突出习作讲评课的课型特点

习作讲评是指导和巩固学生习作核心能力，提高学生自主修改和互相修改能力的有效路径。习作评价课，应以引导学生爱上写作、能够写作、积极主动修改为目标，培养学生写作的兴趣，发展他们自主修改习作的能力。因此，此次习作讲评课重在引导学生审视自己或其他同学的习作，发现亮点，反思不足，在修改中，提高自己的表达能力和写作水平。因此，“发现”“反思”“修改”应成为习作讲评活动的基本要素。不妨认真通读学生的第一次习作，对学生的习作情况做个细致的统计，发现学生的写作亮点，找到不足之处，进行有针对性的修改。

2. 精准确定习作讲评课的教学目标

习作讲评课，心中有“标”，行中方有“向”。结合该单元“把一件事的重点部分写具体”表达要素，可以梳理出本次习作的能力训练点是写具体重点部分。教学中，要有意识地引导学生去关注自己或者同学所写的习作有没有根据表达的需要自洽重点内容，有没有把重点部分写具体。课堂中要注意把讲评目标具体转化为学生“小标准”“小目标”，设计相应地表现性评价标准，让学生在一一对照中检验自己的写作水平和能力达成情况，清晰地知晓自己哪里成功了，哪里还需要改进。

3. 深入学情，依学定教

习作讲评课上，教师眼中不光要有教材，更要有学生，着眼学生需要，指向学生的表达困惑，贴着学生思维最近发展区进行讲评，规避仅基于教师自己的经验进行的教学。解决好如下几个问题：

（1）认识写作的价值，解决好为什么写的问题

“写作是运用语言文字进行表达和交流的重要方式，是认识世界、认识自我、创造性表述的过程。”因此，我们要让学生知道写作不是为完成任务而作，也不是作者一个人自说自话。我们之所以写，就是要跟别人交流，让别人知道我经历了什么，收获了什么。不妨重新创设写作情境，让学生在写作中认识自己是谁，为什么要写，写给谁。也可以把优秀的学生习作甚至某一片段在班级内进行肯定与表扬，表达对学生习作最大的认可，激发学生的写作动机与交流意识。

（2）要选择好学习支架

学习支架是为了促进学生更好的学习。学习支架应体现面向全体的特点，具有实用性。从提供的习作例文看，并不是所有的学生都关心国家大事，关心神舟十五的发射。因此，以它为例文，不容易引起所有学生的共鸣。不妨把这个例文支架置换为学生熟悉的生活领域，似曾相识的场景。在“熟悉”

与“陌生化”中增强例文支架的支持性作用。

其次，科学设计评价标准，使习作评价过程成为引导优化、提升表达的学习过程，矫正学生第一次习作问题，进一步指导和规范言语、提升思维。

(3) 提升习作修改的品质

语文课程标准在习作评价建议中指出：“要考查学生对作文内容、文字表达的修改，也要关注学生修改作文的态度、过程和方法。要引导学生通过自改和互改，取长补短，促进相互了解和合作，共同提高写作水平。”在教学中，可以充分展示本班学生初稿中的闪光点，也可以指出修改后的亮点，还可以出示修改稿前后的对比文。而修改后的佳作，应成为讲评课关注的其中一个重点，以此激励学生变“消极修改”为“积极修改”，引发学生“付出终有回报”的欣慰感。

根据评课议课的建议，执教教师进一步优化了教学方案，重新设计了教学过程，并进行了第二次执教。

【二次试教】

一、创设情境，点赞成长话题

1. 创设讲评情境

师：孩子们，看这份海报，谁来读一读。

一男生读。

师：为了推出我校的参赛选手，这节课我们要进行选拔。

师：悄悄地告诉你们，在第一次习作中，我们班有三位同学成功入选，他们是谁呢？大声叫出他们的名字——

生：简××，张××，李××。

师：掌声祝贺他们，这三位同学的故事告诉我们，长大就是——

生：感受到纯真的同学情。

师：长大就是——

生：感受到无私的母爱。

师：长大就是——

生：感受到英雄的壮举。

师：还有很多的“那一刻”，让老师深深地感动了，看——

（随机出示学生名字）

1. 房间黑得只能见到微光，勉强入睡的我被清晨的阳光叫醒时……（连××）
2. 妈妈大拇指受伤了，洗碗时我的心像被千万根钢针扎时……（黄××）
3. 我隐瞒成绩，妈妈却心平气和，依稀可见她脸上那岁月沧桑……（江××）
4. 帮妈妈推着大小两个行李的我害怕跟丢时……（张××）
5. 连人带车摔倒，仍坚持学会自行车的我载着买回来的菜时……（熊××）
6. 妈妈拖着病躯，仍然坚持为我蒸饭炒菜时……（邓××）
7. 妈妈给我买好吃的，自己吃的却是白米饭配开水……（王××）
8. 奶奶用老花的眼睛穿针线，久久不能穿过，而我秒穿时……（郝××）
9. 我和同学主动处理一女生呕吐物，看到班级恢复干净时……（游××）
10. 我为生病的妈妈煮饭菜，妈妈一把抱住我表示为我骄傲……（谢××）

2. 展示优秀作品

师：现在，咱们走进王××同学的习作，他是用这样的方式表达感受的，请王××读一读。

（王××学生读）

师：全班再读。

生齐读。

师：这一份沉甸甸的母爱是在哪一刻感受到的呢？请同学们找一找。

生：我看到妈妈吃米饭的那一刻。

师：王同学多次写到妈妈在吃白米饭？请同学们找出来。

生找。

师：一共 4 个画面。看妈妈吃白米饭，还在吃白米饭，盖上白米饭，大口吃白米饭。为什么选择“大口吃白米饭”这一刻呢？

师：同学们，王昊宇同学的作品符合了选拔的要求，你们给他几颗星呢？

生：6 颗。

师：写作文时就要像他一样紧扣题目要求。

二、聚焦难点，梳理成长问题

师：这是老师对同学们第一次习作做的数据统计，咱们习作存在什么问题呢？和小组同学交流下。

生：内容与成长缺乏联系。

生：那一刻的情形不具体。

生：表达感受的角度比较单一。

师：是的，这就是咱们这节课要解决的问题。

三、巧搭支架，解决长大难题

1. 展示例文，感受独特

师：关于第一个问题，如果写的事件和长大没有联系，要怎么联系起来呢？可以抓住那一刻长大的具体情形。咱们还是以王××同学的作品为例。关于妈妈上班的镜头有很多，可能有——

生：为顾客介绍商品。

生：整理商品。

师：为什么其他都不写，要定格在吃饭的这一刻？

生：这个最让我震撼、意想不到。

师：是的，长大的那一刻一定可能是思想上有变化，可能是心理有变化，可以是行动上有变化。咱们一起看看妈妈吃的是什么——

生：白米饭。

师：喝的是什么——

生：白开水。

师：那我吃的是什么？

生：好吃的过桥米线。

师：一俭一奢，这鲜明的对比让你感受到了什么？

生：沉甸甸的母爱。

师：下面，请同学们拿出第一次习作，像刚才一样，先找到让你触动的那一刻，把那一刻写具体。开始吧——（生修改，师巡视指导）

师：时间到，请王同学分享。

师：觉得把那一刻写具体的给自己打上3颗星。

（生自评习作，为习作打星）

师：得3颗的同学举手。（生举手）

师：真了不起，同学们，最是细节能动人，最是真情暖人心。

2. 运用内心独白把感受写清楚

师：妈妈大口吃饭的那一刻是王同学内心受到震动的时刻，他是怎样写自己感受的？

（出示片段）

生：他写了动作“回到”“拿到”。

师：这是咱们第一次课上学习的，借助身体的反应把感受写清楚。我从同学们的成长故事集里摘录了这些词语，读一读。

出示词语：

没想到　体会到　明白了　心头一颤　感觉 感到　发现　原来　泪眼蒙眬　鼻子一酸　喉咙一哽　竟然　无法想象　心里一紧　身体一僵　眼眶变红

师：用身体的反应写清楚那一刻的感受，还可以怎样把那一刻的感受写清楚呢？

生：可以写是怎么想的。

生：写怎么做的。

师：一样写母亲，作家林海音是怎样写感受的？静静读，想一想，想好了举手。

出示例文：

我跨进店门，暗喜没人注意。我踮着脚尖，从大人的腋下钻过去。哟，把短头发弄乱了，没关系，我总算挤到里边来了。在一排排花花绿绿的书里，我的眼睛急切地寻找，却找不到那本书。从头来，再找一遍。啊！它在这里，原来不在昨天的地方了。

师：谁来说说哪些句子是写感受的？

生：他写了自己心里的想法。

师：心里自己对自己说，给自己听，这就是内心独白。借助内心独白，咱们可以把感受记录得更清楚，更真实，更感人。下面请同学们接着刚才把那一刻写具体的后面再次修改，添加上内心独白把感受补清楚。时间5分钟，开始吧。

师：修改好了，把你修改后的感受读给同桌听听，互相评评你能得几颗星呢？

师：得3颗星的举手，请你来读读你修改后的内容？

师：同学们，那一刻很短，但留下的情感可以很深，很长。如果要想作文脱颖而出，咱们还可以在选择素材中下功夫。第一次习作，咱们关注了身边人、身边事，想想，我们还可以因为哪些人和事长大呢？

生：钟南山、袁隆平、屠呦呦、警察、环卫工人等。

师：是的，身边熟悉的人和事会让我们成长，还有许许多多为国家、为社会做贡献的人他们也会为我们的成长注入榜样的力量。

四、课堂总结，鼓励二次习作

师：同学们，第一次习作咱们成就了温馨的《成长故事集（第一辑）》。咱们这节课，巧用“慢镜头”把那一刻写具体，借助内心独白把感受写清楚。回去后再修改。我们将汇编成《成长故事集（第二辑）》，还要从中选拔7位选手代表班级参加学校选拔赛呢。谁能荣登选手榜呢，老师很期待。

评课议课：

二次试教的教学过程很顺利，突出了讲评课的特点，教学目标也比较明确了，但教研团队在研讨后认为本节课的教学还需要在以下几个方面进行改进。

1. 要引导“长大”的内涵

“长大”本就是一个抽象的概念。如何让学生理解长大的内涵，关系到素材的选择。因此，在整理学生第一次习作素材的时候，不妨把学生习作中体现“长大”的那一瞬间梳理，提炼出来，如思想上的变化，心理上的变化，行动上的变化，让“长大”变得可知可感，可触摸。

2. 要精准地选择“那一刻”，写好“那一刻”

学会观察、思维、想象、表达是习作教学的重点。素材的选择指向习作内容，体现了学生观察生活的能力，而“捕捉那一刻”则体现了学生的思维能力。五年级学生心理逐渐成熟，对待事物有自己的想法，但是对“成长”

这一概念的理解依然较为模糊，较难理解“事件”“那一刻”和“感受”之间的关系，不能精准选择表现自己在“那一刻”中长大的事件。

教研团队认为，“事件”和“那一刻”存在“面”与“点”的关系，在指导上要体现一定的写作顺序。“那一刻”和“感受”存在着“情”与“理”的关系，没有“那一刻”，感受就是无源之水，无本之木。二者的关系，决定了不能忽视“那一刻”的描写。教学中应提供适切的学习支架，引导学生把“那一刻”通过慢镜头的方式展开，写具体。

3. 引导树立积极修改的意识

课堂要把握好时间和节奏，但一定要腾出一些时间呈现学生修改后的习作，在成功的体验中，树立修改的态度和意识。

针对以上问题备课团队进一步优化了教学方案，重新设计了教学过程，执教老师在市小学语文市级研讨活动中进行了正式执教。

【正式执教】

一、创设大情境，激发兴趣

师：孩子们，看这份通知，谁来读一读。

生：读（省略）。

师：为了推出我校的参赛选手，这节课我们要进行选拔。选拔的要求是什么呢?

随机出示选拔要求：

1. 能打开思路，精心选择成长素材。
2. 会用慢镜头，把“那一刻”情形写具体。
3. 运用内心独白，记录真实感受。

师：悄悄地告诉你们，在第一次习作中，我们班有3位同学成功入选，他们是谁呢？大声叫出他们的名字（随机出示名字）

生：饶××、邱××、王××。

二、理解“长大”内涵

师：掌声祝贺他们，这3位同学的故事告诉我们，长大就是——

生：学会关心他人。

师：长大就是——

生：学会帮助做事。

师：长大就是——

生：立下小小的志向。

师：还有很多的那一刻，让老师深深地感动了，看——

随机出示：

1. 一个人睡觉，我因学会独立而成长。(卢××)
2. 妈妈受伤后我负责洗碗，因学会体谅而成长。(卢××)
3. 妈妈没有责备我隐瞒成绩，因学会承担而成长。(张××)
4. 我帮妈妈推行李，因学会承担而成长。(余××)
5. 我学会了骑自行车，因克服困难而成长。(吴××)
6. 妈妈带病做饭，我因感受到母爱而成长。(杜××)
7. 父母焦急不安等我回家，我因感到爱而成长。(苏××)
8. 奶奶穿不过针线，我因感到岁月沧桑而成长。(吴××)
9. 同学生病，我学会关心他人而成长。(吴××)
10. 我照顾生病的妈妈，因学会感恩而成长。(阙××)

三、以点带面，破解习作问题

1. 根据习作要求，评价学生习作

师：现在，咱们走进王同学的作品，他是用这样的方式表达感受的，请王同学读一读。

学生习作：

童年像一艘货船，里面装满了悲欢离合，而有一件事让我感受到了母亲的爱。

有一年暑假，我兴高采烈地前往妈妈的工作地厦门游玩。过了几十分钟，我就来到了车水马龙的厦门。我并没有告诉妈妈我到了！我快步走进商场，迅速来到妈妈上班的地方。正处中午，妈妈坐在椅子上吃桌上的白米饭，我发现她特别疲劳，干了渴了也只喝着白开水。妈妈为什么一碗汤也没有买？我惊讶地想。

过了一会儿，妈妈发现了躲在后面的我，说："你怎么到了，也不打电话告诉我，我好去接你呀！"说话间她快速地盖上白米饭，放到高处。"妈妈，你怎么只吃白米饭配白开水呢！"我疑惑道。"这个——哦，我那个刚喝完牛肉丸汤，但是没有吃饱，于是，就想再吃一点白米饭充充饥。"妈想了一下，回答道。妈妈的眼睛一直在回避我怀疑的眼神。

"你还没有吃午饭吧？妈妈给你买特别好吃的过桥米线！"我呆呆地看着妈妈，一直不明白妈妈为什么只吃白米饭配白开水。

不一会儿，外卖就送了上来。我接过过桥米线，拿着它感到心中有什么东西在触动。

我把米线端到旁边的小房间吃，小房间挂着帘子。我拉开帘子的一角偷偷地看着妈妈，只见妈妈又端起白米饭大口地吃了起来。我回到位置上，感到手上端着的米线沉甸甸的。因为在那时我发现了母爱，那一刻，我长大了！

（王同学读）

师：全班再读。

生齐读。

师：这一份沉甸甸的母爱是在哪一刻感受到的呢？请同学们找一找。

生：我看到妈妈大口吃米饭的那一刻。

师：王同学多次写到妈妈在吃白米饭。请同学们找出来。

生：看妈妈吃白米饭，还在吃白米饭，盖上白米饭，大口吃白米饭。

师：（圈画）是的，一共有几个画面？

生：4个。

师：为什么选择"吃白米饭"那个画面呢？

生：因为王同学第一眼就是看到妈妈在吃饭。

师：王同学自己说说。

王同学：因为我对这个画面印象深刻。

师：同学们，看了王同学的作品，你们给他几颗星呢？

生：8颗。

师：理由是——

生：王同学把那一刻的情形写具体了，选材与众不同，但感受写得不够具体，扣一颗星，所以是8颗星。

师：理由充分。孩子们，咱们来看看这一次初赛选拔的要求：

1. 会用慢镜头，把那一刻情形写具体。
2. 运用内心独白，记录真实感受。
3. 能打开思路，精心选择成长素材。

生：会用慢镜头，把那一刻情形写具体，可以得3颗星。

生：运用内心独白，记录真实感受，再得3颗星。

生：能打开思路，精心选择成长素材，还可以得3颗星

师：加起来，一共可以得9颗星，这样就可以参加初赛了。

师：孩子们，写作文就要像王同学一样紧扣要求。

2. 分解慢镜头，写好“那一刻”

（1）呈现数据，反思习作不足

师：这是老师对同学们第一次习作做的数据统计，咱们习作存在哪些问题呢？和小组同学交流一下。

生：素材与成长有关系的占70.6%，还有相当一部分同学的素材与成长没关系的比例也挺高的，占29.4%。

生：第二张统计图可以看出“那一刻情形描写”较为简单60.8%，基本没写的占了7.8%。

生：“表达感受的角度比较单一”的占了72%。

师：是的，这些就是咱们这节课要解决的问题。

（2）借助支架，学习选择“那一刻”

师：关于第一个问题，要怎么把写的素材和成长联系起来呢？（板贴）这里有个小窍门，可以抓住那一刻长大的具体情形来写。咱们还是以王同学的作品为例。关于妈妈在商场上班的镜头有很多，可能有——

生（王同学）：卖衣服。

生：整理衣服。

生：帮客人结账。

生：还要做卫生。

师：这么多镜头，为什么要定格在大口吃起来的“那一刻”？

生：妈妈大口吃米饭让小作者记忆深刻。

师：请王同学自己来说。

王同学：这一刻最让我震撼和意想不到。

(3) 运用“慢镜头”，把“那一刻”写具体

师：是的，长大的那一刻藏着看不见，可能是思想上有变化，可能是心理上有变化，也可能是行动上有变化。咱们一起看看妈妈吃的是什么？

生：白米饭。

师：喝的是什么？

生：白开水。

师：那王同学吃的是什么？

生：过桥米线。

师：什么样的过桥米线？

生：特别好吃的过桥米线。

师：一俭一奢，这鲜明的对比让你感受到了什么？

生：沉甸甸的母爱。

师：看，王同学就是抓住了妈妈“吃”的这个镜头写好那一刻的。这一刻咱们是不是应该写得更具体，更打动人呢？谁有金点子？

生：我可以写妈妈大口大口往嘴里送。

师：上班赶时间，没空细嚼。

生：我可以写妈妈吃饭时的神态。

师：妈妈吃得又快又急，可能会？

生：会噎住。

师：噎住时她的神态会？

生：发生变化。

师：你们的点子真好，这样写那一刻的画面就生动多啦。请你拿出习作

单，帮助王同学把妈妈大口吃米饭的那一刻写具体。

学习单：

小练笔：把妈妈大口吃饭的那一刻写具体

____

____

____

师：时间到，我们来看这两个同学的作品，小作者自己来读读。

生：我看见，妈妈吃饭好急好快，紧握筷子像饿狼一样，大口大口地吃着，她塞了一嘴的饭，可却咽不下去。突然眉头紧皱，拼命捶打胸口，赶紧拿着白开水“咕嘟咕嘟”地喝了起来，好一会儿，她才继续大口吃饭。

生：只见，她很急地坐在光线阴暗的角落，吃力地打开饭盒，拿出破旧的筷子，夹起一口就往嘴里送……几分钟过去了，她只咽下第一口。

师：看，这就是“慢镜头”的魅力，可以帮助我们把“那一刻”的情形写具体。下面，请同学们拿出第一次习作，像刚才一样，先找到让触动你自己心灵的“那一刻”，再运用“慢镜头”的方式把“那一刻”补具体。开始吧。

师：时间到，请这两个同学来分享。

生：奶奶三番五次番地对准针眼，穿也穿不过去。几次失利后，奶奶把手放到嘴里沾口水，那条细细的线被捻了又捻，但她还没穿好。

生：奶奶又一手拿着一根针，靠近脸，颤巍巍地捏着银亮亮的那根针，可奶奶的手实在抖……

师：再请王同学分享。

生（王同学）：妈妈一手抓住碗，一手夹住筷子，举起碗筷子快速夹住米饭往嘴里塞，突然，她放下碗拿起矿泉水瓶，“咕嘟咕嘟”地大口喝水，一直到嘴塞得像一个要爆炸气球，“气球”迅速缩小，妈妈被呛住了。“咳咳！”沙哑的声音传来。她又自言自语道：“得赶紧去工作。”

师：觉得把“那一刻”写具体的给自己打上 3 颗星。

生：自评。

师：得 3 颗的同学举手。

生：举手。

师：真了不起，同学们，最是细节能动人，最是真情暖人心。

3. 运用内心独白，把感受写清楚

师：妈妈大口吃饭的那一刻是王同学内心受到震撼的时刻，他是怎样写自己感受的？

生：他抓住了动作“回到”“拿起”“感到”来写。

师：这是咱们第一次课上学习的，借助身体的反应把感受写清楚。我从同学们的成长故事集里摘录了这些词语，读一读。

随机出示词语：

> 没想到　体会到　明白了　心头一颤　感觉　感到　发现　原来
> 泪眼蒙眬　鼻子一酸　喉咙一哽　竟然　无法想象　心里一紧
> 身体一僵　眼眶变红

师：用身体的反应写清楚“那一刻”的感受，咱们班同学做得很好，除此之外，还可以怎样把那一刻的感受写清楚呢？

生：可以写是怎么想的。

生：写怎么做的。

师：我们一起来学习作家何紫在《别了，语文课》中写感受的方法，静静读，认真想。

例文：

> 有谁知道我心里的痛！唉，语文课，在我深深喜欢上你的时候，我就要离开你了，我将要学习另一种完全不同的语言了，想到这里，我噙着泪。坐在我旁边的叶志不客气看见，大惊说：“张先生，陈小允哭啦！”

师：谁来说说哪些句子是写感受的？

（生说师画有关句子）

师：这些都是作者当时的——

生：真实想法。

师：这些话作者说出来了吗？

生：没有。

师：作者是要说给谁听？

生：自己。

师：在心里自己对自己说，说给自己听，这就是——

生：自言自语。

师：自言自语就是内心独白啊。借助内心独白，咱们可以把感受记录得更清楚，更真实，更感人。下面请同学们在第一次习作上添加内心独白，再次修改。

四、交流修改成果

师：修改好了，把你修改后的感受读给同桌听听，互相评评能得几颗星呢？

同桌互评，教师随机出示评价量表：

评价内容	评价星级
能打开思路，精心选择成长素材	* * *
能用“慢镜头”，把“那一刻”情形写具体	* * *
能运用内心独白，记录真实感受	* * *

师：得3颗星的举手，请你来读读你修改后的感受？

生：妈妈，以前我总是对你挑三拣四，很是不好，您却并不责怪我，仍然是任劳任怨。现在，我长大了，不会那样了。妈妈，请相信我吧！

生：加油！你可以的。你是最棒的，马上就学会了。每一个人的人生都会有一个转折点。长大就是这样，从天真幼稚走向成熟，会经历挫折、伤痕。而“那一刻”，就是你走向成熟、长大的标志。

五、拓展习作素材，丰富习作内容

师：同学们，那一刻很短，但留下的情感可以很深，很长。如果要想作文脱颖而出，咱们还可以在素材的选择上下功夫。第一次习作，咱们关注了身边人、身边事，想想，我们还可以因为哪些人和事长大呢？

生：钟南山。

生：袁隆平。

生：环卫工人。

师：是的，还有许多不平凡的人，不平凡的事，看——（播放“2021年度感动中国十大人物”视频）

师：这些不平凡的人、不平凡的事，也会为我们的成长注入榜样的力量。

师：同学们，第一次习作咱们成就了温馨动人的成长故事集第一辑，这节课，咱们巧用“慢镜头”——

生：把那一刻的情形写具体。

师：还借助内心独白把感受——

生：写清楚。

师：回去后再修改。我们将汇编成《成长故事集（第二辑）》，还要从中选拔7位同学代表班级参加学校复赛呢。谁能荣登选手榜呢？老师期待着！

研讨评议：

正式执教，情境性任务驱动，明确二次习作目标，对照习作评价量表进行学习反思与调节，实践练笔。习作评价量表成为学生学习习作的脚手架，成为规范习作的“学习指南”，把习作讲评落在学生表达的薄弱处，也是关键处，在“习作思维”上做好梳理、拓展、指导。在“分享一组素材”的展示活动中，站在学生立场，顺应学生的心理，点燃学生参与讲评的热情。在“赏评一篇范文”中，循情入文，聚焦“那一刻”，思辨“那一刻”。在“展开多元评价”中，反思属于自己的“那一刻”，丰富“那一刻”。教学中，教师对语境的运用体现不断生成和动态推进：课初设置语境触发，课中延续语境驱动，课尾重视语境呼应。“全程语境”一以贯之，凸显行文中的读者意识，追求表达中的身份意识。这样的讲评过程，语言知识已经悄然转化为言语技能，在不断修正思维中打破现有的言语结构，建立新的言语结构，“生长点”不断得到提升并向前跃进，随着不断积累，滋养着语文核心素养的提升。